Martin Broszat/Norbert Frei (Hrsg.)
Das Dritte Reich im Überblick

Serie Piper
Band 1091

Zu diesem Buch

Dieser Band ist Nachschlagewerk und Gesamtdarstellung in einem: In zwölf Studien beschreiben ausgewiesene Sachkenner die einzelnen Phasen und die wichtigsten Aspekte des nationalsozialistischen Herrschaftssystems, seine Zielsetzungen, die Innen- wie die Außenpolitik. Kernstück des Buches ist eine ausführliche Chronik aller wesentlichen Daten und Fakten des Dritten Reiches.

Martin Broszat, Prof. Dr. phil., geboren 1926 in Leipzig. Studium der Geschichte, Germanistik und Philosophie in Leipzig und Köln. Seit 1955 Mitarbeiter und seit 1972 Direktor des Instituts für Zeitgeschichte in München, 1966 Gastprofessor in Oxford, Honorarprofessor der Universitäten Konstanz (1972) und München (seit 1980). Veröffentlichungen u. a.: »Der Nationalsozialismus. Weltanschauung, Programm und Wirklichkeit« (1960), »Nationalsozialistische Polenpolitik 1939–1945« (1962), »200 Jahre deutsche Polenpolitik« (1964), »Der kroatische Ustascha-Staat« (1964, mit L. Hory), »Anatomie des SS-Staates« (1965, Mitverf.), »Der Staat Hitlers« (1969), »Bayern in der NS-Zeit« (6 Bde., 1977 bis 1983, Haupthrsg. und Mitverf.), »Die Machtergreifung« (1984).

Norbert Frei, Dr. phil., geboren 1955 in Frankfurt am Main. Studium der Politikwissenschaft, Neueren Geschichte und Kommunikationswissenschaft in München. Seit 1979 wissenschaftlicher Mitarbeiter des Instituts für Zeitgeschichte in München, 1985/86 Research Fellow an der Harvard University. Veröffentlichungen u. a.: »Nationalsozialistische Eroberung der Provinzpresse« (1980), »Amerikanische Lizenzpolitik und deutsche Pressetradition« (1986), »Der Führerstaat« (1987), »Journalismus im Dritten Reich« (1989, mit J. Schmitz).

Das Dritte Reich im Überblick

Chronik · Ereignisse · Zusammenhänge

Herausgegeben von
Martin Broszat und Norbert Frei

in Verbindung mit Wolfgang Benz, Manfred Funke,
Hermann Graml, Lothar Gruchmann, Ludolf Herbst,
Hartmut Mehringer, Günter Plum, Werner Röder,
Albrecht Tyrell

Piper
München Zürich

Die Erstausgabe dieses Buches erschien 1983
unter dem Titel »Ploetz: Das Dritte Reich«
im Verlag Ploetz, Freiburg.

ISBN 3-492-11091-6
Überarbeitete Neuausgabe
November 1989

Umschlag: Federico Luci
Gesamtherstellung: Clausen & Bosse, Leck
Printed in Germany

Inhalt

Vorwort

Die Geschichte und die Vorgeschichte des Dritten Reiches sind auch im Abstand eines halben Jahrhunderts kein »normaler« historischer Stoff. Wenn es dafür eines Beweises bedurfte, so wurde er im »Historikerstreit« der beiden letzten Jahre aufs Nachdrücklichste geführt. Allerdings lag die erregte Debatte um die Singularität von Auschwitz und den historischen Ort des Nationalsozialismus tatsächlich quer zum Verlauf einer seit Jahrzehnten andauernden Erforschung der NS-Zeit und der dabei fortschreitenden Vertiefung der geschichtswissenschaftlichen Fragestellungen und Erkenntnisse.

Der vorliegende Band, aus Anlaß des 50. Jahrestages der nationalsozialistischen Machtübernahme erstmals 1983 erschienen und für die Taschenbuchausgabe überarbeitet, stellt einen Versuch dar, den Ertrag der deutschen und internationalen Forschung zum Dritten Reich kritisch zu bündeln und über den Kreis der Experten hinaus einer interessierten Öffentlichkeit zu vermitteln. Die Kombination von Essays und Chronik entstand aus der Absicht, zugleich ein faktenreiches Nachschlagewerk und eine gut lesbare, problemorientierte Einführung zu bieten. Chronologisch angelegte Essays zum Aufstieg der NSDAP in der Weimarer Republik und zu den einzelnen Phasen der NS-Herrschaft werden ergänzt durch Überblicksdarstellungen zu wichtigen Einzelthemen. Bei aller gebotenen Kürze waren die Autoren bemüht, auch bisher wenig beachtete Aspekte ihres jeweiligen Themas anzusprechen und neben der politischen Ereignisgeschichte im engeren Sinne die vielfältige soziale, wirtschaftliche, kulturelle und »moralische« Wirkungsgeschichte zu berücksichtigen. Das gilt auch für die völlig neu erarbeitete Daten- und Ereignis-Chronik.

Leitende Perspektive des Bandes ist die komplexe innere Struktur und Geschichte des Dritten Reiches und seine Politik in den besetzten Ländern. Wo die internationale Entwicklung zum vollen Verständnis dieses Geschehens unerläßlich ist, wurde sie selbstverständlich einbezogen.

München, im März 1989 Die Herausgeber

Darstellung

Martin Broszat

Das Dritte Reich als Gegenstand historischen Fragens

Trotz des wachsenden zeitlichen Abstands ist der Nationalsozialismus, zumal aus deutscher Perspektive, kein »normaler« Gegenstand der historischen Wissenschaft wie andere Epochen unserer neueren Geschichte. Die Spuren und Betroffenheiten, die er hinterlassen hat, sind für viele vor allem ältere Zeitgenossen noch unmittelbare Wirklichkeit. Das politisch-legitimatorische Element spielt noch immer eine wesentliche Rolle, sowohl für die Geschichtswissenschaft in den beiden deutschen Staaten wie für die verschiedenen politisch-weltanschaulichen Lager; es verursacht manche Politisierung der historischen Erklärung und Deutung des Dritten Reiches. Gleichwohl zeigen veränderte Fragestellungen und – auch auf internationaler Ebene – kaum noch von Gesichtspunkten der Anklage oder Apologie geleitete Darstellungen, daß die historische Erörterung des Themas Nationalsozialismus im großen und ganzen ruhiger und »akademischer« geworden ist. Der »Historikerstreit« der Jahre 1986/87 hat diese Grundtendenz nur scheinbar in Frage gestellt und unterbrochen. Bei der wissenschaftlichen Beantwortung zahlreicher Grundfragen kann innerhalb der westlichen Geschichtswissenschaft nach wie vor ein weitgehender Konsens konstatiert werden.

Zu diesen großen Fragenkomplexen gehört zum Beispiel die Gewichtung der nationalgeschichtlichen und der epochalen Ursachen. Hier ist auch Ernst Noltes großes Werk über den »Faschismus in seiner Epoche« (1963) zu nennen, in dem der Verfasser eindrucksvoll deutlich gemacht hat, daß ohne den Ersten Weltkrieg und die neue Herausforderung durch die bolschewistische Revolution weder der deutsche Nationalsozialismus noch die faschistischen Bewegungen in Italien und anderen europäischen

Ländern zu verstehen sind. Trotz antiwestlicher, antidemokratischer Vorläufer-Strömungen, die besonders in Deutschland im nationalen Denken seit der Romantik eine starke Rolle spielten und hier wie im deutschen Kernland der Habsburgermonarchie schon vor 1914 zur Ausbildung extremistischer alldeutscher und völkisch-antisemitischer Ideologien und Gruppierungen führten, erklärt sich das aktionistische, pseudorevolutionäre Element der faschistischen Bewegung doch erst aus den Erfahrungen des Ersten Weltkriegs und der unmittelbaren Nachkriegszeit. So wenig die Geschichtswissenschaft imstande ist, eine exakte Abmessung des Gewichts nationaler und in der Zeit liegender Ursachen vorzunehmen, so übereinstimmend ist doch ihr Postulat, *beide* Ursachenstränge in der Erklärung angemessen zu berücksichtigen. Die unmittelbare Beeinflussung des Nationalsozialismus und besonders Hitlers durch das »Vorbild« des schon 1922 zur Macht gekommenen italienischen Faschismus, bis in die Stilformen der NS-Bewegung hinein, wie auch die deutlich erkennbare zeitgenössische Unterschätzung des Nationalsozialismus aufgrund des relativ gemäßigten italienischen Faschismus sind dabei gewichtige Komplexe der geschichtlichen Ursachenerklärung.

Im Vordergrund der historischen Erörterung von Ursachen der nationalsozialistischen Machtübernahme stehen aber vor allem diejenigen Probleme, die sich aus dem Verlauf und besonders der Endphase der Weimarer Republik ergeben. Nicht zuletzt die verstärkte wirtschafts- und sozialhistorische Forschung hat klären helfen, daß die Weltwirtschaftskrise seit 1929 zwar Katalysator, aber nicht die eigentliche Grundursache des Verfalls der Weimarer Republik und des Aufstiegs des Nationalsozialismus gewesen ist.

Der schon seit 1920 hervortretende Mehrheits- und Integrationsverlust der die Weimarer Republik tragenden Parteien (Sozialdemokratische Partei, Deutsche Demokratische Partei, Zentrum) und die unter den Rahmenbedingungen weltweiter Rezession von industrieller Produktion und Außenhandel in Deutschland aufgrund wirtschaftlich-sozialer Nachkriegsfolgen (Reparationen, Inflation) besonders fühlbare Stagnation mit strukturell hoher Arbeitslosigkeit, unausgelasteten industriellen Kapazitäten und Preisverfall landwirtschaftlicher Produkte verschärften in den zwanziger Jahren den Interessenantagonismus innerhalb des parlamentarischen Systems. Bereits am Ende der Phase relativer Stabilität in den Jahren 1928/29 wurden seine Integrationsschwächen, erkennbar zum Beispiel am Hervortreten der Interessenparteien und der kaum noch konsensfähigen letzten parlamentarischen Regierung unter dem sozialdemokratischen Reichskanzler Hermann Müller, deutlich sichtbar. In dieser strukturellen Krise des politischen Systems vor der Weltwirtschaftskrise – das ist das Ergebnis fast aller einschlägigen historischen Untersuchungen – wurden bereits die Weichen gestellt für die Richtung des politischen Umschwungs ab 1930. Hauptstränge dieser Entwicklungen waren einerseits der zielstrebige Vorsatz einflußreicher konservativer Kräfte in der Reichswehrführung und am »Hofe« des Reichspräsidenten, die parlamentarische Regierung durch eine Präsidialregierung, gestützt auf die Notverordnungs-Vollmacht des Reichspräsidenten (Artikel 48 der Weimarer Reichsverfassung), abzulösen und künftig ohne Beteiligung der Sozialdemokratie zu regieren; andererseits die Formation einer radikalen antirepublikanischen nationalen Opposition, die nach der Ernennung Alfred Hugenbergs zum Vorsitzenden der Deutschnationalen Volkspartei (DNVP) maßgeblich von diesem initiiert wurde und, gestützt vor allem auf die DNVP, den Stahlhelm und die NSDAP, im Sommer 1929 im Zusammenhang mit dem Volksbegehren gegen den Young-Plan zustande kam. Die Brüning-Memoiren und andere neu zugänglich gewordene Quellen, die die Intentionen der Hauptbeteiligten in dieser Phase erkennen lassen, haben erhärtet, daß der Bruch der letzten parlamentarischen Regierung im März 1930 nicht nur durch die Konsensunfähigkeit der Parteien, sondern auch durch den bewußten Willen zu autoritärer Verfassungsänderung im Lager der konservativen Rechten bis hinein in die Zentrums-Partei (Brüning) zu erklären ist. Von daher haben sich auch frühere Standpunkte kontroverser Beurteilung der Brüning-Regierung – symptomatisch die unterschiedliche Bewertung bei Karl Dietrich Bracher und Waldemar Besson (»Württemberg und die deutsche Staatskrise 1928–1933«) – stärker angenähert. Nicht nur die verhängnisvolle deflationäre Finanzpolitik Brünings während der schnell voranschreitenden Wirtschaftskrise erscheint im

Lichte der historischen Forschung als kardinaler Fehler. Die jetzt besser nachweisbare bewußte Benutzung der Krise durch Brüning für eine autoritäre Verfassungsreform hat auch der in den fünfziger und sechziger Jahren von einer Reihe von Historikern noch vertretenen Ansicht einer echten historischen Chance der Wiederherstellung der parlamentarischen Republik durch eine erfolgreiche Brüningsche Krisenbekämpfung weitgehend den Boden entzogen. Dabei ist allerdings von wirtschaftshistorischer Seite (Knut Borchardt) auch verdeutlicht worden, daß es ein finanz- und wirtschaftspolitisches »Patentrezept« der Krisenbekämpfung nicht gegeben hat. Der bis in die Sozialdemokratie hinein verbreitete Glaube an die Selbstheilungskräfte der Wirtschaft verursachte selbst ein gutes Stück jenes resignativen politischen Attentismus auf seiten der demokratischen Parteien, der die letzte Phase der Republik als Prozeß des »Machtverfalls« (Bracher) und zunehmenden Machtvakuums erscheinen läßt, in das die Nationalsozialisten hineinstoßen konnten.

Die unterschiedliche Perspektive struktureller und individualisierender Geschichtsbetrachtung prägt dagegen die Erklärung der unmittelbaren Vorgeschichte der Ernennung Hitlers zum Reichskanzler am 30. Januar 1933. Während die vor allem von marxistischer Seite stammende These einer ausschlaggebenden Rolle der, auch finanziellen, Unterstützung der NS-Bewegung von seiten industrieller Großunternehmen und Monopole durch die neuere Forschung widerlegt werden konnte, stehen sich noch immer ziemlich unverbunden gegenüber: der sich im Blick auf die Mächtigkeit der nationalsozialistischen Massenbewegung ergebende Eindruck einer nahezu unaufhaltsamen politischen Veränderungsdynamik, die früher oder später zu maßgeblicher Machtbeteiligung der NSDAP führen mußte, und der aus den konkreten Stadien der Entscheidungsbildung am Vorabend des 30. Januar 1933 resultierende Eindruck einer stark personen- und konstellationenabhängigen Zufälligkeit und Vermeidbarkeit der NS-Machtübernahme.

In mancher Hinsicht kontrovers ist auch die Deutung der verschiedenen Entwicklungsphasen und Antriebskräfte im Machtsystem des Dritten Reichs. Bei der gelegentlich mit unnötiger Polemik ausgetragenen Diskussion über den monokratischen oder polykratischen Charakter dieser Herrschaft spielen unterschiedliche Frageansätze eine weitaus größere Rolle als die im einzelnen kaum strittigen handlungs- und ereignisgeschichtlichen Sachverhalte. Während die weltanschauliche Zielstrebigkeit Hitlers und seine bis zum Ende nicht angefochtene absolute Führerstellung sowie die sich daraus ergebende Radikalität des NS-Regimes für zahlreiche Historiker die entscheidenden Merkmale des Dritten Reiches sind, begnügen sich andere, vor allem auch sozialhistorisch orientierte Forscher nicht mit dieser Sicht eines totalitären, monokratischen Führerstaates. Sie erblicken vielmehr in dem Zusammenhang zwischen dem Führerabsolutismus an der Spitze und der zunehmenden Auflösung ordnungsstaatlicher, regulativer und rationaler Elemente im Herrschaftsgefüge des Dritten Reiches eine wesentliche strukturelle Ursache bzw. Voraussetzung der Durchsetzungsfähigkeit extremer und verbrecherischer Ziele in der Endphase des Regimes. Trotz dieser unterschiedlichen Sicht ist unbestritten, daß die erst allmähliche Entfaltung der radikalen weltanschaulichen Zielsetzungen Hitlers in der Innen-, Außen- und Kriegspolitik wesentlich dazu beigetragen hat, daß das Regime bis 1938 und zum Teil noch darüber hinaus im In- und Ausland lange Zeit verkannt wurde und vielfältige Unterstützung auch von nicht nationalsozialistischen Kräften erhielt, die seine Stabilisierung und Machtexpansion wesentlich erst ermöglichten. Auch die in neuerer Zeit in Gang gekommene Erforschung des Alltags und der populären Stimmung im Dritten Reich hat diese lang anhaltende Fehleinschätzung, nicht zuletzt der Person Hitlers, deutlich zutage gefördert.

Dabei trat als ein neuer Gesichtspunkt historischer Erkenntnis auch die plebiszitäre Sensibilität der NS-Führung deutlich in Erscheinung. Sie markiert auch bestimmte Grenzen der materiellen Belastung, die das Regime der breiten mittelständischen Bevölkerung, den Bauern und auch den Arbeitern bei seiner Autarkie-, Rüstungs- und Kriegspolitik zumuten konnte. Neben den Instrumenten des Terrors und der organisatorischen und propagandistischen »Erfassung« der gesamten Gesellschaft erscheint diese Berücksichtigung populistischer Stimmungen und materieller Bedürfnisse der Massen als wesentlicher Grundzug der NS-Herrschaft. Daß es der NS-Führung mit alldem bis weit in den Krieg hinein gelang, Einsatzbereitschaft und Leistungsenergie nicht nur breiter Bevölkerungsschichten, sondern vor allem auch der neuen politischen und sozialen Eliten in so hohem Maße zu mobilisieren, war ein wesentlicher Grund für die – trotz der wachsenden internen Rivalitäten – sehr viel perfektere Herrschaft des Nationalsozialismus im Vergleich etwa mit dem italienischen Faschismus.

Seit Ralf Dahrendorf in seinem Buch »Gesellschaft und Demokratie in Deutschland« 1965 die These von der modernisierenden Wirkung der nationalsozialistischen Diktatur aufgestellt hat, ist in der historischen Forschung die Diskussion um die Anwendbarkeit der Modernisierungstheorie auf das Dritte Reich lebendig geblieben. Gegenthesen, etwa Henry Ashby Turners, die auf den rückwärts gewandten, sozial-konservativen Gehalt nationalsozialistischer Weltanschauungsziele und -utopien hinweisen, haben doch nicht entkräften können, daß infolge der NS-Herrschaft nicht nur auf technischem und industriewirtschaftlichem Gebiet, sondern auch in sozialer und sozial-psychologischer Hinsicht Strukturveränderungen eintraten, die unter einem freilich wertneutralen Begriff der Modernisierung zu subsumieren sind. Verstärkung der horizontalen und vertikalen sozialen Mobilität, die wenigstens psychologische Egalisierung von landsmannschaftlichen, konfessionellen und sozialen Unterschieden sowie auch manche herrschaftsorganisatorischen Instrumente, die im Dritten Reich entwickelt wurden (Reichsnährstandsorganisation, das Gemisch von Staatslenkung und Selbstverwaltung im Bereich der Wirtschaft u. ä.), lassen sich unabhängig von den politischen Intentionen als bemerkenswerte Innovationen verstehen. Sie erklären wohl auch, daß das Regime trotz des weltanschaulichen Rückgriffs auf Germanenkult, Blut- und Boden-Mystik u. a. von den meisten Zeitgenossen im In- und Ausland als eine Form moderner Herrschaft angesehen worden ist und solche Einschätzung ihm erhebliche dynamische Schubkräfte verschaffte.

Die in der Modernisierungstheorie enthaltenen Fragestellungen zwingen die historische Forschung naturgemäß, die zwölf Jahre des Dritten Reiches in den Kontext längerfristiger vorangegangener und nachfolgender Entwicklungen zu stellen. Von daher werden sich wohl auch in Zukunft noch manche neuen Aspekte des Stellenwerts der NS-Zeit im Rahmen der neuzeitlichen deutschen Geschichte ergeben. Solche Betrachtung verhilft auch dazu, besser sichtbar zu machen, daß Denkformen und Tendenzen, die im Dritten Reich zu extremem, radikalem Ausbruch gelangten (z. B. bestimmte sozial-darwinistische und sozial-hygienische Grundvorstellungen), eine lange Vorgeschichte hatten und letztlich im Umbruch und Normenwandel moderner Industriestaats-Entwicklung begründet waren.

Sofern davon ausgegangen werden kann, daß im Dritten Reich vor allem auch eine Extremform des deutschen Nationalismus und nationalen Imperialismus zum Ausdruck gekommen ist, stellt sich für die historische Forschung immer wieder die Frage, inwieweit die Sprengkräfte zur Zerstörung des europäischen Gleichgewichts schon in der bismarckisch-deutschen Nationalstaatsgründung und der folgenden wilhelminischen deutschen Weltmachtpolitik angelegt gewesen sind. Hervorgerufen durch das Buch Fritz Fischers über Deutschlands »Griff nach der Weltmacht« (1961) ist daraus eine lang anhaltende, zum Teil leidenschaftlich geführte Kontroverse entstanden. Die Frage nach der Kontinuität oder Diskontinuität des deutschen Nationalismus und Imperialismus von Bismarck zu Hitler steht auch im Zentrum neuerer einschlägiger Darstellungen (Klaus Hildebrand, Andreas Hillgruber u. a.). Sie berührt sich zugleich mit der schon von Helmuth Plessner (»Die verspätete Nation«, 1935) sowie Historikern und Sozialwissenschaftlern aufgeworfenen Frage, welche Konstellationen der geistes-, sozial- und politikgeschichtlichen Entwicklung der Neuzeit den »deutschen Sonderweg« zum Nationalsozialismus im Gegensatz zur demokratischen Entwicklung der westlichen Industrienationen ermöglicht haben. Die vor einiger Zeit wieder aufgeflammte Diskussion über den »deutschen Sonderweg« hat dabei deutlich gemacht, daß es kaum einzelne »typisch deutsche« Faktoren und Entwicklungsstränge der neueren Geschichte gibt, die nicht mit Entwicklungen in anderen Ländern vergleichbar sind. Sofern die These vom deutschen Sonderweg überhaupt bejaht werden kann, wird sie deshalb eher im konstellativen Zusammenfall und der daraus folgenden »Verdichtung« einer ganzen Reihe von Krisen (der geistig-kulturellen Überlieferung, des Nationalstaates, des politischen Systems, der wirtschaftlich-sozialen Ordnung) zu suchen sein. Die hierbei implizierten Fragestellungen sind auch geeignet, die erst in Gang gekommene vergleichende Untersuchung verschiedener nationaler Entwicklungen im 19. und 20. Jahrhundert weiterhin zu befruchten.

Schon seit Beginn der Zeitgeschichtsforschung über das Dritte Reich hat das Problem des Widerstandes gegen den Nationalsozialismus eine zentrale Rolle gespielt. Die auch legitimatorischen Aspekte dieses Themas führten schon früh dazu, daß in der DDR-marxistischen Geschichtswissenschaft fast ausschließlich der Widerstand der sozialistischen Arbeiterbewegung und die führende Rolle der Kommunistischen Partei innerhalb dieses »Antifaschismus« in den Vordergrund gerückt wurden, während in der Bundesrepublik jahrelang das Ereignis des 20. Juli 1944 vor allem deshalb im Mittelpunkt stand, weil zu den Verschwörern dieses Umsturzversuches sowohl christlich-konservative wie liberale und sozialdemokratische Gegner des Regimes gehörten und die Erinnerung an diesen gemeinsamen Widerstand eine wesentliche Basis des moralisch-politischen Grundkonsenses der die Bundesrepublik tragenden Kräfte darstellte. Die sich daraus ergebenden Einseitigkeiten der Betrachtung, verbunden mit mancher unangebrachten Heroisierung, haben schon seit den sechziger Jahren in der Bundesrepublik kritische Entgegnungen und Ergänzungen erfahren. Der von Hans Rothfels, Gerhard Ritter und anderen in den Vordergrund gerückten moralischen Respektabilität des konservativen Widerstandes wurden nicht nur dessen politische Entschlußlosigkeit, sondern auch seine problematischen außen- und verfassungspolitischen Vorstellungen entgegengehalten. In den sechziger Jahren spielte daneben die Erforschung des Widerstandes der Arbeiterbewegung und darüber hinaus der vielfältigen Formen von Volksopposition und Resistenz gegenüber dem NS eine zunehmend größere Rolle. Die Widerstandsforschung weitete sich aus zu einer Gesellschaftsgeschichte politischen Verhaltens im Dritten Reich. Sie mündete damit zugleich in eine Untersuchung der konkreten Wirkungsgeschichte des Nationalsozialismus auf lokaler und regionaler Ebene und machte unter diesem Aspekt manche Strukturen der NS-Herrschaft sehr viel genauer sichtbar.

Aus der größer gewordenen historischen Distanz rücken die zwölf Jahre der nationalsozialistischen Herrschaft und des Zweiten Weltkriegs mit der vorangegangenen Phase des Ersten Weltkriegs und der Weimarer Zeit zusammen zu einer großen, dreißigjährigen Krisen- und Kriegsphase in der ersten Hälfte des 20. Jahrhunderts (Epoche der beiden Weltkriege). Dabei wird auch deutlich, daß weniger die Revolutionen und europäischen Neuordnungsversuche nach dem Ersten Weltkrieg, die weder verfassungspolitisch noch im europäischen Mächtesystem zu stabilen Lösungen führten, als vielmehr die Herausforderung durch den Nationalsozialismus sowie der Zweite Weltkrieg und seine Folgen epochale historische Ereignisse mit langfristigen revolutionierenden Wirkungen darstellten. Auf der Grundlage des Zerfalls der antihitlerischen Kriegs-Koalition sowie der Teilung Deutschlands und Europas zwischen Ost und West konnte im Westen Deutschlands und Europas erst nach dieser Herausforderung bzw. der damit verbundenen »Erschöpfung« nationalistischer Ideologien und materieller Ressourcen eine stabile demokratische Entwicklung angebahnt und auch an die wirtschaftliche Entwicklungsdynamik der Zeit vor dem Ersten Weltkrieg erfolgreich wieder angeknüpft werden. Obwohl das revolutionäre Bewußtsein in Deutschland nach dem Zweiten Weltkrieg viel geringer war als 1918/19, war der objektive revolutionäre Umbruch infolge der NS-Herrschaft und des verlorenen Krieges weit größer. Da Deutschland Zentrum oder Ausgangspunkt dieser welthistorischen Krisen- und Kriegsphase gewesen ist, hat die Erforschung der deutschen Geschichte in dieser Zeit auch für die internationale historische Wissenschaft exemplarische Bedeutung gewonnen.

Albrecht Tyrell

Das Scheitern der Weimarer Republik und der Aufstieg der NSDAP

Grundlegende Voraussetzung für Entstehen und Aufstieg des Nationalsozialismus war die tiefgreifende geistige, wirtschaftlich-soziale und politische Strukturkrise Deutschlands nach dem Ersten Weltkrieg. Auch in anderen Ländern entstanden nach dem Krieg extrem nationalistische, antiliberal-antimarxistische, dem Großkapital kritisch gegenüberstehende »faschistische« Bewegungen und autoritäre Regime. Daß ihre deutsche Sonderform, der Nationalsozialismus, die größte politische Wirkung entfalten konnte, lag vor allem an den gegenüber anderen Ländern besonderen historischen Bedingungen. Liberalisierung, Parlamentarisierung und Demokratisierung hatten in Deutschland verspätet eingesetzt und verknüpften sich 1918/19 mit dem Schock der für viele unerwarteten Niederlage. Die daraus resultierenden objektiven und subjektiven Belastungen wurden von großen Teilen der Bevölkerung, die sich in der autoritären Ordnung des Obrigkeitsstaates geborgen gefühlt hatten, nicht verarbeitet. Zugleich behielten starke vordemokratisch orientierte Machteliten des Kaiserreichs in Bürokratie und Militär, Industrie und Landwirtschaft auch in der Republik Ämter und erheblichen politischen Einfluß.

Der militärische Zusammenbruch sowie seine politischen und sozialen Folgen hinterließen innen- und außenpolitische Frontstellungen, die die instabile junge Demokratie unter dem Joch des Versailler Friedensvertrages nicht rasch genug abzubauen vermochte. In der Inflation erlitten insbesondere die Mittelschichten erhebliche materielle Verluste, für die viele nicht das alte Regime verantwortlich machten, das einen aussichtslosen Krieg auf Kosten der Bevölkerung weitergeführt hatte, sondern die Politiker und Parteien der »Novemberrevolution«. Zu viele Deutsche in allen politischen Lagern standen der Weimarer Demokratie von Anfang an mit großen Vorbehalten gegenüber. Unter den Kräften, die sich zur Republik bekannten, gab es erhebliche Differenzen über deren Ausgestaltung. So hielten etwa SPD und Freie Gewerkschaften am ideologischen Begriff des Klassenkampfes fest. Damit nährten sie unter den eigenen Anhängern die Unzufriedenheit mit dem Erreichten, verstärkten andererseits aber in weiten Kreisen außerhalb der Arbeiterschaft antimarxistische Affekte. Angesichts der wirtschaftlichen Schwierigkeiten wuchs antikapitalistisches Mißbehagen auch jenseits der Arbeiterschaft, nicht zuletzt bei der stark zunehmenden Gruppe der Angestellten. Angehörige des alten Mittelstandes in Handwerk, Handel und Gewerbe befürchteten sozialen Abstieg und wurden empfänglich für Parolen, die gegen Kapitalismus und Marxismus den kleinen Eigentümer zu schützen verhießen.

In diesem Zusammenhang, aber auch als Erklärung für Niederlage und Novemberrevolution, fanden antisemitische Parolen Anklang, wie sie völkische Gruppen, aber z. B. auch der rechte Flügel der Deutschnationalen Volkspartei propagierten.

Im breiten Spektrum des politischen und sozialen Protests von rechts stellte die NSDAP zunächst nur eine Splittergruppe unter vielen dar. Schon im ersten Abschnitt ihrer Entwicklung, als der Gedanke an einen putschartigen Umsturz der Republik noch allenthalben in der Luft lag, prägten sich jedoch gewisse Grundzüge aus, die konstitutive Bedeutung für Programmatik, Aufbau und Kampfmethode der Partei gewannen. Dabei spielte die Person Hitlers eine wesentliche Rolle, der in dieser Zeit als Redner zur Attraktion und zur treibenden Kraft der kleinen, aber lautstarken NSDAP wurde. Es gab in der NS-Bewegung vielfältige eigenständige Dynamik mit unterschiedlichen und auch widersprüchlichen Zügen und Teilzielen. Aber in allen Stadien der Entfaltung der NSDAP zwischen 1921 und 1933 blieb Hitler die Zentralgestalt, der in grundsätzlichen Streitfragen die ausschlaggebende Entscheidungsbefugnis zukam.

Hitlers persönliches politisches Programm für den Wiederaufstieg Deutschlands, das er in den Anfangsjahren seiner politischen Tätigkeit formte, sollte sich für den Kurs der Partei als weit bedeutungsvoller erweisen als das offizielle Parteiprogramm mit seinen 25 Punkten, das stets nur ein unvollständiges Arsenal propagandistischer Schlagworte blieb. Hitlers Forderung war, die Niederlage von 1918 ungeschehen zu machen durch die Beseitigung der vermeintlich Schuldigen, deren »Wühlarbeit« an der »Heimatfront« das angeblich unbesiegte Heer von hinten »erdolcht« habe. Die Triebkräfte sah er verkörpert in Marxismus und Judentum, den »Trägern« und »Nutznießern« des demokratischen »Systems«. An seine Stelle sollte ein autoritär geführter großdeutscher Machtstaat treten, der entsprechend dem rassischen Elitecharakter des deutschen Volkes eine hegemoniale Führungsrolle in Europa zu übernehmen habe. Ein solches Ziel erschien Hitler und vielen Zeitgenossen angesichts der Tatsache, daß deutsche Truppen während des Krieges viereinhalb Jahre lang beträchtliche Teile Europas besetzt gehalten und noch bei Kriegsende weit jenseits der deutschen Grenzen vom Juli 1914 gestanden hatten, nicht so vermessen, wie es aus der Rückschau anmutet. Die Grenzen zum nationalistischen außenpolitischen Revisionismus der Weimarer Republik waren fließend. Solche Berührungspunkte kamen der Wirksamkeit der NS-Propaganda zugute. Ähnliches galt für die gesellschaftspolitischen Vorstellungen. Hier versprach der Nationalsozialismus die soziale Versöhnung der bisher in Klassen gespaltenen Nation in einer gerechteren und durch ihr Volkstums- und Rassebewußtsein geeinten Leistungsgemeinschaft.

Als wichtigste Grundlage für die Realisierung dieses Fernziels sah Hitler die innere Einigung, die psychische, physische und materielle Wehrhaftmachung des gesamten Volkes an. Dazu mußten als erstes die Volksmassen über die »Gefahren« aufgeklärt werden, die der deutschen Nation vom jüdischen Weltherrschaftsstreben und vom marxistischen Klassenkampfdenken drohten. Während sich die meisten völkischen Konkurrenten der NSDAP mit »geistiger Aufklärung« begnügten, suchte die von Hitler geführte Partei eine kämpferische Organisation heranzubilden, die imstande war, gegen innenpolitische Feinde auch mit Gewalt vorzugehen. Zugleich bemühte sie sich um die Zusammenarbeit mit sympathisierenden Machtfaktoren (Wehrverbände, Militär, Bürokratie usw.), mit deren Hilfe der »Entscheidungskampf« zu führen war gegen die marxistischen Parteien und Gewerkschaften und alle Kräfte, die das demokratische System verteidigten. Nach dem Sieg würde dann eine »nationale Regierung der Macht und Autorität« durch die Schaffung eines »wahrhaft nationalsozialen Großdeutschland« die Nation befrieden und damit das Fundament legen für die Erringung der außenpolitischen Handlungsfreiheit durch die militärische und wirtschaftliche Aufrüstung und für die Durchsetzung und Absicherung der Weltmachtstellung Deutschlands. Gestützt auf Bündnisse mit England und Italien, deren Interessen aus Hitlers Sicht in erster Linie außerhalb des Kontinents lagen, sollte diese Machtstellung durch die kriegerische Eroberung und die »Germanisierung« von »Lebensraum« in Osteuropa, besonders in Rußland, erreicht werden. Diese Expansionsrichtung bot sich aus praktischen (raumpolitischen und wirtschaftlichen) wie aus ideologischen (rassepolitischen und antibolschewistischen) Zielsetzungen an.

Als grundlegende Erfahrung aus dem Scheitern des Putschversuchs vom November 1923 behielt Hitler ein tiefes Mißtrauen gegen die Verläßlichkeit bürgerlicher Politiker, obgleich er Zweckbündnisse weiterhin als unumgänglich ansah. Grundsätzlich bewertete Hitler die Parteien der Rechten, die Wehrverbände, die traditionellen Machteliten in Politik, Bürokratie und Militär, aber auch Bürgertum und Arbeiterschaft, aus denen die Massengefolgschaft gewonnen werden mußte, allein nach ihrem instrumentalen Wert auf dem Weg zur Errichtung des nationalsozialistischen Machtstaates. Daraus ergab sich die Bündnistaktik, die der Nationalsozialismus seit 1929 wieder einschlug. Aus der verhängnisvollen Abhängigkeit von Machthabern wie Kahr und Lossow, in der er sich 1923 befunden hatte, folgerte Hitler aber für den Neuaufbau der Partei, daß es vor allem darauf ankomme, eine nach Möglichkeit nur von ihm kontrollierte, schlagkräftige Massenorganisation zu schaffen, die als Machtinstrument nach seinem Willen eingesetzt werden konnte. Erst damit würde er sicher sein, daß im Zuge der notwendigen Zusammenarbeit aller für die Annäherung an das Fernziel tauglichen Kräfte nicht andere die Nationalsozialisten für ihre Zwecke ausnutzten.

In den relativ stabilen Jahren der Weimarer Republik,

1924–1928, blieb die NSDAP ohne nennenswerte Erfolge. Für die Zukunft der Partei war es allerdings von großer Bedeutung, daß ihre Organisation in dieser Zeit im ganzen Reichsgebiet ausgebaut wurde und insgesamt ein beachtliches Maß an flexibler Stabilität gewann. Außerdem erprobten die Nationalsozialisten mit noch sehr begrenzten Mitteln ihre Methoden der Daueragitation und der Massenregie. Unter Hitlers Führung wurde die NSDAP unter den zersplitterten völkisch-antisemitischen Gruppen seit 1925 bald zur kräftigsten und attraktivsten Organisation. Bei verhältnismäßig großer programmatischer Offenheit verhießen Hitler und seine NSDAP im Lager der extremen Rechten die größte Energie und Zielstrebigkeit, so daß viele Mitglieder anderer Gruppen übertraten. Die freiwillige Bereitschaft der neuen Unterführer und Anhänger, sich »im Interesse der Sache« Hitlers Führungsanspruch unterzuordnen, führte dazu, daß die NSDAP sich schon frühzeitig zur autoritären Führerpartei entwickelte, in der sich die Willensbildung in den entscheidenden Fragen von oben nach unten vollzog.

Gestützt auf einen verläßlichen Kader von Gefolgsleuten, die ihm nahezu vorbehaltlos ergeben waren, und zunehmend besser gerechtfertigt und gesichert durch die Wachstums- und Integrationsfortschritte, die die NSDAP unter seiner Führung machte, stand Hitler oberhalb aller Parteiinstanzen. Die Unterordnung beruhte nicht nur auf einem weitverbreiteten hierarchisch-autoritären Organisationsverständnis. Getragen wurde Hitler, der seine Anziehungskraft als Redner geschickt einzusetzen wußte, vor allem von der verschiedentlich sogar pseudoreligiöse Formen annehmenden Glaubens- und Folgebereitschaft der Mehrheit der Parteimitglieder, die die politischen Ziele des Nationalsozialismus im wesentlichen in ihm verkörpert sahen. Die NS-Propagandisten erkannten schon bald den Werbewert der zunächst spontan auftretenden Hitler-Verehrung und weiteten sie gezielt zum Führerkult aus.

Weitere Faktoren, durch die sich die NSDAP von anderen Parteien unterschied, förderten die organisatorische Festigung. Da die Nationalsozialisten keine politische Verantwortung innerhalb des bestehenden politischen Systems erstrebten, konnten sie ihre

Agitation darauf konzentrieren, das Vertrauen der verschiedenen Bevölkerungsschichten in die Demokratie und deren Träger mit allen erfolgversprechenden Mitteln zu erschüttern und mit ihrer nationalistisch, antisemitisch, antiliberal und antimarxistisch geprägten, Gewalt verherrlichenden Propaganda für den großdeutschen Machtstaat Anhänger zu gewinnen.

Dazu genügte ein relativ einfacher Apparat, der mit den vergleichsweise geringen Mitteln unterhalten werden konnte, die vor allem aus Mitgliederbeiträgen und den Spenden wohlhabender mittelständischer Sympathisanten eingingen. Die Reichsleitung in München kam bis 1929 mit sieben hauptamtlichen leitenden Funktionären aus. Eine Schlüsselrolle für die Ausbreitung des Nationalsozialismus im Reich fiel den Gauleitern zu, die Hitler unmittelbar unterstanden. Diejenigen, die sich durch Erfolg behaupteten, legten damit die Machtbasis für ein von der Reichsorganisationsleitung und der Parteikanzlei recht unabhängiges regionales »Fürstentum« in den Jahren nach 1933.

Die Propagandaaktivität wurde in erster Linie von den Ortsgruppen getragen, deren Einsatz die Gauleitungen nur allmählich stärker unterstützen und lenken konnten. Erste systematische Versammlungswellen in Stadt und Land sowie planmäßige Flugblatt- und Plakataktionen in größerem Maßstab außerhalb von Wahlkämpfen wurden seit 1928/29 durchgeführt. Gegen die Beteiligung der prinzipiell antiparlamentarischen NSDAP an Wahlen gab es seit 1926 keine innerparteilichen Widerstände mehr; sie wurden als zusätzlicher Aktivitätsanreiz und als politisches Barometer betrachtet.

In der verrohten Nachkriegsatmosphäre besaßen die Anwendung von Gewalt gegen politische Gegner und die Demonstration entsprechender Bereitschaft durch die SA erschreckende Werbewirksamkeit. Die SA entstand zunächst in der Form lokaler Versammlungsschutz- und Propagandatrupps und wurde seit Ende 1926 zentral zusammengefaßt. Auch nach Hitlers Legalitätseid vor dem Reichsgericht ließ die NSDAP keinen Zweifel daran, daß der Verzicht auf eine bewaffnete Erhebung keine grundsätzliche Absage an organisierte Gewaltanwendung bedeutete. Am wirkungsvollsten operierten bis 1933 die örtlichen SA-Trupps, -Stürme und

-Standarten mit ihren Propagandamärschen, bei der Störung oder Sprengung gegnerischer Versammlungen oder im Straßenkampf. Als Großverband wurde die SA unter Röhm zu einem Instrument der Drohung und Einschüchterung, das im politischen Bereich konkurrenzlos dastand, für einen Einsatz gegen die staatlichen Sicherheitskräfte allerdings kaum geeignet gewesen wäre.

In der Leitungsstruktur der Partei, in Hitlers Führungsstil und im Hinblick auf die Verbindlichkeit programmatischer Forderungen prägten sich in dieser Zeit Züge aus, die wesentliche Elemente des späteren Herrschaftssystems vorformten. Teils aus Kalkül, teils aus Entscheidungsunwilligkeit übte Hitler seine Funktionen als Parteiführer zurückhaltend aus. Die Mitglieder der Reichsleitung, die Gauleiter und die Leiter der besonderen, meist berufsspezifischen Sonderorganisationen im Rahmen der NSDAP besaßen beträchtlichen Spielraum für eigene Initiativen. Personenbedingte Mißerfolge und Fehlentwicklungen, die sich dabei unvermeidlich einstellten, nahm Hitler meist nachsichtig in Kauf, zumal sich dadurch oft die Treuebindung des betreffenden Funktionärs an ihn vertiefte. Erst Fälle, in denen schädliches Verhalten von Parteimitgliedern – vor allem auch in der Wirkung nach außen – ihren Nutzen für die Partei unübersehbar überstieg, und besonders wenn seine innerparteiliche Position beeinträchtigt zu werden drohte, sah Hitler sich zum Eingreifen veranlaßt. Die einseitige Ausrichtung der Parteitätigkeit auf Propaganda und die Parzellierung der Organisation in Einheiten, die ausschließlich vertikal gegliedert und voneinander isoliert der Reichsleitung untergeordnet waren, halfen mit, negative Auswirkungen von Sonderinteressen und von Hitlers oft auch unschlüssigem Entscheidungsverhalten zu begrenzen.

Organisationsstruktur, Folgebereitschaft und der Führungsstil Hitlers trugen dazu bei, daß die NSDAP Auseinandersetzungen um Programm und Strategie, die immer wieder einmal aufbrachen, ohne größere Erschütterungen bereinigen bzw. durch aggressive Wendung nach außen ausklammern und überspielen konnte. Die unverbindliche Unbestimmtheit, ja Manipulierbarkeit einzelner politischer und sozialer Forderungen, die in der nationalsozialistischen Propaganda zu beobachten ist, war schon in

Hitlers politischer Konzeption angelegt. In der Ausgangsposition und im Fernziel fest, war sie im übrigen darauf ausgerichtet, jedes geeignete Mittel einzusetzen, das näher an die Realisierung heranführte. Programmatische Einzelforderungen wurden deshalb in erster Linie unter dem Gesichtspunkt des instrumentalen Nutzens und der Integrationskraft betrachtet. Die mehr als durch klare Programme durch die integrierende Führergestalt zusammengehaltene nationalsozialistische Erneuerungsbewegung gestattete es einzelnen wie sozialen Gruppen, unterschiedliche ideologische Präferenzen und materielle Interessen in der NSDAP nicht nur vertreten zu sehen, sondern diese in nicht einmal sehr eng gezogenen Grenzen auch weiterzupflegen, während sie gleichzeitig für das gemeinsame Hauptziel, das nationalsozialistische Reich, arbeiteten. Auch der Stellenwert der stärker auf bestimmte programmatische Gesichtspunkte fixierten Ideologen in der NSDAP wurde durch ihren Nutzen bestimmt. Solange sie werbewirksam agierten und nicht durch Ausschließlichkeitsansprüche schwere interne Konflikte verursachten, besaßen sie Handlungsfreiheit. Beeinträchtigten sie die Anziehungskraft der Partei auf umworbene Bevölkerungs- oder Machtgruppen, mußten die »Programmatiker« zurückstecken – wie Gottfried Feder mit seinen Zins- und Wirtschaftstheorien oder Alfred Rosenberg mit seinen antichristlichen Parolen – oder sie mußten, wie die Dogmatiker um Otto Straßer, die Partei verlassen. Dagegen konnten mit Gregor Straßer die weit zahlreicheren und weniger doktrinären Exponenten der »antikapitalistischen Sehnsucht der Massen« und des Gefühlssozialismus weiterhin ihre Heimat in der NSDAP sehen.

Zur Massenpartei wurde die NSDAP freilich erst durch das Ineinandergreifen von Faktoren, auf deren Entstehung die Nationalsozialisten selbst keinen Einfluß hatten: Realistische Aussichten darauf, den Pferch des radikalen Außenseiters verlassen zu können, wuchsen erst mit dem Beginn der Weltwirtschaftskrise. Deren rasch spürbare Auswirkungen unterspülten den ohnehin schon brüchigen Konsens der demokratischen Parteien und gesellschaftlichen Kräfte. Unter dem Druck ihrer Klientelen aus Gewerkschaften und Unternehmerverbänden waren die Flügelparteien der seit 1928 regierenden Großen Koalition, SPD und DVP, nicht mehr zu Kompromissen bereit, die den Sturz der Regierung Müller im März 1930 hätten verhindern können. Ihre Haltung bedeutete die Selbstausschaltung der Träger der parlamentarischen Regierungsform und erleichterte den Übergang zum autoritären Präsidialsystem, das ebenfalls in der Weimarer Verfassung angelegt war. Der ursprünglich als Vorkehrung für Krisenfälle gedachte Dualismus der Verfassung stellte dem Parlament einen Reichspräsidenten mit starken Rechten gegenüber. War der Reichstag handlungsunfähig, konnte der Präsident aufgrund des »Diktaturartikels« 48 Notverordnungen erlassen. Ihre Aufhebung durch den Widerspruch des Reichstags konnte er auch mit dessen Auflösung beantworten, und mit Hilfe seines Rechts, Kanzler und Minister ohne Mitwirkung des Reichstags zu ernennen oder zu entlassen, vermochte das Staatsoberhaupt de facto sogar weitgehend ohne parlamentarische Kontrolle zu regieren. Der erste Reichspräsident, Ebert, hatte diese Rechte in den kritischen Anfangsjahren der Republik tatsächlich mehrfach zum Schutz der demokratischen Ordnung eingesetzt. Ihre Existenz erlaubte es aber auch, daß die Parteien sich der parlamentarischen Verantwortung entzogen, und sie gab gleichzeitig Kräften, die vom parlamentarischen Regierungssystem wegstrebten, eine legale Handhabe – wenn die Parteien ihnen den Weg freigaben.

Genau das geschah jetzt. Hindenburg, der über 80 Jahre alte Generalfeldmarschall des Weltkrieges, wünschte längst eine autoritäre »Regierung über den Parteien« – insbesondere ohne die Sozialdemokratie –, und einflußreiche, von niemandem kontrollierte Berater (namentlich auch aus der Reichswehrführung) bestärkten ihn darin. Unter Brüning, der zwar das Zentrum hinter sich hatte, aber angesichts der Funktionsschwäche des Reichstags auch selbst nicht mehr parlamentarisch regieren wollte, wurde der Reichstag auf eine bloße Tolerierungsrolle beschränkt. Mit der unzeitigen Auflösung des erst vor zwei Jahren gewählten Reichstags führte Brüning kurz nach seinem Regierungsantritt den Machtverlust der Demokratie um einen Schritt weiter. Nach der September-Wahl von 1930, aus der die NSDAP als zweitstärkste Partei hervorging, war keine demokratische Mehrheitsbildung mehr möglich. Und als Brüning – wiederum unter dem Einfluß unverantwortlicher

Ratgeber des Reichspräsidenten, darunter diesmal auch Vertreter des ostelbischen Großgrundbesitzes – im Mai 1932 Hindenburgs Vertrauen verlor, wurden unter von Papen die Abkehr vom Parlamentarismus und die autoritär-restaurative Neuordnung von Staat und Wirtschaft vollends zum Regierungsprogramm.

Währenddessen hatte sich die Parteienlandschaft dramatisch zugunsten der NSDAP gewandelt. Jetzt bewährten sich die wenig spektakulären Ergebnisse der Jahre des Wartens. Als die Wirtschafts- und Staatskrise sich auszuwirken begann, war die NSDAP in der Lage, große Teile des vorhandenen antidemokratisch-nationalistischen Potentials und darüber hinaus immer mehr frühere Wähler gemäßigter Parteien für sich zu gewinnen. Daneben mobilisierte sie in starkem Maße Neu- und bisherige Nichtwähler. Trotz starker Fluktuation der Mitgliederschaft gelang es ihr auch, einen erheblichen Teil der Anhänger dauerhaft an sich zu binden.

Im Bürger- und Kleinbürgertum hatten Weltkrieg, wirtschaftliche Bedrängnis und politische Demokratisierung schon früh Existenzängste und Identitätskrisen hervorgerufen, die eine Abkehr von der Weimarer Republik bewirkten. Die in weiten Teilen des Mittelstands aufgestaute soziale Dynamik brach sich aber erst Bahn in eine radikal antidemokratische Richtung, als die Weltwirtschaftskrise das Protestpotential aktivierte und Handwerker, Kaufleute, Angestellte, Beamte und Bauern, Studenten, aber auch Arbeiter in immer größerer Zahl das Vertrauen in die Handlungsfähigkeit des demokratischen Staates und der von ihnen bis dahin gewählten liberalen und konservativen Parteien verloren. Diese Radikalisierung kam ganz überwiegend den Nationalsozialisten zugute, die mit ihrer doppelten Frontstellung gegen die Ungerechtigkeiten des kapitalistischen Systems und gegen die Egalisierungstendenzen des Marxismus besonders den Mittelstand ansprachen. Angesichts der materiellen Not und der sonst ausweglos erscheinenden Lage genügte es für viele, daß die NSDAP ihrem Protest und ihren Ressentiments lautstark Ausdruck verlieh, ihre positiven Ziele meist nur in radikalen Parolen, nicht in konkreten Sachprogrammen artikulierte, sich darüber hinaus aber mit ihren Massenversammlungen und -aufmärschen als junge, dynamische Bewegung darstellte, die in sich die sozialen Gegensätze bereits überbrückte, geschätzte nationale Werte in die Zukunft transponierte und ihre Energie auf die Überwindung des versagenden »Systems« richtete. Bei dem allgemeinen Anwachsen antiparlamentarischer Ressentiments konzentrierte sich die weitverbreitete Sehnsucht nach einem »starken Mann« zunehmend auf Hitler, zumal sich sonst kaum ein anderer Kristallisationskern bot. Während die nationalsozialistische Propaganda die Gestalt des »Führers und Retters aus der Not« immer stärker heraushob, weiteten sich Hitlers Selbstbewußtsein und sein Anspruch auf die politische Führung in Deutschland aus.

Die antidemokratische Stoßkraft, die sich in der NSDAP zusammenballte, erreichte ihre entscheidende Wirkung freilich erst in halboffener oder indirekter Zusammenarbeit mit einflußreichen Kräften innerhalb des etablierten Machtgefüges der Republik. Schon beim Zusammengehen mit der DNVP und dem Stahlhelm gegen den Young-Plan 1929 zeigte sich, worin Hitlers Trumpf vor allem bestand: Die nationalistisch-autoritären Kräfte, wie Hugenberg sie repräsentierte, wollten das parlamentarische System überwinden, brauchten dazu aber eine Massenbasis, weil eine autoritäre Regierung auf Dauer nicht ohne Rückhalt in der Bevölkerung bestehen konnte. Diese Stütze schien Hitler bieten und sogar noch erweitern zu können. Die Hilfestellung, die Hugenberg und andere ihm gaben, galt nicht dem Nationalsozialismus schlechthin, doch stimmten beide Seiten in wichtigen negativen Teilzielen wie dem Kampf gegen den »Marxismus« und der Beseitigung oder zumindest starken Einschränkung demokratischer Strukturen überein. Eine derartige Kooperation entsprach der von Hitler vorgezeichneten Bündnistaktik. Er konnte die Zweckbeziehungen zu den ihn umwerbenden etablierten Kräften auf der politischen Rechten, in Militär, Verwaltung, Großgrundbesitz und Unternehmertum in der Folgezeit ohne großes Risiko sogar noch intensivieren. Denn während die NSDAP gewaltig wuchs, blieb sie doch fremder Einflußnahme verschlossen und konnte sich gegenüber politisch-ideologischen Nachbarn wie DNVP oder Stahlhelm mit Erfolg als einzige nicht durch Bindungen an das »System« kompromittierte »revolutionäre« Kraft profilieren. Diese Taktik von Zusammenarbeit in der »Nationalen Opposition« und gleichzeitiger

Distanzierung von deren übrigen Mitgliedern fand ihren zwiespältigen Ausdruck u. a. in der »Harzburger Front«. Bei aller Skepsis gegenüber Stil und Ton des Nationalsozialismus galt Hitler weithin durchaus als bündnisfähig. Selbst Brüning und das Zentrum bemühten sich um Tolerierung durch die NSDAP in der Hoffnung, deren Radikalismus durch Einbeziehung in die politische Verantwortung abschleifen zu können.

Auf solche Angebote einzugehen war für Hitler nicht zweckmäßig, solange die nationalsozialistischen Stimmenzahlen in die Höhe schnellten und Aussicht bestand, die Demokratie »totwählen« zu können. 1932 stieß die NSDAP jedoch deutlich sichtbar an Grenzen ihres Wählerpotentials und der Aussichten, allein an die Macht zu gelangen. Um einen entscheidenden Machthebel wie das Reichskanzleramt in die Hände zu bekommen, brauchte Hitler Protektion; mit eigenen Kräften vermochte er die Hürde nicht zu überwinden. Den Weg zum Reichspräsidenten, der unter den gegebenen Umständen die Schlüsselposition innehatte, ebneten ihm aus eigennützigen Gründen die konservativ-nationalen Kräfte um Brünings Nachfolger von Papen und von Schleicher. Sie wollten sich die NSDAP als Werkzeug bei der Bekämpfung von Linksparteien und Gewerkschaften und bei der Überwindung des Parlamentarismus zunutze machen und hofften, ihr autoritäres, unternehmerfreundliches Programm auf diese Weise plebiszitär legitimieren zu können, ohne Hitler die Macht überlassen zu müssen. Auch die in der NSDAP und vor allem in der SA lebendigen sozialrevolutionären Tendenzen glaubten sie zähmen zu können. Unter den Fürsprechern für eine Regierung Hitler spielte außerdem das ostelbische Großagrariertum eine beträchtliche Rolle. Die Vertreter des Großunternehmertums standen insgesamt überwiegend Papen näher und arrangierten sich erst nach Hitlers Ernennung zum Kanzler – dann aber rasch – mit der NSDAP. Zwar flossen ihr auch vorher Gelder aus Industrie- und Bankkreisen zu, doch kann von einer Abhängigkeit der NSDAP von der Großwirtschaft nicht die Rede sein. Deren Anteil am Scheitern der Republik lag weit mehr darin, daß sie durch ihr gesamtes Verhalten den Abbau der Demokratie gefördert hat.

Gegenüber Zähmungsversuchen blieb Hitlers Mißtrauen wach.

Seine Furcht vor Abhängigkeit bewog ihn nach der Niederlage bei der Reichspräsidentenwahl im April 1932, sich auf die Übernahme des Kanzleramts zu versteifen. Nachdem Hindenburg seine Berufung im August brüsk abgelehnt hatte, hielt Hitler an dieser Forderung selbst um den Preis fest, damit das bisherige Fundament seiner starken Position innerhalb und außerhalb der Partei zu gefährden: den unaufhaltsam erscheinenden Erfolg.

Bei Mitgliedern und Wählern, die von den Nationalsozialisten konstruktive Maßnahmen gegen die Not der Bevölkerung erhofften, machten sich Enttäuschung und Verbitterung über Hitlers Starrsinn breit, Parteiaustritte häuften sich. In der SA, in der sich die Vorstellungen von »Machtergreifung« 1931/32 zunehmend zu der Hoffnung auf freie Bahn gegenüber den politischen Feinden und auf Beute und Belohnung für den geleisteten Einsatz verdichteten, gärte es. Im November 1932 verlor die NSDAP zwei Millionen Wähler. Gregor Straßer, der zweitwichtigste Mann in der Partei, und andere Funktionäre waren unter diesen Umständen zum Eintritt in eine von Schleicher geführte Regierung bereit, wobei sie auf die Durchschlagskraft der nationalsozialistischen Dynamik gegenüber den Koalitionspartnern vertrauten. Doch vermochten sie sich nicht durchzusetzen. Mit seiner Resignation erhöhte Straßer unbeabsichtigt noch die Verwirrung, die die NSDAP ergriffen hatte. Hitler befand sich in einer Sackgasse.

In dieser kritischen Situation brachte ihn um die Jahreswende 1932/33 die intrigenhafte Initiative von Papens wieder ins Spiel, der sich durch Schleicher ausgebootet fühlte, seit Hindenburg diesem Anfang Dezember die Kanzlerschaft übertragen hatte. Gestützt auf Absprachen mit Hugenberg und den Stahlhelm-Führern und gefördert durch Fürsprecher in der Umgebung des Reichspräsidenten vermochte Papen Hindenburg dazu zu bewegen, Hitler zum Kanzler und ihn selbst zum Vizekanzler einer »Regierung der nationalen Konzentration« zu ernennen. Wie die Förderer Hitlers glaubten, schienen die drei Nationalsozialisten darin durch acht deutschnationale oder parteilose konservativ-nationale Minister, von denen einige schon dem Kabinett Papen angehört hatten, zuverlässig »eingerahmt« zu sein.

In der Unterschätzung Hitlers und der skrupellosen Dynamik

des Nationalsozialismus tritt schließlich auch das Element der persönlichen Verantwortlichkeit der handelnden Personen klar zutage, das neben den Geburtsfehlern, den Schwächen der Verfassungsstruktur und den außenpolitischen, wirtschaftlichen und psychologischen Belastungen der Weimarer Republik die Weichenstellung auf den 30. Januar 1933 hin wesentlich beeinflußte und in der Endphase entschied.

Günter Plum

Übernahme und Sicherung der Macht 1933/34

Am Tage nach der Volksabstimmung vom 19. August 1934, in der sich Hitler – seinem pervertierten Verständnis von Volkssouveränität folgend – die »ausdrückliche Sanktion des deutschen Volkes« für die Übertragung der verfassungsrechtlichen Funktionen des Reichspräsidenten auf seine Person hatte geben lassen (bei immerhin 10% Neinstimmen), erklärte er in einem Aufruf, nunmehr sei der »Kampf unserer Bewegung um die Macht in Deutschland« beendet. »Angefangen von der höchsten Spitze des Reiches über die gesamte Verwaltung bis zur Führung des letzten Ortes befindet sich das Deutsche Reich heute in der Hand der Nationalsozialistischen Partei«, nur der Kampf »um unser teures Volk« gehe weiter.

Abgesehen von dem Eingeständnis, daß die deutsche Bevölkerung noch längst nicht geschlossen hinter dem Nationalsozialismus stand, enthüllte der Aufruf Hitlers die zynische Verlogenheit aller verfassungspolitischen Versicherungen, die er selbst – angefangen vom »Legalitätseid« 1930 – bis zum Tode Hindenburgs abgegeben hatte; sie waren nur Taktik innerhalb der seit 1930 offen umrissenen Strategie: Die Verfassung schreibe nur den Boden, nicht das Ziel des Kampfes vor; die NSDAP werde »in die gesetzgebenden Körperschaften« eintreten und »zum ausschlaggebenden Faktor« werden. »Wir werden dann allerdings, wenn wir die verfassungsmäßigen Rechte besitzen, den Staat in die Form gießen, die wir als die richtige ansehen.« Hitler bezeichnete den August 1934 zu Recht als Einschnitt in der Geschichte der nationalsozialistischen Herrschaft. Er war zumindest ein Meilenstein des plebiszitären Führerstaates, jener laut Goebbels »veredelten Art von Demokratie«, in der keine »Möglichkeit gegeben ist, durch parlamentarische Zwischenschaltungen den Willen des Volkes nach oben hin zu verwischen«. Hitlers Aufruf vom 20. August 1934 suggerierte darüber hinaus in seiner apodiktischen Kürze für den Prozeß der Machtsicherung nachträglich eine Planmäßigkeit des Handelns und Folgerichtigkeit des Ablaufs, wie sie in der Realität nicht gegeben waren:

Vor allem in der ersten Phase von der Ernennung Hitlers zum Reichskanzler, der Bildung des sogenannten »Kabinetts der nationalen Konzentration«, bis zum Reichstagsbrand hatte sich die NSDAP in einer durchaus noch prekären Situation befunden. Sie war in der Reichsregierung mit drei Regierungsmitgliedern (Hitler, Frick, Göring) eindeutig in der Minderheit und stellte auch nur in wenigen, kleineren Ländern die Regierung oder war daran beteiligt (Anhalt, Braunschweig, beide Mecklenburg, Oldenburg, Thüringen). Dazu existierte in der Person des Reichspräsidenten noch ein den politischen Vorstellungen der konservativen Regierungsmitglieder zuneigendes Gegengewicht. Allerdings hatten die Nationalsozialisten neben dem Reichskanzleramt zwei weitere Schlüsselstellungen eingenommen: das Reichsministerium des Inneren und die kommissarische Leitung des Preußischen Ministeriums des Inneren.

Erste grundlegende Maßnahmen Hitlers Anfang Februar 1933 waren die Auflösung des Reichstags, dem die konservativen Regierungspartner und der Reichspräsident nach einem Täuschungsmanöver – mit dem Zentrum als Opfer – zustimmten, und die Veränderung der Machtverhältnisse in Preußen. Durch die formal legale Reichstagsauflösung war Hitler zumindest zeitweilig von dem Organ befreit, von dessen Tribüne die politischen Gegner seine Strategie erheblich hätten stören können; darüber hinaus eröffnete sich der NSDAP die Chance, in einem aus der Regierung heraus geführten Wahlkampf ein Ergebnis zu erzielen, das sie vom Koalitionszwang befreite. So ergingen schon drei Tage nach der Auflösung zwei Notverordnungen des Reichspräsidenten: Die Verordnung »zum Schutze des deutschen Volkes« ermöglichte massive Eingriffe in die Presse- und Versammlungsfreiheit und damit in den Wahlkampf, hielt allerdings den Beschwerdeweg zum Reichsgericht ausdrücklich offen; über die Verordnung »zur Änderung des Reichswahlgesetzes« schrieb ein nationalsozialistischer Autor, sie »erledigt endgültig die Splitterparteien«, denn sie hob die notwendige Zahl von Unterschriften für Kreiswahlvorschläge noch nicht im Parlament befindlicher Parteien von 500 auf 60000 an.

Die Beauftragung Görings mit der kommissarischen Leitung des Preußischen Ministeriums des Inneren erbrachte auf den ersten Blick nur wenig, denn Göring war von Papen als Reichskommissar für Preußen nachgeordnet. Jedoch vermochte Göring ihn so weit an den Rand des politischen Geschehens zu schieben, daß Papens preußische Position öffentlich kaum noch wahrgenommen wurde. Des Reichskommissars wohl einzige bedeutende Aktion war, vom Reichspräsidenten die Verordnung »zur Herstellung geordneter Regierungsverhältnisse in Preußen« (6. Februar 1933), genauer: zur Auflösung des Landtags, zu erwirken. Sie annullierte – ein eklatanter Verfassungsbruch – das Kompromißurteil des Preußischen Staatsgerichtshofs, wodurch der verfassungsmäßigen Preußischen Regierung nach dem »Preußenschlag« vom 20. Juli 1932 die Vertretung im Reichsrat und in dem zur Landtagsauflösung berechtigten Dreimännerkollegium zugesprochen worden war. Da der preußische Landtag am 4. Februar 1933 einen Antrag der NSDAP zur Auflösung ebenso abgelehnt hatte wie das Dreimännerkollegium (Ministerpräsident Braun und Staatsratspräsident Adenauer gegen die Stimme des nationalsozialistischen Landtagspräsidenten Kerrl), ließ sich Papen in die Rechte Brauns einsetzen und verfügte zusammen mit Kerrl, gegen den Protest Adenauers, die Auflösung; die Neuwahlen wurden ebenfalls auf den 5. März festgesetzt. Die Gründe für diesen zweiten Staatsstreich lagen auf der Hand: Ein preußischer Landtag hätte mit der Mehrheit von Kommunisten bis Zentrum auch nach einer für die NSDAP erfolgreichen Reichstagswahl die Machtbalance empfindlich gestört; des weiteren sollte eine öffentliche Kritik des Parlaments an Görings Exekutiv-Praxis verhindert werden.

Göring nutzte die neugewonnenen »Freiräume« durch scharfe Exekution der Verordnung »zum Schutze des deutschen Volkes« und schuf die geeigneten Instrumente. Bereits am Tag nach der Landtagsauflösung ernannte er Kurt Daluege zum Kommissar

z. b. V. im Innenministerium mit dem Auftrag, die Besetzung wichtiger Positionen der inneren Verwaltung, vor allem der Polizei, mit politisch »zuverlässigen« Beamten zu betreiben. Kaum eine Woche später begann die Welle der politischen »Säuberungen«. In die politisch von Zentrum, SPD und KPD geprägten Provinzen Rheinland und Westfalen entsandte Göring einen höheren Polizeiführer als Kommissar mit Sondervollmachten, der dort die Leitung der gesamten Polizei in seiner Hand vereinigte und damit noch nicht willfährige Zwischeninstanzen aus relevanten Polizeiaktionen ausschalten konnte. Neben ersten Maßnahmen zur Umgestaltung der Preußischen Politischen Polizei befahl Göring weiter, die Polizei habe ihre politische Neutralität aufzugeben und gegen »Staatsfeinde« rücksichtslosen Gebrauch von der Schußwaffe zu machen. Mitglieder der »nationalen Verbände« (vor allem SA und SS) schließlich sollten als Hilfspolizei die ordentliche Polizei bei »Ausschreitungen von linksradikaler, insbesondere kommunistischer Seite« unterstützen.

Das neue Instrumentarium begann rasch zu greifen: Versammlungen der KPD, aber auch von SPD und Zentrum, wurden verboten, aufgelöst oder von Nationalsozialisten unter den Augen der Polizei gesprengt; ihre Presseorgane und Wahlkampfmaterialien wurden beschlagnahmt und verboten. Göring gingen die Maßnahmen allerdings noch nicht weit genug, und er sparte nicht mit Drohungen an die Adresse »säumiger« Beamter. Doch waren auch für ihn die Grenzen der Verordnung »zum Schutze des deutschen Volkes« nicht zu übersehen: Beschwerden beim Reichsgericht hatten – ein blamabler und politisch brisanter Vorgang – in zahlreichen Fällen schon nach wenigen Tagen Erfolg.

Nicht nur daran zeigte sich, daß der Machtausweitung in diesen Wochen noch Grenzen gesetzt waren. Noch konnten die Nationalsozialisten nicht allzu weit über die Mittel hinausgreifen, die auch den politischen Vorstellungen ihrer konservativen Partner entsprachen: Entfernung von KPD und SPD, der politischen Parteien überhaupt, Beiseiteschieben parlamentarisch-demokratischer Institutionen, Bruch der Verfassung und Befestigung des Präsidialregimes entsprach ihren Zielen durchaus, doch existierten in ihrem Denken Elemente vordemokratischer Rechtsstaatlichkeit. Auch in der öffentlichen Meinung lagen Barrieren; zwar hatten Hitlers Partner schon früher durch Praktizierung der Präsidialregierungen das Ihre getan, politische Kultur und politische Moral zu ruinieren, aber noch war nicht allen Anhängern der »nationalen Erhebung« alles zuzumuten. Schließlich traf auch das von der gesamten Reichsregierung getragene Vorgehen gegenüber Preußen auf Gegnerschaft. Der Staatsstreich rief besonders die süddeutschen Länder, voran Bayern, mit Protesten im Reichsrat sowie Beschwerden und Garantieforderungen beim Reichspräsidenten auf den Plan. Zwar wollten die wenigsten linke Parteien oder die parlamentarisch-demokratischen Elemente der Verfassung schützen, wohl aber deren bundesstaatliche Struktur. Schon jetzt offenbarte sich allerdings die Schwäche der bürgerlich-konservativen Führungspersönlichkeiten in den Ländern; uneinig, zaudernd und zum Konflikt unfähig hatten sie dem Machtwillen der Nationalsozialisten kaum mehr als die vergebliche Hoffnung auf den Reichspräsidenten entgegenzusetzen.

Zweifellos überlegte die NS-Führung, wie die Hindernisse einer ungehemmten, vor allem schnelleren Machtausweitung beiseite zu fegen wären; in der Realität jedoch blieb man bei der Taktik, die Schritte sorgsam zu dosieren. Der Reichstagsbrand am 27. Februar veränderte schlagartig die politischen Bedingungen. Mögen die Hitler, Göring, Goebbels zunächst tatsächlich geglaubt haben, die KPD-Führung habe mit dem Brand ihren zum Aufstand bereiten Anhängern das Zeichen zum Losschlagen geben wollen; mögen sie der Autosuggestion ihrer propagandistischen Schauermärchen selbst erlegen sein oder wider besseres Wissen gehandelt haben: fest steht, daß sie das Ereignis politisch hemmungslos ausnutzten. Die umstrittene Frage der Täterschaft (Kommunisten, Alleintäter van der Lubbe, Nationalsozialisten) verliert unter dieser Perspektive viel an Bedeutung.

Noch in der Brandnacht ließen Göring und Goebbels als Tatsache verbreiten, es handele sich um einen Aufstandsversuch der KPD unter Mitwisserschaft der SPD. Und gleichzeitig ordnete Göring für Preußen scharfe Maßnahmen gegen die KPD, insbesondere die Verhaftung ihrer Abgeordneten, sowie ein Erscheinungsverbot für die SPD-Presse an. Am 28. Februar unterzeichnete Hindenburg die im Reichsinnenministerium kurzerhand improvisierte »Verordnung zum Schutz von Volk und Staat«, die – nur dem äußeren Gewand als Notverordnung nach legal – einen weitgehenden Ausnahmezustand verhängte. Aufgrund der darin ausgesprochenen Suspendierung aller wichtigen Grundrechte konnte mit der rücksichtslosen Verfolgung der KPD noch vor den Wahlen begonnen, der Wahlkampf aller anderen Gegner massiv behindert werden; die pauschalen Formulierungen erlaubten die Anwendung auch über den angegebenen Zweck der »Abwehr kommunistischer staatsgefährdender Gewaltakte« hinaus. Die Befugnis zum Eingriff in die Länderrechte (§ 2) schuf die Möglichkeit, bei günstiger Gelegenheit das Hindernis der bundesstaatlichen Struktur zu beseitigen. Insgesamt bot die Verordnung die Handhabe, auch bei einem für die NSDAP ungünstigen Wahlausgang den Prozeß der Machtausweitung fortzusetzen. Dazu trug bei, daß die konservativen Partner zu schwach waren, die Festlegung der Durchführungsgrundsätze dem Kabinett zu reservieren, die Kompetenz wurde dem Reichsinnenminister übertragen. Papen, Hugenberg und Konsorten, durch deren Intrigen das Kabinett Hitler erst möglich geworden war, hatten aus politischer Überheblichkeit ihr Selbstbewußtsein, Hitler und seine Massenbewegung »zähmen« zu können, auf die Überzeugung gegründet, die Machtmittel Hindenburgs zur Verfügung zu haben – aber am Angelpunkt der Entwicklung ließen sie die Zügel aus der Hand gleiten.

Allerdings überließ es Frick zunächst den Ländern, Ausführungsvorschriften zu erlassen, was Göring in die Lage versetzte, die Verordnung – im Gegensatz zu den nicht nationalsozialistisch regierten Ländern – weit auszuschöpfen und die Organisation der KPD durch ausgreifende Verhaftungs- und Beschlagnahmeaktionen lahmzulegen. Ein Verbot der KPD wurde nur deshalb nicht ausgesprochen, weil die Nationalsozialisten von ihrer Legalitätsstrategie nicht abgehen und die Reichstagswahlen unter allen Umständen stattfinden lassen wollten. Stünde aber die KPD nicht mehr zur Wahl, würde, so fürchtete man, die SPD gefährlich profitieren.

Unter der Regie ihres Berliner Gauleiters Joseph Goebbels

überzog die NSDAP das Reich mit einer gewaltigen, die Wahl in ein nationales Bekenntnis und den Wahltag in den »Tag der erwachenden Nation« umstilisierenden Propagandawelle. Dabei schöpfte sie als Erste die propagandistischen Möglichkeiten des Rundfunks voll aus und sorgte für die Übertragung der großen Hitlerreden und -kundgebungen fast bis ins letzte Dorf. Dennoch erreichte die NSDAP ihr Ziel weder bei den Reichstags- noch bei den preußischen Landtagswahlen: Zur absoluten Mehrheit reichte es nur mit Hilfe des bisherigen Koalitionspartners. Während die nationalsozialistische Propaganda das zweifelhafte Ergebnis zum überwältigenden Sieg hochjubelte, erfaßte jetzt »mit einer zauberhaften Gesetzmäßigkeit« (ein zeitgenössischer Autor) der bald mit dem Begriff »Revolution« belegte Prozeß der Machteroberung ganz Deutschland.

Als Instrument dienten – wie in Preußen vorexerziert – eine botmäßig gemachte Schutzpolizei und Politische Polizei, zu Maßnahmen entgegen und außerhalb der normativen Ordnung bevollmächtigte »Kommissare« sowie SA und SS in der Doppelrolle als Hilfspolizei und selbsternannte »Repräsentanten des Volkswillens«.

Für die Methode der Machteroberung erfanden die Nationalsozialisten den – für ihre systematische Verschleierung von Sachverhalten charakteristischen – Begriff der *Gleichschaltung*, der zuerst Ausschaltung/Entfernung/Zerschlagung bedeutete. Die Aktionen folgten wenigen Grundschemata. So brachte die SA den nicht nationalsozialistischen Länderkabinetten die »Forderung des Volkes«, einer nationalsozialistischen Regierung Platz zu machen, mit Demonstrationen, Amtsbesetzungen und Krawallen nahe und forderte zugleich vom darauf wartenden Reichsminister des Inneren, »Sicherheit und Ordnung« von Reichs wegen wiederherzustellen. Frick entsprach dem prompt mit der Ernennung eines Nationalsozialisten zum Kommissar für die Polizei wie in Hamburg, Hessen und Sachsen oder gleich eines Reichskommissars wie in Bayern. Diese Kommissare waren vor allem darum besorgt, Regimegegner aus zentralen Positionen zu entfernen, und entsandten ihrerseits Kommissare in die Schaltstellen der Landes- und Kommunalverwaltungen. Sofern Amtsinhaber die Amtsübergabe, Personalveränderungen oder den Vollzug von Maßnahmen verweigerten, »überredete« die SA sie zum Einlenken. Schließlich ergoß sich ein Heer von Kommissaren mit zweifelhafter Legitimation in die Verwaltungen der Mittelinstanz, der Kreise und Gemeinden, in Betriebsleitungen, Selbstverwaltungsorgane und Verbandsvorstände. Vom Gau-, Kreis- oder Ortsgruppenleiter der NSDAP beauftragt, von nationalsozialistischen Gemeindevertretern oder Betriebsangehörigen gerufen, agierten sie als kommissarische Landräte, Bürgermeister, Abteilungsleiter, Verbandsführer und schalteten »unzuverlässiges« Personal aus; auch sie wurden von der SA, die ihrerseits eigene Kommissare einsetzte, tatkräftig unterstützt.

Es waren also zwei Faktoren, die den Prozeß der Machteroberung vorantrieben: zum einen scheinbar legale Maßnahmen vor allem aufgrund der »Reichstagsbrandverordnung«, zum anderen die zu »Überredung« oder »Ausräumung von Mißverständnissen« verharmlosten Aktionen von SA und SS, die allein mit dem Begriff *Terror* zureichend zu bezeichnen sind. Terror, der sich schon vor dem 30. Januar 1933 in den Straßen- und Saalschlachten mit Kommunisten oder Sozialdemokraten und der Polizei ausgetobt hatte, war konstitutives Element der Machteroberung; er war, wo immer seine Ursachen zu suchen sind, das aktionistische Pendant zu den propagandistischen Haßtiraden der Parteiführer auf die »Novemberverbrecher«, den Parlamentarismus und seine Exponenten, auf Juden und »Judenknechte«, auf die Etablierten der Republik. Ausfluß der Programmlosigkeit der NSDAP, verkörperte er die bloße Negation der herrschenden politischen und sozialen Verhältnisse, den nackten Willen, den »Feinden« die Macht gewaltsam zu entreißen. Dazu hatten sich in der SA, die sich zu beträchtlichen Teilen aus gesellschaftlichen Außenseitern, später aus Opfern der Wirtschaftskrise rekrutierte, soziale Ressentiments aufgestaut und durch die frustrierenden Rückschläge der »Kampfzeit« wie das gleichermaßen frustrierende Zuwarten nach den Wahlerfolgen seit 1930 zu blindem Haß verdichtet. Die Parteiführung verfügte mit diesem Gewalt-Potential über ein gezielt einsetzbares Mittel der Machteroberung; der in den Aktionen der SA sich auslebende Drang, zuzuschlagen, die »Feinde« zu demütigen, ja körperlich zu erniedrigen, trug entschieden dazu bei, daß die Republik so schnell an Hitler fiel.

Göring hatte schon im Februar etwas von diesem staatlich protektionierten Gewalt-Potential als Drohung sichtbar werden lassen; nach der Reichstagswahl, in Preußen schon in der Nacht des Reichstagsbrandes, wurden die Dämme weggerissen. Der nun ungehemmt einsetzende Terror stand nicht mehr nur unter der Protektion des Staates, er wurde vielmehr selbst zum staatlichen Handeln: Einerseits bot die »Reichstagsbrandverordnung« mit der Möglichkeit, zeitlich unbegrenzte und nicht kontrollierbare »Schutzhaft« zu verhängen, die gesetzliche Grundlage des Terrors, und andererseits agierten SA und SS zunehmend in der Maske von Hilfspolizisten. Die Massenverhaftungen von Kommunisten, mehr und mehr auch Sozialdemokraten und ihre durchgängig unmenschliche Behandlung in eilends errichteten »wilden« Konzentrationslagern, dazu die brutal erzwungenen Personalwechsel in den Verwaltungen ließen ein Kalkül aufgehen: Der Terror schüchterte die Regimegegner ein und brach bei den meisten den Willen zur Gegenwehr. In den beiden ersten Wochen nach dem Reichstagsbrand nahm der Terror zumal in Preußen solche Ausmaße an, daß einige noch couragierte Deutschnationale bei der Reichsregierung heftig protestierten.

Zwar reagierte Hitler schroff abweisend: angesichts der »historischen« Aufgabe, den Marxismus in Deutschland zu vernichten (stereotypes Alibi für die Zerstörung von Verfassung und Rechtsordnung), seien die wenigen Übergriffe ohne Bedeutung; doch sah er sich – da er die Verabschiedung des Ermächtigungsgesetzes nicht gefährden wollte – zu einem Disziplinerlaß an die SA genötigt, ohne indes Anstrengungen zu seiner Durchsetzung zu machen. Erst als am 5. Juli 1933 mit dem Zentrum die letzte Partei von der politischen Bühne abgetreten war, erklärte Hitler, von nun an trete die »Evolution« an die Stelle der »Revolution«.

Anlaß für diesen Bremsversuch des »Führers« – eine abrupte Kursänderung hätte auch er kaum durchsetzen können – waren erhebliche Störungen, die sich in Verwaltung und Wirtschaft bemerkbar machten. Deshalb versuchte auch die innere Verwaltung, den unkontrollierten Terror abzubauen, den Ausnahmezustand zu begrenzen und den Staatsschutz wieder in ihre Kompetenz zu ziehen – ohne überzeugenden Erfolg: Hatte Reichsinnenminister Frick schon nicht verhindern können, daß die Politische Polizei in Preußen (Göring) und Bayern (Himmler) aus der inneren Verwaltung ausgegliedert worden war, so scheiterte deren Rückführung an Göring, der die Geheime Staatspolizei (wie seit April die Bezeichnung lautete) als seinen gesetzlichen Beschränkungen entzogenes Exekutivinstrument betrachtete, und an Himmler, der die Bayerische Politische Polizei in die Hand der von ihm geführten SS zu bringen suchte. Während Göring, aus der Perspektive des Preußischen Ministerpräsidenten an der Beendigung des SA-Terrors interessiert, ab Mitte August die Hilfspolizei auflöste und »wilde« SA-Konzentrationslager und -»Bunker« von der Gestapo schrittweise schließen ließ, schwamm Himmler auf der »revolutionären« Welle der SA, die ihm ungehinderte Ausweitung des Einflusses der SS erlaubte, weiter mit.

Erst als offenkundig wurde, daß Hitler sich im Interesse seiner Kriegsplanung gegen Röhms Milizkonzept und für die Entmachtung der SA entschieden hatte, wandte sich auch Himmler gegen sie und verband sich mit Göring, der ihn zu seinem Stellvertreter als Chef der Preußischen Geheimen Staatspolizei machte. Das nun durch Himmler in Personalunion zusammengefügte Instrument aus den Politischen Polizeien der Länder und der SS vollzog mit Unterstützung der Reichswehr die Terroraktion des 30. Juni 1934. Damit wurde der Terror institutionalisiert als staatlicher Terror und Terror im staatlichen Auftrag:

Sache der Politischen Polizei war es, Regimegegner zu ermitteln, in Schutzhaft zu nehmen und sie zur Untersuchungshaft der Justiz zu überstellen oder in Konzentrationslager einzuweisen, wo SS die »Schutzhaft« vollzog. Seit dem angeblichen »Röhm-Putsch« brachte die SS alle Konzentrationslager in ihre Gewalt. Dieses Terror-Monopol vermochte der Reichs-, seit Mai 1934 auch Preußische Minister des Inneren weder zu verhindern, noch gesetzlichen Normen zu unterwerfen.

Es macht betroffen, daß die ersten, vornehmlich gegen Kommunisten gerichteten Terrorwellen vor und nach dem Reichstagsbrand vom größeren Teil der Bevölkerung hingenommen, sozusagen

»übersehen« wurden. Sieht man von den Opfern und von denen ab, die sich als potentielle Opfer fühlen mußten, so hat die von erlogenen Beweisen begleitete, pausenlose Panik-Propaganda über einen angeblich minutiös vorbereiteten kommunistischen Aufstand, zumal sie mit Informationen über die sowjetische Innenpolitik zu einem Horrorgemälde geschickt vermischt wurde, ihre Wirkung beim antisozialistischen, den Phrasen der »nationalen Sammlung« zugeneigten Bürgertum (auch einem guten Teil des Zentrums) nicht verfehlt. Vollends mit dem Reichstagsbrand wurde der Aufstand in den Köpfen dieser Bürger real, und in der Konsequenz dessen war der NS-Terror für sie Notwehr, legitime Gegengewalt zur Rettung des Staates oder – wie eine bürgerliche Zeitung schrieb – notwendige »nationale Gegenrevolution«. Die angesichts des Geschehens nach der Reichstagswahl im bürgerlich-konservativen Lager wieder wachsende Klarheit schlug dann sogleich um in lähmende Angst. Die Annahme des Ermächtigungsgesetzes am 23. März war so auch eine Konsequenz dieser Angst.

In diesen Zusammenhang gehört eine Strategie, die später geradezu zum Markenzeichen Hitlerscher Außenpolitik wurde: die Strategie der schubweisen Ausschaltung und der »Wechselbäder«. Sie ließ die potentiell Betroffenen, im Blick auf die Absichten des Regimes Unsicheren zwischen Angst und Hoffnung schwanken, förderte Illusionen und Anpassungsbereitschaft. Als die Kommunisten ausgeschaltet, die Länder erobert wurden, glaubten selbst Sozialdemokraten und Freie Gewerkschafter je auf ihre Weise, als Organisation überdauern zu können, sofern man den neuen Verhältnissen Rechnung trug. Als einige Wochen später die Freien Gewerkschaften ausgeschaltet wurden, glaubten die Christlichen Gewerkschaften, ihre Organisation innerhalb der neugegründeten Deutschen Arbeitsfront erhalten zu können, Teile der Sozialdemokratie nährten die Illusion, in einem stillen Winkel überleben, das Schlimmste vermeiden zu können, wenn man sich, wie am 17. Mai 1933 im Reichstag, zu Zugeständnissen bereit zeigte. Als dann die SPD verboten wurde, setzte sich dieses Verhaltensschema bei bürgerlichen Parteien wie der Deutschnationalen Front (zuvor DNVP) fort. Die Spannung zwischen Angst und

Hoffnung wurde verschärft durch »Wechselbäder« wie dem Spektakel der nationalen Einigkeit am »Tag von Potsdam« (konterkariert durch Heimtücke- und Sondergerichtsverordnung und die »Eröffnung« des Konzentrationslagers Oranienburg) und der bedrohlichen Szene um die Reichstagssitzung am 23. März 1933 oder dem »Tag der nationalen Arbeit« am 1. und der Zerschlagung der Freien Gewerkschaften am 2. Mai.

In solcher Atmosphäre nahm der Reichstag das verfassungsändernde Ermächtigungsgesetz mit der notwendigen qualifizierten Mehrheit an, suspendierte so das verfassungsmäßige Gesetzgebungsverfahren und schaltete sich selbst davon aus. Damit begann auch die Umwandlung des Reichstags zum Akklamationsorgan, das bestenfalls noch die weitere Selbstkastrierung beschließen durfte wie durch Annahme des »Gesetzes über den Neuaufbau des Reiches« am 30. Januar 1934, das die Reichsregierung zur Änderung auch der Verfassung ermächtigte. Am 1. August 1934 sollte Hitler mit dem Gesetz über das Oberhaupt des Reiches davon Gebrauch machen.

Das Ermächtigungsgesetz diente einem doppelten Zweck. Einerseits wurde Hindenburg damit suggeriert, ein funktionsfähiger Reichstag habe ihn endlich des Zwanges zum dauernden Erlaß von Notverordnungen enthoben; andererseits befreite es die Reichsregierung von eben diesem Zwang und sicherte ihr die Möglichkeit, auf dem Wege formaler, scheinbar in der Kontinuität der Verfassung stehender Gesetzgebung (tatsächlich aber reiner Verordnungs- und Erlaßpraxis) die NS-Herrschaft zu stabilisieren. Mit der Annahme des Ermächtigungsgesetzes waren die Parteien überflüssig geworden; Hitler benutzte sie nur noch einmal als Dekorum für seine außenpolitische Reichstagsrede am 17. Mai 1933, in der er seine uneingeschränkte Bereitschaft zur friedlichen Außenpolitik behauptete. Einen Monat später wurde die SPD verboten, und zwischen 27. Juni und 5. Juli 1933 verschwanden unter mehr oder weniger starkem Druck auch die übrigen Parteien. Der Vorgang veränderte auch die Situation im Koalitionskabinett, denn mit der Ausschaltung des Reichstags verlor Hugenberg die Basis seines Einflusses. Als seine Partei, die DNVP, sich selbst auflöste, trat auch er zurück. Mit dem Gesetz gegen die Neubildung von Parteien wurde der Einparteienstaat am 14. Juli endgültig besiegelt. Es ist bezeichnend, daß am gleichen Tage jene Pervertierung demokratischer Willensbildung in Gestalt der »Volksabstimmung« gesetzlich installiert wurde. Der Ablösung des Parteienstaates hatte auch schon das zwei Wochen nach dem Ermächtigungsgesetz erlassene Gesetz »zur Wiederherstellung des Berufsbeamtentums« gedient, auf dem die Säuberung der Exekutive von parteipolitisch gebundenen, republiktreuen Beamten und »Nichtariern« basierte. Die Machtstellung des Reiches und der NSDAP in den Ländern wurde ebenfalls aufgrund des Ermächtigungsgesetzes formalrechtlich konsolidiert: durch die Gleichschaltungsgesetze vom 31. März und 7. April 1933. Die Degradierung der Länder zur Mittelinstanz beschloß dann der am 12. November gewählte Einheitslisten-Reichstag am ersten Jahrestag der Ernennung Hitlers zum Reichskanzler im »Gesetz über den Neuaufbau des Reiches«.

In der gleichen Zeitspanne, in der die Nationalsozialisten Zug um Zug die Verfassungsorgane beseitigten, alle anderen Träger politischer Macht eliminierten und die Schaltstellen der Exekutive besetzten, gelang ihnen auch – und das verlieh dem Geschehen nach dem 5. März 1933 in den Augen der Zeitgenossen einen atemberaubenden, die Gegenwehr gleichfalls lähmenden Zug – die Unterwerfung und Umgestaltung der wichtigsten Organisationen des außerstaatlichen Bereichs. Dies geschah in der Regel zunächst durch »revolutionären«, dann durch einen normativen oder parteiorganisatorischen Akt; beides war wesentlich auch von der Politik gegen die Juden bestimmt. Zwischen März und Juli 1933 zwangen SA-Kommissare und NSDAP-Funktionäre, besonders des »Kampfbunds für den gewerblichen Mittelstand«, Wirtschafts- und Bauernverbände, Selbstverwaltungskörperschaften und Berufsorganisationen zur Übergabe ihrer Spitzenpositionen an Nationalsozialisten und zur Etablierung des »Führerprinzips«; Juden und NS-Gegner mußten ausgeschlossen werden. Vor allem Handel, Handwerk und Landwirtschaft sahen sich zu Einheitsorganisationen unter nationalsozialistischer Führung zusammengefaßt. Hoffnungen auf ständische Organisationsformen wurden zunichte, als die Reichsregierung im Herbst 1933/Frühjahr 1934 gesetzlich die Schaffung des Reichsnährstands und den »organischen Aufbau« der Wirtschaft verfügte. Das Gesetz über die Errichtung einer Reichskulturkammer vom 22. September 1933 beendete fast chaotische, vom »Kampfbund für Deutsche Kultur« durch »Säuberungen« in Akademien, Museen und kulturellen Vereinigungen hervorgerufene Zustände.

Grundsätzlich anders, weil nicht dem freien Spiel der »revolutionären« Kräfte überlassen, verlief die Umorganisation im Bereich der Justiz, deren Standesorganisationen im Juni 1933 in die »Deutsche Rechtsfront« unter Führung des Reichskommissars Hans Frank eingegliedert wurden. Die Arbeiter und Angestellten wurden am 10. Mai 1933 in der »Deutschen Arbeitsfront« zusammengeschlossen. »Rechtsfront« wie »Arbeitsfront« waren relativ fest mit der NSDAP verbunden.

Nach dem ersten Jahr ihrer Herrschaft hatten Hitler und die NSDAP ihren Einfluß sicher noch nicht in alle Winkel der Gesellschaft ausgedehnt; die Kirchen sollten – auch wenn sie ihre potentielle Macht nicht ausspielten – ihrem ideologischen Einfluß sogar für immer verschlossen bleiben. Im Bereich der politischen Macht gab es für Hitler nur noch drei miteinander verschränkte Probleme: Reichspräsident, Reichswehr und SA. Indem er den militärpolitischen Gegensatz zwischen Reichswehr (mit deren Führung er sich über eine forcierte Aufrüstung einig war) und SA (die mit ihren sozialistischen Ambitionen auch wirtschaftspolitisch lästig fiel) am 30. Juni 1934 zugunsten der Reichswehr entschied, erkaufte er deren Zustimmung, die Rechte des Reichspräsidenten nach Hindenburgs Tod auf sich selbst zu übertragen. Mit dem 2. August 1934 wurde Hitler »Führer und Reichskanzler« – und Oberbefehlshaber der Reichswehr.

Wolfgang Benz

Konsolidierung und Konsens 1934–1939

Mit der Ausschaltung des revolutionären Potentials innerhalb der eigenen Reihen am 30. Juni 1934 und dem Übergang des Reichspräsidentenamts auf Hitler, der damit seinen charismatischen und absoluten Führungsanspruch in Staat, Partei und Volk institutionell absicherte, war die Phase der Durchsetzung des NS-Regimes im wesentlichen abgeschlossen. In den Jahren innen- und außenpolitischer Stabilisierung bis etwa 1937/39 haben vor allem folgende Entwicklungen das Bild des Dritten Reiches bestimmt: der Ausbau der wirtschaftlichen, arbeitsmarkt- und sozialpolitischen Lenkungsapparate im Zeichen der Bekämpfung der Arbeitslosigkeit sowie der Ankurbelung der Autarkie- und Rüstungswirtschaft; die Komplettierung der politischen Überwachung und weltanschaulich-politischen Erfassung (bei zeitweiliger Reduzierung der außerlegalen Maßnahmen und Stärkung der ordnungsstaatlichen Methoden und Kräfte); die weitere Steigerung des Führer-Nimbus und der propagandistischen Selbststilisierung des Regimes, nicht zuletzt im Zeichen seiner außenpolitischen Erfolge.

Wesentliche Voraussetzung für die Überwindung der 1934 noch erheblichen regimekritischen Stimmungen war der seit 1934/35 deutlich spürbare Aufschwung der Wirtschaft und die jetzt nicht mehr nur »kosmetische« Verringerung der Zahl der Arbeitslosen (Anfang 1935 nur noch drei Millionen, im Herbst 1936 nur noch eine Million). In bestimmten Branchen (Bau- und Metallindustrie) war schon 1936, in fast allen Branchen 1937/38 die Vollbeschäftigung wieder erreicht oder sogar Arbeitskräftemangel eingetreten. Hatten die ersten staatlichen Finanzierungsprogramme (z. B. Reinhardt-Programm) 1933 vor allem der Ankurbelung der privaten und öffentlichen Bautätigkeit gedient, so begann 1934/35 das kombinierte autarkie- und rüstungswirtschaftliche Programm der neuen Regierung auch auf dem Sektor der Großindustrie zu greifen und führte, unterstützt von der gleichzeitigen Konjunkturverbesserung im Ausland, zur raschen Wirtschaftsbelebung in Deutschland. Den Löwenanteil daran hatten die seit 1934 massiv gesteigerten Staatsaufträge. Erste Modelle der Staatsintervention ohne Verstaatlichung waren der mit dem I. G.-Farbenkonzern zur Errichtung neuer Werke der synthetischen Benzinherstellung abgeschlossene »Benzinvertrag« und ein Jahr später, am 1. Dezember 1934, das Gesetz über staatliche Preis- und Abnahme-Garantien bei neuerrichteten Werken zur synthetischen Benzin-, Buna- und Zellwolle-Herstellung.

Auf dem Gebiet des Außenhandels wurden diese autarkiewirtschaftlichen Anstrengungen durch Schachts »Neuen Plan« (1934) flankiert, der eine Bilateralisierung und Steuerung des Außenhandels (vor allem mit den ost- und südosteuropäischen Ländern) auf der Grundlage von Warenaustauschprogrammen (Industrieexporte gegen Agrar- und Rohstoff-Importe) zur Schonung der knappen deutschen Devisen-Reserven in Gang setzte. Ingeniöse Techniken der Kreditschöpfung (Ausgabe von Mefo-Wechseln u. a.) zur Finanzierung der seit 1934 rasch ansteigenden staatlichen Rüstungsausgaben (1934 1,9 Milliarden, 1938 18,4 Milliarden RM) bildeten, neben der Tätigkeit der Notenpresse, eine weitere Grundlage für die massive Verstärkung der autarkie- und rüstungswirtschaftlichen Produktion. Mit Beginn des Vierjahresplanes (1936) fand sie auch Ausdruck in der zentralen Zusammenfassung der Lenkungsbehörden, denen die Kontingentierung der wirtschaftlichen Engpaß-Faktoren (Rohstoffe, Devisen, Arbeitskräfte) nach den staatlich gesetzten Prioritäten sowie die Kontrolle des staatlich verordneten Lohn- und Preisstopps oblagen.

Obwohl an der kapitalistischen Eigentumsgrundlage der unternehmerischen Wirtschaft nicht gerüttelt und auch das Prinzip der marktwirtschaftlichen Konkurrenz nicht annulliert wurde, konnte mit Hilfe dieser staatlichen Interventionstechniken die Freiheit der unternehmerischen Investition und Produktion stark eingeengt und trotz der Beteiligung von Vertretern großer Konzerne an der staatlichen Produktionsplanung und ihrer erheblichen Profite der politische Einfluß der Großindustrie, verglichen mit der Weimarer Zeit, fragmentiert und reduziert werden.

Noch stärker war die staatliche Intervention auf dem Gebiet des Arbeitsrechts und des Arbeitsmarkts. Aufgrund des Arbeitsordnungs-Gesetzes vom 20. Januar 1934 ging die Festsetzung von Lohntarifen wie die Überwachung der innerbetrieblichen Ordnung auf staatliche Behörden (Treuhänder der Arbeit) über, auch wenn in der Praxis Partei und DAF-Instanzen, die in den beratenden Ausschüssen der »Treuhänder« vertreten waren, dabei mitwirkten. Die Ausschaltung jeglicher kollektiver Vertretung der Arbeiterschaft verhinderte, daß nach Beginn der Vollbeschäftigung die Lohnsteigerungen mit dem Wirtschaftswachstum Schritt hielten.

Mit der Einführung des Arbeitsbuches (1935) begann darüber hinaus eine 1938/39 durch Verordnungen zur Dienstverpflichtung empfindlich verstärkte Demontage der Freizügigkeit des Arbeitsplatzes. Trotz des Verlustes fundamentaler sozialer Mitbestimmungsrechte und Freiheiten trug die nach Jahren äußerster wirtschaftlicher Not und Massenarbeitslosigkeit wiederhergestellte soziale Sicherheit zweifellos dazu bei, daß bei zahlreichen, in ihrer Mehrheit in sozialistisch-gewerkschaftlicher Tradition aufgewachsenen Arbeitern die anfängliche Animosität und Reserve gegenüber dem NS-Regime abgebaut wurde. Auch das Abflauen illegaler sozialdemokratischer und kommunistischer Agitation in diesen Jahren ist dafür ein Indiz.

Oppositionelle Stimmungen wuchsen aber in der ländlichen Bevölkerung, wo nach den ersten bauernfreundlichen Maßnahmen des Regimes (Erhöhung landwirtschaftlicher Schutzzölle, staatliche Umschuldung etc.) der autarkiewirtschaftliche Dirigismus der Reichsnährstandsorganisation, daneben vor allem die Massenabwanderung ländlicher Arbeitskräfte als Folge des industriellen Arbeitskräftemangels, stark in das Gefüge der Landwirtschaft eingriffen. Auch der – besonders bei der kirchenfrommen ländlichen Bevölkerung – auf entschiedene Proteste stoßende Kampf von Repräsentanten und Organen der Partei gegen den kirchlichen Einfluß verstärkte manche bäuerliche Mißstimmung; die nationalen

Erfolge des Regimes fanden bei der schwer arbeitenden, durch Propaganda, Rundfunk und Presse weniger erreichbaren Landbevölkerung entsprechend geringere Resonanz als in den Städten. Für die meisten Deutschen allerdings bildeten die außenpolitischen Erfolge des Regimes, die seit 1935/36, parallel zur wirtschaftlichen Erholung, in schneller Folge einsetzten und mit dem ganzen Arsenal inzwischen uniformierter und perfektionierter Propaganda – bei gleichzeitiger Unterdrückung aller dagegen geltend zu machender Bedenken – überaus wirksam stilisiert und ausgeschlachtet wurden, eine wesentliche Grundlage der zunehmenden Bejahung des Regimes und eines vor allem in der Jugend bis zu pseudoreligiöser Inbrunst gesteigerten Führerkultes.

Die Popularität dieser Erfolge, angefangen von der Rückgliederung des Saargebietes, der Wiederherstellung der deutschen Wehrhoheit (1935) und der Besetzung der entmilitarisierten Zone des Rheinlandes (1936) bis zum Anschluß Österreichs (März 1938) und der Sudetengebiete (Oktober 1938) basierte nicht zuletzt darauf, daß sie mit traditionellen, keineswegs nur von den Nationalsozialisten vertretenen, nationalen Zielen und Wünschen in Einklang standen und daß die Grenzen des deutschen Volkstums durch die Annexionspolitik Hitlers bis zum März 1939 nicht überschritten wurden. Auch der Respekt, den sich das Regime in dieser Zeit im Ausland zu verschaffen wußte, nicht zuletzt auch die vatikanische und kirchliche Unterstützung für seine Antikominternpolitik und die italienisch-deutsche Intervention gegen »die Roten« im spanischen Bürgerkrieg, gaben seiner Popularität im Innern mächtigen Auftrieb.

Erst infolge eines so gesteigerten nationalen Selbstbewußtseins vermochten auch die Parolen von der »Volksgemeinschaft« und die psychologisch geschickt auf Abbau von Standes- und Klassenbewußtsein kalkulierte Schulungs- und Organisationsarbeit ihre Wirkung zu entfalten. Die Plebiszite von 1936 und 1938 mit 99 Prozent Ja-Stimmen entsprachen zwar nicht der wahren Volksstimmung, zeigen aber doch, daß das Regime sich auf dem Höhepunkt seiner Integrationskraft und Beliebtheit befand.

Zu alledem trug auch bei, daß nach der Phase der revolutionären Machtergreifung Gestapo-Terror und Konzentrationslager für politische Gegner 1936/38 an Umfang abnahmen und Gesetz und Ordnung scheinbar wieder stärker zur Geltung kamen. Diese Optik täuschte freilich: Hinter der Fassade des Ordnungsstaates baute Himmler zielstrebig aus kleinen Anfängen das System des außernormativen, mit der politischen Polizei verschmolzenen SS-Imperiums aus. Mit der 1936 erfolgten Ernennung des Reichsführers SS zum »Chef der Deutschen Polizei« war eine wesentliche Etappe dieser Entwicklung erreicht. Eine weitere ergab sich aus der Stabilisierung und kontinuierlichen Vermehrung bewaffneter SS-Totenkopfverbände und SS-Verfügungstruppen an den Standorten der großen neuen Konzentrationslager Dachau (seit 1933), Sachsenhausen (1936), Buchenwald (1937), Mauthausen (1938), Flossenbürg (1938), Ravensbrück (1939).

Daß trotz der inneren Stabilisierung und der schon 1934/35 weitgehend erfolgreichen Unterdrückung der politischen Gegner am außernormativen Instrumentarium von Schutzhaft und Konzentrationslager ebenso festgehalten wurde wie an der – durch Errichtung des Volksgerichtshofes 1934 noch ausgebauten – besonderen politischen Justiz, war ein deutliches Zeichen dafür, daß Hitler an der Zurücklenkung des Regimes in rechtsstaatliche und verfassungsmäßige Bahnen selbst in der Erfolgsphase des Regimes keineswegs interessiert war. Auch auf dem Gebiet der Staatsorganisation unterblieben nach dem Erlaß der Deutschen Gemeindeordnung (1935), der im gleichen Jahr vorgenommenen »Verreichlichung« der Justiz und der Einsetzung eines »Reichsministers für Erziehung, Wissenschaft und Volksbildung« (1934) alle weiteren Anstrengungen, die dazu geführt hätten, das Verhältnis zwischen Partei und Staat, die Beziehungen zwischen Reich, Ländern und Kommunen sowie den Zusammenhang von Führerabsolutismus und Reichsregierung in gesetzliche oder gar verfassungsmäßige Form zu bringen. Die Projekte einer nationalsozialistischen »Reichsreform« scheiterten an Hitlers Desinteresse ebenso wie die von Reichsinnenminister Frick stammende Vorlage eines Gesetzes über die Reichsgesetzgebung (Hitler votierte statt dessen 1936 für eine Verlängerung des Ermächtigungsgesetzes) oder die von entsprechenden Ausschüssen in der Akademie für Deutsches Recht bis 1937/38 vorbereiteten Entwürfe zur Kodifizierung eines neuen Strafrechts und einer neuen Arbeitsverfassung. Es war das offensichtliche Ziel Hitlers, das Macht- und Zuständigkeitsgefüge des NS-Regimes in Bewegung zu halten und durch organisatorische Neugründungen, Kompetenzumverteilungen oder Sondermaßnahmen mit institutionellen Folgen (z.B. die Erbgesundheitsgesetze von 1933 und 1935 mit der Konstituierung von Erbgesundheitsgerichten) bestimmten NS-Weltanschauungselementen und/oder gesetzlich ungebundener NS-Dynamik Schritt für Schritt weiteren Raum zu gewähren. Dem diente in dieser Phase auch der Ausbau und die institutionelle Festigung einzelner NS-Organisationen, z. B. des Reichsarbeitsdienstes und der HJ.

Im Juni 1935, drei Monate nach der Wiedereinführung der Wehrpflicht, wurde die Arbeitsdienstpflicht etabliert. Hauptzweck des in militärischer Form jahrgangsweise abzuleistenden Arbeitsdienstes war die »Erziehung der deutschen Jugend« im Geiste des Nationalsozialismus zur Volksgemeinschaft und zur »wahren Arbeitsauffassung«, vor allem zur gebührenden »Achtung der Handarbeit«. Die weibliche Dienstpflicht wurde nur in Ansätzen verwirklicht. Daß der Reichsarbeitsdienst (RAD) eigenständig gegenüber der NSDAP wurde, verdankte er vor allem seinem Schöpfer, dem »Alten Kämpfer« Konstantin Hierl.

Ähnlich verhielt es sich mit der Hitlerjugend, die sowohl (und zuerst) Nachwuchsformation der NSDAP war, dann aber auch (durch Reichsgesetz im Dezember 1936) staatliche Jugend-Organisation wurde. Die Kompetenz der HJ umfaßte die gesamte »körperliche, geistige und sittliche Erziehung der Jugend« außerhalb von Schule und Elternhaus. Sie wurde aber praktisch zur schärfsten Rivalin der schulischen Erziehung im Dritten Reich und schließlich vor allem auch Träger der vormilitärischen Ausbildung der Jugend.

Die durch solcherlei Massenorganisationen zur Schau gestellte Geschlossenheit von Volk und Führung, das deutsche Organisationstalent und die deutsche Sportlichkeit wurden mit außerordentlicher internationaler Wirkung bei den Olympischen Spielen 1936 in Berlin vorgeführt. Hinter der Fassade glänzender Ereignisse, die sozialen Fortschritt und Frieden, politischen Erfolg und ordnungsstiftende Einheit von Volk und Regime symbolisierten, vollzog sich der weitere Ausbau der Überwachungs-, Mobilisations- und Verlockungsapparate, die in ihrer Wechselwirkung den Herrschaftserfolg des NS-Staats der Vorkriegsjahre ausmachten.

Um einen günstigen Eindruck vom neuen nationalsozialistischen Deutschland zu erwecken, waren anläßlich der Olympiade auch einige der seit dem Vorjahr erneut verschärften, in den Nürnberger Gesetzen mündenden antijüdischen Aktivitäten der Partei, z. B. die Aufstellung von Ortsschildern »Juden unerwünscht«, rückgängig gemacht worden.

Weniger aus grundsätzlicher Gegnerschaft, als wegen zahlreicher Konkordatsbrüche, der Behinderung des katholischen Vereinswesens, der Diffamierung von Geistlichen und der Beseitigung der Konfessionsschulen geriet die katholische Kirche in Konflikte mit dem NS-Staat. In der Enzyklika »Mit brennender Sorge« beklagte der Papst im Frühjahr 1937 den »Leidensweg« der Kirche und den gegen sie gerichteten »Vernichtungskampf«. Prozesse gegen Geistliche wegen Devisen- und Sittlichkeitsvergehen dienten zwischen Juli 1935 und Ende 1937 der antikirchlichen Propaganda.

Im Gegensatz zur katholischen Kirche waren die Protestanten gespalten: Die »Deutschen Christen«, geführt vom »Reichsbischof« Müller, waren die Exponenten des regimetreuen Flügels; die »Bekennende Kirche« wurde das Sammelbecken der oppositionellen evangelischen Christen. Die zweite Dahlemer Bekenntnissynode hatte schon im Oktober 1934 ein »kirchliches Notrecht« gegen den totalen Staat postuliert; die Kluft innerhalb der Evangelischen Kirche wurde immer unüberbrückbarer. Die Errichtung eines »Reichsministeriums für kirchliche Angelegenheiten« unter dem Altnationalsozialisten Hanns Kerrl dämpfte den Kirchenkampf keineswegs. Er erreichte 1937 seinen Höhepunkt mit Verhaftungen von rund 800 Pastoren der Bekennenden Kirche. Hier wie im Kampf gegen andere Gegner kam dem NS-Regime sein Monopol über die öffentliche Meinung zustatten.

Der Rundfunk, schon vor der Machtübernahme in staatlicher Regie, war ohne Schwierigkeiten auf NS-Linie gebracht worden und hatte als Propagandamittel, von Goebbels virtuos beherrscht, den höchsten Stellenwert. Der vom Propagandaministerium kreierte »Volksempfänger« machte den Rundfunk zum Massenmedium der Unterhaltung und Propaganda. Die ersten 100000 »VE 301« (die Nummer symbolisierte den Tag der Machtübernahme) waren am Tag der Präsentation des Volksempfängers auf der Funkausstellung im August 1933 verkauft, das Stück zu 76 RM. Später wurden sie noch billiger, und die Zahl der Haushalte, die Radios besaßen, stieg von 25 % im Jahr 1933 auf 70 % im Jahr 1939 an. Goebbels' Ziel, den Rundfunk zum wichtigsten »Massenbeeinflussungsinstrument« zu machen, wurde dank des Volksempfängers und mit Hilfe des verordneten Anhörens wichtiger Verlautbarungen im Gemeinschaftsempfang schnell erreicht.

Schwieriger war es, die vielfältige deutsche Presselandschaft zu nivellieren. Die NS-Presse hatte zum Zeitpunkt der Machtübernahme nur einen verschwindenden Anteil an den 3400 Tageszeitungen im Deutschen Reich. Die Gauverlage der NSDAP mit ihren schlecht gemachten Zeitungen waren überdies hoch verschuldet. Die Sanierung begann im Frühjahr und Sommer 1933 durch die Konfiskation der kommunistischen (49) und der sozialdemokratischen (135) Zeitungsunternehmen. Anfang 1934 erhielt außerdem der Verleger des *Völkischen Beobachters*, Max Amann, als Chef des NSDAP-Zentralverlags Franz Eher Nachf. die Kontrolle über die Gauverlage. Im April 1935 verfügte Amann als Vorsitzender der Reichspressekammer mit drei Anordnungen den Beginn der systematischen Konzentration im Zeitungswesen. Diese Bestimmungen ermöglichten die »Arisierung, Entkommerzialisierung, Entsubventionierung, Entkonfessionalisierung und Entkonzernisierung« des Zeitungsverlagswesens, wie Amanns Stabschef, Rolf Rienhardt, den nun folgenden Aufkauf bzw. die Stillegung der bürgerlichen Generalanzeigerpresse (Huck-, Giradet-, Leonhardtkonzern und Teile der Hugenbergpresse) zynisch kommentierte. Nach dieser Konzentration existierten zwar im Sommer 1939 noch rund 2200 Zeitungen in Privathand, sie vereinigten aber nur noch ein Drittel der Gesamtauflage auf sich. Die NSDAP-Presse mit etwa 200 Blättern druckte 13,2 Millionen der 19,8 Millionen Zeitungsexemplare, die täglich in Deutschland erschienen. Unbehelligt blieb bis dahin auch die *Frankfurter Zeitung*, aber nicht nur, weil sie dem Ausland gegenüber als bürgerlich-liberales Renommierblatt vorgezeigt werden konnte, sondern auch mit

Rücksicht auf die Aktienmehrheit in der Hand der I. G.-Farbenindustrie. Kurz vor Kriegsausbruch geriet die *Frankfurter Zeitung* aber unter Amanns Kontrolle. Im August 1943 wurde das Blatt, gegen Goebbels' Willen, eingestellt. Für die publizistische Reputation des Regimes war ab Mai 1940 die neugegründete Wochenzeitung *Das Reich* zuständig, sie war journalistisch und finanziell (die Auflage stieg 1942/43 auf 1,5 Mill.) ein Erfolg.

Den Privatverlegern waren nach Abschluß der ersten Konzentrationswelle vor allem die kleinen und kleinsten Zeitungen verblieben. Stillegungsaktionen beseitigten im Mai 1941 »für Kriegsdauer« 550 Zeitungen, im Frühjahr 1943 traf es weitere 950 Blätter, die entweder an den NS-Pressetrust verkauft, auf Kriegsdauer verpachtet oder in Gemeinschaftsverlage mit der NS-Gaupresse eingebracht werden mußten. Damit war die noch verbliebene leistungsfähige Konkurrenz ausgeschaltet. Weitere Stillegungen folgten im Spätsommer 1944. Übrig blieben 625 private Zeitungen mit 17,5 % der Reichsauflage, denen Amanns Pressetrust mit 82,5 % gegenüberstand.

Max Amann hatte an der Spitze der berufsständischen Reichspressekammer, als parteiamtlicher »Reichsleiter für die Presse« und vor allem als Herr des Eher-Verlags den verlegerischen und wirtschaftlichen Kontrollmechanismus im Griff. Für den Inhalt der Publizistik hatte Goebbels aufgrund seiner Funktionen als Propagandaminister, Reichspropagandaleiter der NSDAP und Präsident der Reichskulturkammer die Kompetenz. Das Schriftleitergesetz vom Oktober 1933, das die Journalisten zu quasi öffentlichen Amtsträgern erhob, sie damit aber gleichzeitig an die Kandare legte und vom Weisungsrecht des Verlegers zu befreien versprach, verschaffte Goebbels auch Einfluß in Personalfragen. Die Möglichkeit zur Berufsausübung hing von der gesetzlich verordneten Konformität ab. Agierte Amann, dem das Schriftleitergesetz wenig behagte, oft genug in Konkurrenz zu Goebbels, so gab es spätestens ab Januar 1938 eine dritte Instanz, mit der er den Einfluß auf die Presse teilen mußte. Es war der »Pressechef der Reichsregierung«, zu dem Hitler den bereits seit 1931 als Reichspressechef der NSDAP tätigen Otto Dietrich ernannte und der laut Geschäftsordnung alle Ministerien gegenüber der Presse des

In- und Auslands vertrat; ihm oblag die Unterrichtung der Tageszeitungen in den täglichen Pressekonferenzen. Goebbels hatte den lästigen Konkurrenten zwar als Staatssekretär in sein Ministerium einbinden können, im Parteirang als »Reichsleiter« war ihm Dietrich aber ebenbürtig. Überdies hielt sich Dietrich von Amts wegen fast ständig in der Umgebung Hitlers auf, dem er in der Staatsfunktion auch unmittelbar unterstand. Die Pressekonferenzen der Reichsregierung waren seit 1933 zur Parolenausgabe denaturiert, zum Befehlsempfang, worüber in welcher Form und in welchem Umfang zu berichten war und was nicht erwähnt werden durfte. Die Sprachregelungen gingen bis ins letzte Detail, sie bildeten den Kern der Presselenkung im NS-Staat.

Mit dem Bildersturm in Thüringen, 1930 auf Veranlassung des Innen- und Volksbildungsministers Frick inszeniert, hatte der nationalsozialistische Feldzug gegen die moderne Kunst begonnen. Am 19. Juli 1937 wurde unter dem Motto »Entartete Kunst« in München die spektakulärste Schau zur Diffamierung der Moderne eröffnet. Der Präsident der Reichskammer der Bildenden Künste, Adolf Ziegler, hatte an der Spitze einer fünfköpfigen Kommission, ausgestattet mit einer Vollmacht des Propagandaministers Goebbels, »die im deutschen Reichs-, Länder- und Kommunalbesitz befindlichen Werke deutscher Verfallkunst seit 1920« ausgewählt. Dem Verdikt verfielen Expressionisten (Die Brücke, Der Blaue Reiter) und Abstrakte von Kandinsky über Schlemmer, Klee zu Moholy-Nagy ebenso wie die sozialkritischen Arbeiten von Kollwitz, Dix und Grosz. Die Säuberung ging weiter. Alle öffentlichen Kunstsammlungen in Preußen wurden durch einen Erlaß Görings im August 1937 »freigegeben«, und im Mai 1938 erging ein Reichsgesetz über »Einziehung von Erzeugnissen entarteter Kunst«. Die entschädigungslos beschlagnahmten Kunstwerke (an einigen bereicherte sich Göring persönlich) wurden teilweise ins Ausland verkauft. Die aufsehenerregendste Auktion fand Ende Juni 1939 in Luzern statt, bei der u. a. Bilder von Gauguin, van Gogh, Picasso, Marc, Kokoschka unter den Hammer kamen. Der »unverwertbare Rest« war im März 1939 im Hof der Berliner Hauptfeuerwache verbrannt worden, weil das Depot als Getreidespeicher benötigt wurde. Rund 1000 Ölgemälde und knapp 4000 Graphiken erlitten dieses Schicksal, insgesamt waren mindestens 16000 Kunstwerke dem Bildersturm zum Opfer gefallen.

Daß die NS–Ideologie sich vor allem im Kampf gegen Feindbilder erschöpfte, zeigte sich auf dem Gebiet der Kunst nicht weniger deutlich als auf anderen Aktionsfeldern. Am Tag bevor die »Entarteten« an den Pranger kamen, am 18. Juli 1937, war in München das »Haus der Deutschen Kunst« mit der ersten »Großen Deutschen Kunstausstellung«, der bis 1944 sieben weitere folgten, mit einem pompösen Rahmenprogramm eröffnet worden. Was in München alljährlich unter der »fachlichen« Verantwortung von Hitlers Leibfotografen Hoffmann dargeboten wurde, war exemplarisch für die Kunstpolitik des Nationalsozialismus. In trivialen Genrebildern und vorindustrielles Leben darstellenden Idyllen (Bauern, Handwerker, Tierbilder, Stilleben, Dorfszenen), weiblichen Akten, nationalen Allegorien und programmatischen Monumentalgemälden feierten Mediokrität und Provinzialität Triumphe. Dem entsprach es, daß Goebbels im Herbst 1936 die Kunstkritik verbot und statt dessen »Kunstberichte« anordnete, die »weniger Wertung als vielmehr Darstellung und damit Würdigung sein« sollten. Kunstleistungen sollten nur noch von Schriftleitern besprochen werden, »die mit der Lauterkeit des Herzens und der Gesinnung des Nationalsozialisten sich dieser Aufgabe unterziehen«.

War schon die Auswahl der Bilder und Skulpturen bei der alljährlichen Präsentation in München stark vom Geschmack des »Führers« bestimmt, so beachteten die Architekten noch stärker die gebotene Konformität mit dem »Bauherrn Hitler«. Dieser fühlte sich hier ganz als Fachmann, skizzierte eklektizistische Entwürfe und werkte am Reißbrett. Richtungweisend wurde neben den Bauten am Münchner Königsplatz das »Haus der Deutschen Kunst«, das Paul Ludwig Troost 1933 entworfen und begonnen hatte. Troost wurde als »Erster Baumeister des Führers« stilbildend für den brutalisierten Neoklassizismus der Repräsentationsarchitektur von Staat und Partei. Nach seinem Tod 1934 steigerte Albert Speer die Pläne für das Reichsparteitagsgelände in gigantische Dimensionen. Der Gesamtkomplex (das Zeppelinfeld als Aufmarschplatz für 300000 Menschen, das Märzfeld für Schaumanöver der Wehrmacht vor 115000 Zuschauern, das Deutsche Stadion mit 400000 Plätzen und die Kongreßhalle mit einem Fassungsvermögen von 50000 Menschen) war als Kult- und Herrschaftsarchitektur konzipiert, als steinerner Rahmen einer uniformierten Menschenmasse. Obwohl die Gesamtanlage nicht fertiggestellt wurde, fanden bis 1938 die Reichsparteitage dort statt (nach Kriegsausbruch gab es keine mehr), in der Form stundenlanger Vorbeimärsche der Parteigliederungen und Verbände, ab 1934 auch der Wehrmacht, mit nächtlichen Kundgebungen unter dem »Lichtdom« aus Flakscheinwerfern. Die nach Hunderttausenden zählende Statisterie der Hitlerreden wurde während des vier- bis achttägigen Ereignisses mehrmals ausgetauscht.

Das Parteitagsgelände blieb bis zum Sommer 1938, dem Baubeginn des Westwalls als 630 km langer Fortifikation der Reichsgrenze zwischen Basel und Aachen, Deutschlands größte Baustelle. Der manische Baubetrieb ab 1934 war Ausdruck von Herrschaftsanspruch und Selbstverständnis des NS-Regimes in seiner Stabilisierungsphase. Das gilt auch für die Autobahnen, für die verkehrstechnisch kaum Bedarf bestand. So standen auch im Vordergrund der Propaganda für die »Straßen des Führers« deren Freizeitwert, ihre Stilisierung zu Kunstwerken und ihr Symbolwert als Verbindungslinien zu den Auslandsdeutschen. (Die militärische Bedeutung des im Dezember 1938 300 km umfassenden Autobahnnetzes wurde und wird meist überschätzt: Truppen- und Materialtransport war und blieb überwiegend Aufgabe der Eisenbahn.) Albert Speer, seit Januar 1937 »Generalbauinspektor für die Reichshauptstadt«, war auch mit Plänen für eine megalomanische Umgestaltung Berlins beschäftigt, die u. a. am Schnittpunkt eines zentralen Achsenkreuzes die größte Kuppelhalle der Welt (290 m hoch) vorsahen, einen Triumphbogen und riesenhafte, denkmalartige Verwaltungs- und Regierungsgebäude einer künftigen Welthauptstadt.

So sehr Deutschland auf den meisten Gebieten der Kunst und der Literatur Provinz wurde, das Musikleben blieb auf beachtlichem Niveau. Die einigermaßen diffuse Musikpolitik des Regimes zielte vor allem darauf ab, jüdische Musiker auszuschalten, die Opern Richard Wagners zu Kulthandlungen zu stilisieren sowie Jazz und atonale Musik zu diffamieren. Den ästhetischen Bedürfnissen der Maßgeblichen war mit Operetten, Tanz- und Unterhaltungsmusik weitgehend gedient, Märsche und allerlei andere Gebrauchsmusik hatten Konjunktur. Daneben stand aber die Pflege der Klassiker, u. a. in einer Fülle von Festspielen, die nebenbei den Parteigrößen Gelegenheit zu wirkungsvollem Auftritt boten. Konzerte mit hervorragenden Orchestern und Solisten dienten auch im Ausland als kulturelles Alibi. Gegenüber den Komponisten und Interpreten, die als Opportunisten oder »Unpolitische« im Lande blieben, waren die Emigranten in der Minderheit. Paul Hindemith und Arnold Schönberg, Alban Berg, Ernst Křenek und Kurt Weill, auf einer Ausstellung »Entartete Musik« anläßlich der Reichsmusiktage 1938 in Düsseldorf angeprangert, wurden angesichts der vom Regime geförderten und geehrten Komponisten, an ihrer Spitze Richard Strauss, Carl Orff, Hans Pfitzner, Werner Egk, kaum vermißt – ebenso wie auf der Theaterszene der vielgeehrte Gründgens den Weggang Piscators, Reinhardts und Kortners auszugleichen schien.

Die Unterhaltungsbranche florierte. Operette und Schlager waren – zumal sie kaum politisiert wurden – die beliebtesten Genres, man könnte sie ebenso wie die Serien harmloser Unterhaltungsfilme als einen Teil der Sozialpolitik des Regimes verstehen, das mit Melodien von Nico Dostal, Paul Linke und Franz Lehar, mit den Schlagern, die Zarah Leander, Evelyn Künneke, Marika Rökk, Hans Albers trällerten, und mit den Publikumslieblingen Heinz Rühmann, Johannes Heesters, Luise Ullrich, Victor de Kowa, Willy Birgel, Brigitte Horney und vielen anderen die »Volksgemeinschaft« bei Laune hielt. Reichsrundfunk und staatlich gelenkte Filmindustrie (ab 1937 wurden die Ufa und der Tobis-Konzern ebenso wie die neue Terra-Filmkunst vom Propagandaministerium kontrolliert) waren geeignete und höchst populäre Instrumente der Massenunterhaltung. Die »Wunschkonzerte« des Großdeutschen Rundfunks wurden nach Kriegsausbruch an allen Fronten genau so begeistert aufgenommen wie in der Heimat, und mit der Produktion von Komödien und Klamotten blieb auch im Krieg ein Stück heiler Welt auf der Kinoleinwand erhalten.

Feiern gehörten zum NS-Alltag wie die Erzeugungsschlachten

des Nährstands, der Reichsberufswettkampf der DAF, das jährliche Winterhilfswerk der NSV. Das Feierjahr begann am 30. Januar mit einer morgendlichen Rede Goebbels' an die Schuljugend und einer Hitler-Rede vor dem Reichstag, abends wurde in Berlin der Fackelzug von 1933 wiederholt. Am 24. Februar gedachte man der NSDAP-Gründung, die »Alten Kämpfer« trafen sich in München. Der »Heldengedenktag« im März, zelebriert mit Wehrmachtsparaden in Berlin, hatte den Volkstrauertag der Weimarer Republik abgelöst. Am letzten Märzsonntag wurden die Vierzehnjährigen feierlich in die HJ aufgenommen, am Vorabend von Hitlers Geburtstag gab es den Aufnahmeappell der Zehnjährigen fürs Jungvolk. Führers Geburtstag am 20. April wurde mit größtem Pomp, Militärparaden in allen Garnisonsstädten und einer Parteifeier – meist in München auf dem »Parteiforum« des Königsplatzes – begangen. Dabei wurden die neuen Funktionäre der NSDAP vereidigt. Der 1. Mai als »Tag der nationalen Arbeit«, mit Brauchtums- und Volkstanzgruppen gefeiert, sollte den ursprünglichen Tag der internationalen Arbeitersolidarität verdrängen. Ihm folgte am 2. Maisonntag der Muttertag – er war ebenfalls keine nationalsozialistische Erfindung –, offizielles Gepräge erhielt er ab 1939 durch die erstmalige Verleihung des »Mutterkreuzes« an drei Millionen Frauen. Die Sommersonnenwende (21./22. Juni) wurde 1937–1939 als Massenveranstaltung im Berliner Olympiastadion begangen. Den Zenit erreichte das Feierjahr alljährlich im September mit dem Massenspektakel des Reichsparteitags in Nürnberg. Kurz darauf folgte das von Hunderttausenden besuchte Erntedankfest auf dem Bückeberg bei Hameln. Am Abend des 8. November trafen sich im Münchner Bürgerbräukeller die »Alten Kämpfer«, um des Hitlerputsches 1923 zu gedenken (bei dieser Gelegenheit verübte Georg Elser 1939 sein gescheitertes Hitlerattentat). Am 9. November wurden die »Blutzeugen der Bewegung« mit makabrem Zeremoniell geehrt, am gleichen Tag wurden die Herangewachsenen der HJ in die NSDAP übernommen, den Abschluß bildeten die nächtlichen Treueschwüre des SS-Nachwuchses. Wenig Resonanz fanden die beiden letzten Ereignisse des NS-Feierjahres, die 1935 eingeführte Wintersonnenwende und die Germanisierung von Weihnachten als »Julfest«. Der Katalog der

Feste und Rituale war damit aber noch lange nicht erschöpft, es gab Gauparteitage, Sänger- und Turnerfeste, die Eintopfsonntage des WHW und alle möglichen besonderen Anlässe, bei denen Uniformierte marschierten, die Parteiprominenz redete und Jubel verordnet war.

Nationale Feiern, monumentale Selbstdarstellungen, die immer neue Folge von suggestiven Führer-Reden, Unterhaltungs-, Freizeit- und Kulturbetrieb des Dritten Reiches, die in diesen Vorkriegsjahren zu Blüte kamen, waren alles in allem aber nur Kompensation für den angestrengten Lebensalltag und Leistungswettkampf im Dritten Reich. Schon seit 1935 hatte es aufgrund der rüstungswirtschaftlichen Priorität erhebliche Mängel der Nahrungsmittelversorgung gegeben (»Fettkrise«). Den enormen Aufwendungen für die Rüstung standen nur sehr bescheidene sozialpolitische Investitionen gegenüber; im Wohnungsbau 1934–1938 durchschnittlich 0,25 Milliarden RM.

Die Verschuldung des Deutschen Reiches stieg von 12,9 Mrd. RM 1933 auf 31,5 Mrd. 1938, die »hemmungslose Ausgabenwirtschaft der öffentlichen Hand« bedrohte, wie die Reichsbank im Januar 1939 monierte, die Währungsstabilität ebenso wie den sozialen Frieden. Hitler antwortete mit der Entlassung Schachts als Reichsbankpräsident. Zur Finanzierung der Staatsausgaben wurde nun die Notenpresse in Gang gesetzt. Die Konsequenzen der Wirtschaftspolitik seit 1936 waren absehbar: Bankrott oder Krieg. Schachts Anstrengungen als Wirtschaftsminister (1934–1937) hatten ebenfalls auf Rüstung und Autarkie gezielt, aber noch einigermaßen innerhalb der Grenzen ökonomischer Vernunft. Mit Hitlers Denkschrift zum »Vierjahresplan« und dessen Verkündung auf dem Reichsparteitag im September 1936 war der Weg zur hemmungslosen Aufrüstung beschritten, die ohne Rücksicht auf Kosten-Nutzen-Relationen durchgeführt wurde. In der Aussicht auf Beute und Kriegsgewinn wurde sinnloser Raubbau betrieben, wurden zur Gewinnung der Rohstoffautarkie minderwertige Erze in Staatsregie (Hermann-Göring-Werke) verhüttet und aufwendige Verfahren der Großchemie (Buna, Kohlehydrierung) gefördert. Die mit den Preissteigerungen nicht Schritt haltende Lohnentwicklung erzeugte, ebenso wie die bislang peinlich vermiedenen Einschränkungen im Konsumbereich, Unzufriedenheit. Sozialpolitische Maßnahmen wie die Förderung der Eheschließung wurden von der Kürzung der Subventionen im Wohnungsbau konterkariert. (Was das »Reichsheimstättenwerk« der DAF an Behausungen baute, blieb überdies weit unter dem Qualitätsstandard der Weimarer Zeit). Propagandistisch wirksame Projekte wie der Volkswagen, der im 1938 errichteten VW-Werk unter Regie der DAF produziert werden sollte, von dem aber kein einziges Exemplar an einen der vorauszahlenden Volksgenossen geliefert wurde, dienten vor allem der Beschwichtigung aufkeimender Mißstimmung in der Bevölkerung.

Spätestens ab Herbst 1937, markiert durch Hitlers Enthüllung seiner expansionistischen Ziele vor den Chefs der drei Waffengattungen und dem Außenminister – protokolliert in der »Hoßbach-Niederschrift« –, den Rücktritt Schachts, der sich wegen der Wirtschafts- und Währungspolitik im Zeichen des Vierjahresplans mit Hitler überworfen hatte (November 1937) und die Ereignisse der »Fritsch-Krise« im Januar und Februar 1938, trat das Regime wieder in eine dynamische Phase. Der Rücktritt des Reichskriegsministers Blomberg und die Intrige gegen den Oberbefehlshaber des Heeres, Fritsch, Anfang 1938, waren von Göring und Himmler inszeniert, um das konservative Rückgrat der Armee endgültig zu brechen – einen Knick hatte es seit der Ermordung Schleichers und dem Soldateneid auf Hitler im Sommer 1934. Hitler übernahm den Oberbefehl über die Wehrmacht selbst, die Spitzenfunktionen gerieten in die Hand hitlertreuer Militärs wie Brauchitsch (Oberbefehlshaber des Heeres) und Keitel (Chef des neu errichteten OKW), und nach dem freiwilligen Rücktritt des Generalstabschefs des Heeres, Beck, im Sommer 1938 war die Armee endgültig gleichgeschaltet. In die knapp zwei Jahre vor dem Überfall auf Polen fielen aber auch die größten Erfolge des außenpolitischen Expansionskurses, der »Anschluß« Österreichs und der sudetendeutschen Gebiete, die Bildung des »Protektorats Böhmen und Mähren« und der Gewinn des Memelgebiets (beides März 1939). Der von Goebbels organisierte Novemberpogrom 1938 gegen die Juden signalisierte gleichzeitig, daß der offene Terror, der die ersten anderthalb Jahre des NS-Regimes gekennzeichnet hatte, mehr war als die Begleiterscheinung einer Phase der Machtübernahme. Die aktionistischen und terroristischen Kräfte des Nationalsozialismus waren in der Zeit der Stabilisierung und Konsolidierung lediglich in den Hintergrund gedrängt worden, ihre volle Entfaltung begann im Herbst 1939.

Ludolf Herbst

Deutschland im Krieg 1939–1945

Die nationalsozialistische »Wehrwirtschaft« hatte wesentliche Forderungen des Krieges schon im Frieden erfüllt: der Staat besaß wirksame Instrumente zur Lenkung der Investitionen und der Rohstoffe, Preis- und Lohnkontrollen waren eingespielt und die Arbeitnehmer einem quasi-militärischen Reglement unterworfen. Entscheidende Bedeutung kam dem Ernährungs- und Rohstoffsektor zu.

Die Ernährung schien bei Kriegsbeginn relativ gesichert: bei Brotgetreide, Kartoffeln, Zucker und Fleisch war ein Selbstversorgungsgrad von 100% erreicht, im Querschnitt aller Agrarprodukte betrug er 83% (1938/39). Gute Ernten 1938 und 1939 füllten die Vorratslager. Erhebliche Einfuhrabhängigkeiten bestanden jedoch bei Fett (zu gut 40%) und bei Futtermitteln (zu 30%). Ende August 1939 schuf man die Grundlagen für die Bewirtschaftung der Verbrauchsgüter des täglichen Bedarfs: Wirtschafts- und Ernährungsämter erhielten die Aufgabe, den lebensnotwendigen Bedarf der Bevölkerung zu sichern. Stufenweise wurde die Zwangsrationierung eingeführt: Fleisch, Fett, Butter, Käse, Vollmilch, Zucker und Marmelade etwa gab es vom 1. September, Brot und Eier vom 25. September an nur noch auf Lebensmittelkarten. Die Rationierung bewirkte eine empfindliche Verringerung der Versorgung. Brot war jedoch fast im vorherigen Umfang zu haben. Der Schwerpunkt der Ernährung verlagerte sich auf den Konsum von Kartoffeln, Hülsenfrüchten, Mehl und Zucker.

Deutschlands Achillesferse war die Rohstoffversorgung. Hier bestand 1939 eine generelle Auslandsabhängigkeit von einem Drittel des Bedarfs. Sie betrug bei Eisenerz unter Verwendung des Altmaterials 45%, bei Zink 25%, Blei 50%, Kupfer 70%, Zinn

90%, Nickel 95%, Bauxit 99%, Mineralöl 66% und Kautschuk 80%. Die Vorräte hätten für eine Kriegsdauer von einem Jahr, allenfalls eineinhalb Jahren gereicht.

Die Außenhandelslage bei Kriegsbeginn milderte die Rohstoffabhängigkeit und verbesserte die Ernährungslage. Vor allem die Intensivierung des Handels mit den südosteuropäischen Staaten zahlte sich aus. 1940 gingen 57% der Exporte Bulgariens, Griechenlands, Jugoslawiens, Rumäniens und Ungarns ins Reich. Neben Chromerz, Bauxit, Öl und Textilrohstoffen kamen Mais, Weizen, Roggen, Gerste und Ölsamen aus diesen Ländern. Entscheidende Bedeutung erlangten die Wirtschaftsabkommen mit der UdSSR, die im Zuge des Nichtangriffspaktes vom 23. August 1939 abgeschlossen wurden. Die Sowjets lieferten dem Reich bis zum 22. Juni 1941 beträchtliche Mengen an Futtergetreide, Hülsenfrüchten, Erdöl, Baumwolle, Chromerz und Manganerz. Dazu kam der Transit, den die UdSSR von Asien ermöglichte; insgesamt gelangten etwa 440000 t Güter auf diesem Weg ins Reich: Sojabohnen aus Mandschukuo, Tee und Ölfrüchte aus China, Südfrüchte aus dem Iran und Kautschuk aus Indonesien, daneben kleine Mengen an Wolfram, Zinn und Kupfer.

Die Eroberungen der »Blitzfeldzüge« verbesserten die Versorgungslage weiter. Das Motto hieß: nicht Stellungskrieg, sondern Bewegungskrieg. Die moderne Waffenentwicklung, die Luftwaffe, die Motorisierung des Heeres und die Panzerwaffe boten hierfür ideale Voraussetzungen. Die Wehrmacht konnte einen Gegner nach dem anderen in überfallartigen Feldzügen niederwerfen und die Rüstungsindustrie sich auf den jeweiligen Gegner einstellen: durch eine kurzfristige Steigerung der vorrangig benötigten Waffen war eine adäquate Ausrüstung der Wehrmacht zu erreichen, ohne die Gesamtwirtschaft einer Dauerbelastung zu unterwerfen. Zwischen den Feldzügen entstanden Atempausen, die zur Umrüstung genutzt wurden.

Die Siege bahnten den Weg nach Schweden und Norwegen, nach Spanien und Portugal, nach Nordafrika und zur Türkei und schlossen die Schweiz als Enklave ein. Polen, Dänemark, Norwegen, Luxemburg, Holland, Belgien, Frankreich, Jugoslawien und Griechenland gerieten unter direkte deutsche Herrschaft.

Deutschland, dessen Außenhandel vor dem Krieg zu 70% auf Europa ausgerichtet gewesen war, hatte den größten Teil seiner Handelspartner zurückgewonnen. Welcher Wandel bewirkt worden war, läßt sich am Eisenerz ablesen: mit dem gesicherten Bezug aus Schweden, Norwegen, Frankreich, Luxemburg, Spanien und Nordafrika (Maghreb) konnte das Reich seinen Bedarf vollständig decken! Nicht bei allen Rohstoffen war der Erfolg so durchgreifend, doch mit nennenswerten Versorgungsproblemen wurde das Reich bis zur Mitte des Jahres 1944 nicht mehr konfrontiert.

Auch auf dem Ernährungssektor brachten die Blitzkriege eine erhebliche Verbesserung. Dänemark, Frankreich und die Niederlande mußten ihre Lieferungen erheblich steigern. Ihre Netto-Nahrungsmittelexporte ins Reich verdreifachten sich zwischen 1938 und 1942. Ihr Anteil an der deutschen Gesamteinfuhr stieg von 5% auf 29%. Daneben hielt Südosteuropa 1942 einen Anteil von 32% und Italien von 17%, die besetzten Gebiete der UdSSR nur von 10%. Hierbei muß allerdings berücksichtigt werden, daß die deutschen Armeen prinzipiell aus dem Lande ernährt wurden, was Rußland besonders belastete. Dank einer skrupellosen Ausbeutungspolitik, die nicht davor zurückschreckte, fremde Völker dem Hunger preiszugeben, entstanden für die deutsche Bevölkerung bis 1944/45 keine ernsten Versorgungsprobleme. Vor dem Zusammenbruch war 1942 das kritischste Versorgungsjahr. Am 6. April 1942 erfolgte die erste spürbare Kürzung der Rationen seit Beginn des Krieges. Der Normalverbraucher erhielt pro Woche nur noch 2000 statt 2250 Gramm Brot, 300 statt 400 Gramm Fleisch und 206 statt 269 Gramm Fett; im Juni wurden auch die Kartoffeln rationiert, was die Lage weiter verschärfte. Die neue Ernte und eine verstärkte Ausbeutung der besetzten Gebiete (Vormarsch in Rußland!) ermöglichten erst am 19. Oktober eine Erhöhung der Rationen für Fleisch und Brot. Diese Tendenz setzte sich 1943 fort. »Ende 1943 waren die Arbeiter im allgemeinen nicht schlechter genährt als im ersten Kriegsjahr.« (Kuczynski)

Zu Recht ist darauf verwiesen worden, daß der Angelpunkt der nationalsozialistischen Innen- und Gesellschaftspolitik in dem Bemühen bestanden habe, »bei dem angestrebten Aggressionskrieg die Gefahr einer Wiederholung der Novemberrevolution [1918] auf ein Minimum« zu reduzieren (Mason). Das Regime mutete der Bevölkerung daher bewußt nur mäßige Opfer zu. Das Leben stand in den ersten Kriegsmonaten und verstärkt nach dem Sieg über Frankreich (22. Juni 1940) unter dem Motto: so viel Normalität wie möglich, so viel Krieg wie nötig. Die in den Fachressorts mit preußischer Gründlichkeit erarbeiteten, umfassenden Maßnahmenkataloge und Verordnungen für den Mobilmachungsfall wurden zu einem Teil gar nicht in Kraft gesetzt und zu einem anderen Teil bald wieder abgeschwächt oder gar zurückgenommen. Das »vorbereitete Räderwerk« lief nicht an (General Thomas).

Am 30. August 1939 wurde unter Hermann Göring ein »Ministerrat für die Reichsverteidigung« gebildet, der in den folgenden Monaten zahlreiche Kriegsverordnungen erließ (weitere Mitglieder: Funk, Frick, Lammers und Keitel). Ihm unterstanden die Reichsverteidigungskommissare, denen die Steuerung der zivilen Verwaltung im Wehrkreis oblag. Ein handlungsfähiges Kriegskabinett, das die im Frieden eingetretenen Kompetenzüberschneidungen in Wirtschaft und Verwaltung hätte beseitigen und das Leben entschlossen an den Kriegsnotwendigkeiten ausrichten können, wurde der Ministerrat jedoch nicht.

Als Beispiel halbherziger Mobilmachung gilt die Kriegswirtschaftsverordnung vom 4. September 1939. Sie belastete die gesamte Bevölkerung durch Kriegszuschläge auf Bier, Tabakwaren, Branntweinerzeugnisse und Schaumwein und erhob einen Zuschlag von 50 % zur Einkommensteuer, der alle Einkommen oberhalb der Freigrenze von 234 RM traf. Gemessen an den Notwendigkeiten der Kriegsfinanzierung war dies wenig. Bei der Belastung der Arbeiterschaft kam es zu einem Kompromiß. Entgegen ursprünglichen Plänen, einen generellen Lohnabbau durchzuführen, einigte man sich auf einen Lohnstopp bei gleichzeitiger Suspendierung der Zuschläge für Mehrarbeit, Sonntags-, Feiertags- und Nachtarbeit sowie aller Urlaubsregelungen. Im Oktober und November 1939 wurden diese Einschränkungen wieder rückgängig gemacht. »Nach zehn Wochen« Krieg, so summierte Ley, sei man wieder zum »normalen Leben« zurückgekehrt. In der Tat wies die sozialpolitische Bilanz Ende 1939 erstaunliche Daten auf: die Zuschläge für Nacht- und Feiertagsarbeit wurden wieder bezahlt, Urlaub wieder gewährt und die Unterstützungszahlungen für Soldatenfrauen so bemessen, daß zahlreiche Arbeiterinnen und Angestellte ihre Tätigkeit aufgaben, während die Soldatenfrauen in England, dann auch in Amerika aus materiellen Gründen zur Arbeitsaufnahme gezwungen waren.

Nachhaltige Folgen hatte die geringe Neigung zur Belastung der eigenen Bevölkerung bei der Mobilisierung von Arbeitskräften. Hier ging es in erster Linie um den Ausgleich für die Einberufungen zur Wehrmacht. Deren Ist-Stand stieg zwischen Ende Mai 1939 und Ende Mai 1940 sprunghaft an: von 1,4 Mill. auf 5,7 Mill. Bis Ende Mai 1944 verdoppelte er sich noch einmal auf 12,4 Mill. Um den Ausfall an männlichen Arbeitskräften zu kompensieren, standen in Deutschland nur noch zwei Möglichkeiten offen: man konnte die Frauenarbeit forcieren und Arbeitskräfte durch die Stillegung nicht unbedingt erforderlicher Betriebe freisetzen.

Das große Reservepotential der Frauen blieb relativ ungenutzt. Nach der Berufszählung von 1939 gab es in Deutschland noch ca. 6 Mill. erwerbsfähige Frauen ohne Anstellung. In den Planungen für den Mobilmachungsfall ging das Reichsarbeitsministerium von einem Zusatzbedarf der deutschen Wirtschaft von etwa 2,6 Mill. noch nicht beschäftigter Frauen aus. Im Gegensatz zu diesem Bedarf nahm die Frauenarbeit in den ersten Kriegsjahren ab. Während Ende Mai 1939 noch 14,6 Mill. Frauen erwerbstätig waren, lauteten die Zahlen für 1940 14,4 und für 1941 14,1 Mill. Erst 1942 wurde der Stand des Jahres 1940 wieder erreicht und erst 1943 der Vorkriegsstand mit 14,8 Mill. leicht überschritten. Der Höhepunkt der Frauenarbeit im Dritten Reich lag im September 1944 mit 14,9 Mill. nur knapp darüber. Im Vergleich zu den USA und zu Großbritannien erreichte Deutschland während des Zweiten Weltkrieges einen erheblich geringeren Mobilisierungsgrad der Frauenarbeit, obgleich es hierauf in höherem Maße angewiesen war.

Bei den Betriebsstillegungen war in erster Linie an die meist mittelständischen Betriebe in Handwerk, Handel, Gewerbe und Konsumgüterindustrie zu denken. In den ersten beiden Kriegsmonaten wurden ca. 100000 Handwerksbetriebe stillgelegt (gegenüber 96000 allein 1938!). Am stärksten waren Schneider, Schuhmacher, Tischler, Friseure, Bäcker und Fleischer betroffen.

Regionale Schwerpunkte lagen in den geräumten Zonen in Ostpreußen und im Westen, während Sudetendeutschland und Österreich so gut wie gar nicht betroffen waren. Die Gesamtzahl der im Handwerk Beschäftigten nahm in den Vorkriegsgrenzen des Deutschen Reiches zwischen dem 1. Juli 1939 und dem 1. Januar 1940 nahezu um eine Million ab. Im Handel ging die Gesamtzahl der Beschäftigten zwischen dem 31. Mai 1939 und dem 31. Mai 1940 um 425 000 zurück. Dies war freilich in erheblichem Maße auf Einberufungen zurückzuführen. Zu einer staatlich verfügten Stillegungsaktion in Handel und Gewerbe kam es erst 1943. In der Industrie konzentrierten sich die Stillegungen auf kleinere Betriebe, vor allem: Steine und Erden, Textilindustrie, Lederindustrie, Papiererzeugung, Holzverarbeitung, Bekleidung, Keramik und Metallwaren. Insgesamt vermochte das Dritte Reich die Verminderung der in der Industrie Beschäftigten nicht auszugleichen. Ihre Gesamtzahl ging vielmehr von 10,96 Mill. im Jahre 1939 auf 10,0 Mill. 1940 zurück und erreichte mit 10,39 Mill. im Jahre 1941 nicht einmal den Vorkriegsstand. Daß die Einberufungen keine größeren Lücken rissen, war den ausländischen Arbeitskräften zuzuschreiben.

Die Rücksichten, die das nationalsozialistische Regime auf die eigene Bevölkerung nahm, lassen sich auch am Verhältnis der Verbrauchsgüterindustrie zur Rüstungsindustrie ablesen. Der Index der gesamten Verbrauchsgütererzeugung fiel nur sehr allmählich. Er lag in den Jahren 1939, 1940 und 1941 über dem Stand des Jahres 1938, fiel 1942 darunter und erreichte ihn 1943 beinahe wieder, um erst 1944 abermals deutlich abzufallen. Freilich muß berücksichtigt werden, daß die Bevölkerung zwischen 1939 und 1941 einen erheblichen Zuwachs durch Gebietserwerbungen verzeichnete, so daß die Versorgung mit Verbrauchsgütern pro Kopf zwischen 1938/39 und 1941 um ein Drittel zurückgegangen sein dürfte. Zudem verschlechterte sich die Qualität der Produkte. Im selben Zeitraum ging auch die Industrieproduktion pro Kopf der Bevölkerung zurück, wenn auch in geringerem Maße.

Während das Regime auf der einen Seite bestrebt war, die Belastung der Bevölkerung im Krieg möglichst gering zu halten, um inneren Unruhen vorzubeugen, vertraute es auf den Erfolg dieser

Politik auf der anderen Seite doch nur begrenzt. Sie bedurfte der Ergänzung. Dabei sollten drei Bereiche ineinandergreifen: die Überwachung, die Terrorisierung und die propagandistische Beeinflussung. Die Schaltstelle für die Überwachung und Terrorisierung der Bevölkerung im Zweiten Weltkrieg bildete das Reichssicherheitshauptamt, die Lenkungsbehörde der SS. Sie war am 27. September 1939 durch eine Zusammenfassung der zentralen Ämter der Sicherheitspolizei und des Sicherheitsdienstes des Reichsführers SS entstanden. In Gestalt des Höheren SS- und Polizeiführers, der die Ordnungspolizei, die Sicherheitspolizei, den SD, die Waffen-SS und die Allgemeine SS auf der Ebene der Wehrkreise koordinierte, besaß das Reichssicherheitshauptamt eine effiziente Mittelinstanz. In der Gliederung der Ämter verriet sich ein arbeitsteiliges Staatssicherheitskonzept. Der SD besorgte die Überwachung der Bevölkerung. Über ein Netz von etwa 50000 Vertrauensleuten liefen Berichte über die Stimmung in der Bevölkerung ein, aus denen die sogenannten »Meldungen aus dem Reich« zusammengestellt wurden. Durch enge Kooperation mit anderen Behörden wurde der SD zur Clearingstelle der Meinungsforscher im Dritten Reich. Die Gestapo verfügte ebenfalls über ein ausgedehntes Spitzel- und Informantennetz, das die sogenannten »Meldungen wichtiger staatspolizeilicher Ereignisse« lieferte. Überall, wo aus den Berichten Einzelfälle von sogenanntem »Defätismus« hervorgingen, schritt die Gestapo ein.

Der Sicherheit des Regimes dienten daneben zahlreiche Einzelmaßnahmen: eine Fülle von Neuregelungen ergoß sich zu Kriegsbeginn über das Justizwesen. Am 26. August 1939 führte man den Straftatbestand der »Zersetzung der Wehrkraft« ein, am 5. September wurde die »Verordnung gegen Volksschädlinge« erlassen. Die Praxis der Strafverfolgung näherte sich immer mehr dem Terror. Am 16. September erhielt der Staat die Möglichkeit zu außerordentlichem Einspruch bei Urteilen, die man als zu milde ansah. Die Sondergerichte (seit März 1933) wurden außerordentlich vermehrt: 1938 gab es 27, im Februar 1940 55, Ende 1942 74. Zu ihrem Zuständigkeitsbereich gehörten die sogenannten »Heimtücke«-Delikte, worunter schon kritische Äußerungen gegen den Krieg fielen. Der seit April 1934 bestehende Volksgerichtshof entwickelte sich unter seinem Vorsitzenden Georg Thierack zum gefürchteten politischen Gerichtshof, längst bevor Roland Freisler ihn seit 1942 zum Tribunal des Hasses und der Rache machte. Die Zahl der Häftlinge in den Konzentrationslagern schwoll lawinenartig an.

Neben dem Terror stand die Propaganda. Um jede Beeinflussung von außen auszuschalten, wurde das Abhören ausländischer Rundfunksender, als »geistige Selbstverstümmelung« gebrandmarkt, unter Strafe gestellt. Allein 1940 wurden 830 Personen deswegen verurteilt. Die wichtigste Lenkungsinstanz auf dem Gebiet der Propaganda war das Reichspropagandaministerium unter Joseph Goebbels. Im Krieg hielt er täglich eine sogenannte »Ministerkonferenz« ab. Hier wurden die Linie der Propaganda festgesetzt und Regieanweisungen für die Medien erteilt. Goebbels versuchte eine lückenlose Ausrichtung und Kontrolle der Propaganda zu erreichen. Dies gelang jedoch nur begrenzt. Auch der Bereich der Propaganda war von Kompetenzüberschneidungen geprägt. Die Linie der Propaganda wies daher manchen Zickzackkurs und manche Ungereimtheit auf. Als schwerer Fehler stellten sich die voreiligen Siegesprognosen im Rußlandfeldzug heraus, die wesentlich auf Hitler und den Reichspressechef Dietrich zurückgingen. Goebbels verfocht demgegenüber eine vorsichtigere Linie und fürchtete die Wirkungen, die die Enttäuschung überzogener Erwartungen auszulösen pflegt. Er konnte sich damit jedoch erst nach Stalingrad durchsetzen, als die Lage andere Töne verlangte. Daneben gab es freilich ideologisch bestimmte Propagandathemen, deren Behandlung unstrittig war, wie die Beschwörung der Volksgemeinschaft, der Überlegenheit des deutschen Soldaten und der deutschen Technik sowie natürlich das Antisemitismusthema: der Krieg erschien aus dem Blickwinkel der NS-Propaganda als jüdisch-kapitalistisch-bolschewistische Weltverschwörung.

Der Kulturbetrieb war im Krieg ein Teil der Propaganda und wurde ganz wesentlich auf die Front ausgerichtet: Fronttheater, Varietés und Musikorchester wurden zur Truppenbetreuung eingesetzt. Wunschkonzerte sollten die Verbindung zwischen Front und Heimat intensivieren. Dem Film wurde das Ziel gesetzt, den

Krieg zu verherrlichen und die »Seele zu mobilisieren«. Etwa 400 mobile Kinowagen trugen die Produkte der NS-Filmkunst bis in das letzte Dorf. Die Musik wurde ebenfalls in die Propaganda einbezogen. Wilhelm Furtwängler dirigierte im Dienste der NS-Volksgemeinschaftsideologie sogenannte Werkpausenkonzerte. Im Sinne der Propaganda wirkte aber vor allem der Schlager: »Denn wir fahren gen En-ge-land«, »Das kann doch einen Seemann nicht erschüttern«, »Lili Marleen«, »Es geht alles vorüber, es geht alles vorbei«.

Einen Krieg unter Anspannung aller Kräfte und Ausschöpfung aller Reserven, einen totalen Krieg, hatten die Nationalsozialisten vermeiden wollen. Der Rußlandfeldzug brachte hier die Wende: mit der Schlacht vor Moskau Ende 1941 wurde klar, daß die UdSSR nicht im Blitzkriegtempo zu besiegen war. Zur gleichen Zeit weitete sich der europäische Krieg zum Weltkrieg aus (Überfall Japans auf Pearl Harbor, 7. Dezember 1941; deutsche Kriegserklärung an die USA, 11. Dezember 1941). Der Krieg wurde zum Material- und Verschleißkrieg, in dem das größere Wirtschaftspotential den Sieg davontragen mußte, und dies war auf der Seite der Alliierten. Deutschland wurde zur totalen Mobilisierung seiner Kräfte gezwungen, auch wenn sich dies endgültig erst Ende des Jahres 1942 herausstellte.

Das nationalsozialistische Regime hat sich nur zögernd entschlossen, diese Konsequenz zu ziehen. Die Totalisierung des Krieges vollzog sich schubweise und als Antwort auf vorangegangene Niederlagen: nach der Wende vor Moskau, nach Stalingrad, nach dem endgültigen Verlust der strategischen Initiative im Osten (Juli 1943) und schließlich nach der Invasion und nach dem Zusammenbruch der Heeresgruppe Mitte. Im Mittelpunkt dieses Prozesses stand das Rüstungsministerium. Seine Anfänge reichen in das Jahr 1940 zurück: Am 17. März 1940 wurde Fritz Todt zum Minister für Bewaffnung und Munition ernannt. Die Aufgaben und Zuständigkeiten des Ministeriums wurden im Laufe des Krieges mehrfach erweitert. In engem Zusammenhang hiermit vollzog sich ein fortschreitender Prozeß der Rationalisierung und der Konzentration der Rüstungsproduktion. Todt begann mit dem Aufbau einer stärker auf die Massenfertigung ausgerichteten Rüstungsorganisation für Munition und Heereswaffen. Ende 1941 bestanden fünf mit der Lenkung der Produktion betraute Ausschüsse, deren Leitung führende Industrielle übernahmen: der Hauptausschuß für Munition, für Panzerwagen und Zugmaschinen, für Waffen, für allgemeines Wehrmachtsgerät und für Maschinen.

Auf dieser Grundlage baute Albert Speer auf, der dem tödlich verunglückten Todt am 8. Februar 1942 im Amt folgte. Neben die für die Endfertigung zuständigen Ausschüsse setzte er ein System von Ringen, die die Produktion von besonders wichtigen Zulieferprodukten (z. B. Kurbelwellen oder Kugellager) lenkten. Die Industrie stellte das Führungspersonal dieses Systems und konnte über das »Wie« der Produktion mitentscheiden. Das System wurde daher auch »Selbstverantwortung der Industrie« genannt. Die Produktion wurde in den »Bestbetrieben«, d. h. den Betrieben mit der rationellsten Fertigung, konzentriert. Rationalisierungskommissionen wachten über den rationellen Einsatz von Rohstoffen, Arbeit und Energie, entwickelten Richtlinien für die Typisierung und Normung der Produkte und vermittelten den Austausch von Patenten und technischen Produktionsverfahren. Als Mittelinstanz unterstellte sich das Speer-Ministerium die Rüstungsinspektionen des Wehrwirtschafts- und Rüstungsamts des OKW (Chef: General Thomas).

Die Expansion des Speer-Ministeriums zielte darauf ab, die Lenkung der gesamten Kriegswirtschaft zu koordinieren und vor allem neben der Heeresrüstung die noch unabhängige Marine- und Luftwaffenrüstung zu übernehmen. Der erste Schritt in diese Richtung wurde mit der Schaffung der »Zentralen Planung« getan (22. April 1942): ein überministerieller Planungsausschuß unter Leitung Speers übernahm die Verteilung von Rohstoffen (vor allem von Eisen und Legierungsmetallen), von Kohle und Energie, von Arbeitskräften und von Transportkapazitäten auf die Bedarfsträger. Der zweite Schritt erfolgte mit der Übernahme der Marinerüstung (26. Juni 1943) und der gesamten zivilen Produktion, die das Reichswirtschaftsministerium abgeben mußte (2. September 1943). Von nun an firmierte Speer als Reichsminister für Rüstung und Kriegsproduktion. Im Ministerium wurde ein Planungsamt unter Hans Kehrl geschaffen (6. September 1943), das die Entscheidungen der Zentralen Planung vorbereiten und mehr Kontinuität in der Gesamtplanung gewährleisten sollte. Speer hatte damit den Höhepunkt seiner Machtstellung erreicht. Der Zugriff auf die Luftwaffenproduktion wurde bereits vom sinkenden Prestige des Ministers und dem nun bevorstehenden militärischen Zusammenbruch überschattet.

Die Leistungssteigerung der Rüstungsendfertigung, die Speer erreichte, war beeindruckend: ihr Index hatte sich von Anfang 1942 bis Mitte 1944 mehr als verdreifacht. Der Höhepunkt wurde im Juli 1944 erreicht!

Dieser Leistungssteigerung lief eine Mobilisierungskampagne parallel, die alle Bereiche der Gesellschaft umfaßte. Ihr Hauptzweck war die Bereitstellung von Soldaten und Arbeitskräften. Im Zuge der Verordnungen, die Speers Macht begründeten, wurde Gauleiter Fritz Sauckel Generalbevollmächtigter für den Arbeitseinsatz (21. März 1942). In den berüchtigten »Sauckelaktionen« ließ er ausländische Arbeitskräfte mehr oder weniger gewaltsam ins Reich schaffen. Ihre Zahl stieg rasch an: von 3 Mill. 1941 auf 7,5 Mill. Ende September 1944. Doch damit war das Menschenproblem nur teilweise zu lösen. Seit sich im November 1942 die Katastrophe von Stalingrad abzeichnete, setzte sich immer mehr der Gedanke durch, das Reich müsse nun endlich zur totalen Mobilisierung schreiten. Am 13. Januar 1943 entstand ein Dreier-Gremium, in dem die Spitzen der Führungsgremien vertreten waren, auf die Hitler seine Macht stützte: Martin Bormann (Parteikanzlei), Wilhelm Keitel (Oberkommando der Wehrmacht) und Heinrich Lammers (Reichskanzlei). Dem Gremium oblag die Durchführung der Maßnahmen zur Totalisierung des Krieges. Für den Fronteinsatz griff man auf das Potential der etwa 5,2 Mill. »unabkömmlich« gestellten Männer zurück und versuchte, durch die verstärkte Beschäftigung von Frauen, durch Stillegung von nicht kriegswichtigen Behörden und Betrieben Arbeitskräfte zu gewinnen. Durch eine Meldepflichtaktion wurden 544 000 Männer und 3 Mill. Frauen als Arbeitskräfte erfaßt, von denen sich aber nur 26,4% bzw. 54,1% als einsatzfähig erwiesen. Die Stillegungsaktion setzte zusätzlich noch eimal 161 000 Arbeitskräfte frei, die sich aber ebenfalls nicht vollständig in die Kriegswirtschaft integrieren ließen.

Die Bilanz der totalen Mobilisierung im Jahre 1943 befriedigte die Verantwortlichen nicht. Vor allem die Mobilisierung der Frauenarbeit war völlig gescheitert. Speer meinte später, der Dreierausschuß sei seiner Aufgabe ganz allgemein nicht gewachsen gewesen. Am 25. Juli 1944 proklamierte man daher ein zweites Mal den totalen Krieg. Goebbels, Speer und Himmler teilten sich die Verantwortung für diesen sinnlosen, letzten Mobilisierungsschub. Goebbels wurde nun zum Reichsbevollmächtigten für den totalen Kriegseinsatz ernannt und erhielt die Aufgabe, den gesamten Staatsapparat personell durchzukämmen und »das Höchstmaß von Kräften für die Wehrmacht und Rüstung freizumachen«. Himmler wurde Oberbefehlshaber des Ersatzheeres und erhielt die Aufgabe, das Heer, die Waffen-SS, die Polizei und die Organisation Todt auf Einsparungsmöglichkeiten beim Mensceneinsatz zu überprüfen. Er stand nun, nachdem er im August 1943 bereits zum Innenminister ernannt worden war, auf dem Höhepunkt seiner persönlichen Macht. Zugleich vereinigte er alle Kompetenzen der inneren Sicherheit in seiner Hand.

Nach diesem Revierement jagte eine Mobilisierungsmaßnahme die andere. Ihre Hektik drängte jede sinnvolle Relation zwischen Zweck und Mitteln beiseite. Zwar gelang es noch einmal, Tausende von Menschen in den Tod zu schicken, aber gleichzeitig schufen die unkoordinierten Auskämmaktionen eine Vielzahl von Arbeitslosen, die die zerrüttete Wirtschaft nicht mehr aufnehmen konnten und die als Kanonenfutter nicht taugten.

Der totale Krieg wurde vor allem von den militärischen Gegnern geführt. Der Bombenkrieg veränderte das Gesicht Deutschlands. Die Kurve der über dem Reich abgeworfenen Bombenlast stieg steil an und erreichte 1944/45 ihren Höhepunkt: 1940 10000 t, 1941 30000 t, 1942 40000 t, 1943 120000 t, 1944 650000 t, 1945 500000 t. Insgesamt waren es 1,35 Mill. t oder 50,5 % der von den Alliierten über Europa ausgeklinkten Bombenlast von 2,69 Mill. t. Der größte Teil der auf das Reich abgeworfenen Bomben, nämlich 510747 t oder 38 %, entfiel auf deutsche Städte.

Die Wirkungen waren verheerend. Insgesamt wurden etwa 3,5

bis 4 Mill. Wohnungen im Reichsgebiet zerstört, jede fünfte Wohnung war nicht mehr bewohnbar. Ungefähr 500000 Menschen kamen bei den Luftangriffen um, 650000 wurden verletzt. Der absolute Höhepunkt lag im Juli 1943 mit über 500000 zerstörten Wohnungen und über 35000 Opfern. Die Hauptlast hatten die Gebiete im Nordwesten des Reiches zu tragen: Köln, Dortmund, Duisburg, Hamm u. a. Städte verloren 60 bis 70% ihres Wohnraums; Essen, Düsseldorf, Bremen, Hannover, Gelsenkirchen, Bochum, Kiel u. a. 50 bis 60%, Berlin etwa 40% und Hamburg etwa 50%. Die größte Zahl ziviler Opfer forderten die Angriffe auf Dresden im Februar 1945 mit etwa 35000 Toten (nach G. Bergander, Dresden im Luftkrieg. Köln /Wien 1977).

Evakuierungen sollten die Zahl der Bombenopfer möglichst niedrig halten. Hamburg verlor auf diese Weise etwa 40% seiner Bevölkerung, Berlin 25 bis 30%. Evakuiert wurden vor allem die Kinder (bis Sommer 1943 etwa 300000), die nicht berufstätigen Frauen sowie Rentner, Pensionäre und Kranke. Die Transporte in die ländlichen Gebiete des Umlands und Süddeutschlands übernahm mehr und mehr die Partei; die Kosten trug der Staat, der im Notfall auch Unterhaltsbeihilfen zahlte. Schwierigkeiten bereitete angesichts des starren Zuteilungssystems oft die Versorgung der Evakuierten. Menschliche Probleme traten hinzu, durch das Auseinanderreißen der Familien und die Anpassung an eine fremde Umgebung verursacht. Die Lage der in den Städten Zurückgebliebenen war freilich in aller Regel weit schlimmer. Neben der Nervenbelastung des Luftkrieges konnte der Mangel am Nötigsten treten: Wasser, Gas und Strom fielen oft tagelang aus; Alltäglichkeiten, wie Löffel und Teller, konnten zu sorgsam gehüteten Schätzen werden. Um die Auswirkungen der Luftangriffe auf die Betroffenen zu mildern, wurden in den luftgefährdeten Gebieten ab Herbst 1942 die Lebensmittelzuteilungen erhöht, der Bau von Behelfsheimen und die Herstellung von unbedingt notwendigen Gebrauchsgütern (Geschirr) forciert.

Die psychologischen Wirkungen des Bombenkrieges sind schwer abzuschätzen. Gewiß trat die von den Alliierten erhoffte Wirkung nicht ein: die Moral der Bevölkerung wurde nicht im erhofften Maße erschüttert, Haß und Erbitterung richteten sich wohl vor allem auf den Gegner und weniger auf die eigene Regierung. Bis zu einem gewissen Grade vermochte das Regime Revanchegefühle zu wecken und illusionäre Hoffnungen mit der Ankündigung von Vergeltungs- und Wunderwaffen zu erzeugen. Allerdings erlitt das Regime erhebliche Einbußen an Vertrauen. Sie mögen sich anfangs vor allem auf den Oberbefehlshaber der Luftwaffe, Hermann Göring, konzentriert haben, nahmen später aber allgemeineren Charakter an. Bis zu einem gewissen Grade dürfte der Bombenkrieg die nivellierenden Tendenzen innerhalb der Gesellschaft verstärkt haben. Noch mehr als durch das Rationierungssystem und andere Kriegseinwirkungen wurden alle Schichten vom Bombenkrieg betroffen. Mit dem Haus sank eines der wichtigsten Statussymbole in Schutt und Asche.

Eines der verblüffendsten Ergebnisse des Bombenkrieges ist seine relativ geringe Wirkung auf die Rüstungsproduktion. Der Kulminationspunkt der Rüstungsproduktion im Sommer 1944 war mit dem Kulminationspunkt der Bombenabwürfe zeitgleich! Strategische Bedeutung gewannen erst die Angriffe im Mai und Juni 1944 auf die Hydrierwerke und im September auf das Transportsystem. Die Erzeugung von Flugbenzin ging infolge der Angriffe rapide zurück und kam im Februar 1945 praktisch zum Erliegen. Bei Kraftfahrzeugbenzin und Dieselöl dagegen konnte die Produktion nach den Angriffen zu etwa 40 bzw. 60% aufrechterhalten werden.

Dem wirtschaftlichen Zusammenbruch des Reiches folgte der Zusammenbruch der Geldwirtschaft. Die geräuschlose Kriegsfinanzierung, d. h. die Verschuldung des Staates bei den Geldinstituten und nicht direkt beim breiten Publikum, hatte an sich gut funktioniert. Dieses System brach im November 1944 zusammen: infolge der allgemeinen Unsicherheit wollte niemand sein Geld mehr zur Sparkasse bringen. Der Staat wich immer mehr auf die Notenpresse aus und erhöhte den Bargeldumlauf. Von 29 Mrd. RM Ende August 1943 stieg er auf ca. 67 Mrd. RM. bei Kriegsende. Die Gesamtschuld belief sich am 8. Mai 1945 auf ca. 380 Mrd. RM. Bei drastisch verringertem Warenangebot – Ende des Krieges betrug die Verbrauchsgütererzeugung noch 10 bis 15% des Vorkriegsstandes – kam immer mehr Geld in Umlauf, eine ideale Voraussetzung für den Schwarzen Markt! Der Schwarze

Markt, so hieß es im Februar 1945 in einer Denkschrift des Finanzministeriums, habe »eine Ausdehnung gewonnen, wie man sie bisher nur außerhalb der deutschen Grenze in Ländern, die kurz vor dem Zusammenbruch standen, erlebt hat«. Das Geld hatte seine Fähigkeit verloren, Tauschäquivalent zu sein. Die Zigarettenwährung trat an seine Stelle.

Der Krieg kann auf verschiedene Weise bilanziert werden. Im Vordergrund stehen die – vielfach nur nach Größenordnungen zu schätzenden – Todesopfer. Weltweit dürfte der Zweite Weltkrieg etwa 55 Mill. Menschenleben gefordert haben. Auch für Deutschland gibt es keine verbindliche Angaben: Laut Statistischem Bundesamt starben allein 3,76 Mill. Wehrmachtsangehörige; 0,5 Mill. deutsche Zivilpersonen verloren ihr Leben. Dazu kommen etwa 1 Mill. Vermißte, die praktisch den Toten zuzurechnen sind. Im Reich starben nicht nur Deutsche, sondern auch zahlreiche Ausländer, die als Kriegsgefangene oder zum Arbeitseinsatz gekommen waren. Grauenvoll war das Schickseal der russischen Kriegsgefangenen: von insgesamt 5,7 Mill. überlebten 3,3 Mill. die deutsche Gefangenschaft nicht!

Gesundheitsschäden, seelische und materielle Schäden kamen hinzu, die allenfalls andeutungsweise zu bilanzieren sind. Die deutsche Bevölkerung verzeichnete: 4 Mill. Verwundete, 1,4 Mill. Kriegswaisen, über 1 Mill. Kriegerwitwen (bezogen auf das Gebiet der Bundesrepublik). Doch bei all dem darf man die wirtschafts-, sozial- und gesellschaftspolitische Grundlinie des Krieges nicht vergessen: der Krieg sollte weitgehend auf Kosten fremder Völker und – so weit eben möglich – unter Schonung des eigenen geführt werden. Dies ist in hohem Maße gelungen.

Hitler, die Partei und die Institutionen des Führerstaates

Schon als Hitler 1933 an die Macht kam, herrschte er fast unumschränkt über die NSDAP. Daß diese seit ihren Anfängen 1919/20 zunächst lokale, später nationale Bedeutung in solchem Maße erlangte, war, trotz des unermüdlichen Einsatzes zahlreicher Aktivisten, doch vor allem das Verdienst Hitlers gewesen, seiner überragenden propagandistischen Fähigkeiten und seines, hinter allem Zögern und häufig entschlußlosem Treibenlassen, doch instinktsicheren, fanatischen Machtwillens. Auch Männer wie Gregor Straßer, die sich sehr viel mehr als Hitler selbst um die Organisation der Partei gekümmert hatten, selbst so fähige Propagandisten wie Goebbels oder ausstrahlungskräftige Führungsfiguren wie Hermann Göring hatten spätestens seit dem Aufstieg der NSDAP zur Massenbewegung ab 1929/30 registrieren müssen, daß die in ihren programmatischen Aussagen, taktischen Anschauungen und auch organisatorisch heterogene Partei nur durch einen charismatischen Führer wie Hitler integriert werden und nur als »Hitler-Bewegung« jenen suggestiven populistischen Appeal entfalten konnte, der sie in den Jahren bis 1932 zur weitaus stärksten politischen Kraft in Deutschland machte. Der schließlich von der Partei selbst immer mehr verstärkte Hitler-Nimbus bedeutete das Eingeständnis, daß dieser Mann für sie ein unersetzlicher Magnet war, daß die Partei letzten Endes von Hitler entscheidend abhing.

Bei selbstbewußten Gauleitern und SA-Führern, die auch Hitlers persönliche Schwächen und Lebensgewohnheiten kannten, die abstoßende Servilität seiner engsten Umgebung und manche seiner Entscheidungen mißbilligten, blieben dabei jedoch bis in die Jahre 1933/34 hinein Grenzen der Führergefolgschaft durchaus erhalten. Der zum propagandistischen Gebrauch inszenierte

Führer-Mythos unterschied sich lange Zeit von der parteiintern keineswegs einhelligen oder gar kritiklosen Bewunderung Hitlers. Und die manche Parteiwünsche viel zu wenig befriedigende Form der Machtübernahme, zu der es 1933 unter behutsamer Berücksichtigung der konservativen Reichswehr und hohen Beamtenschaft, der Großagrarier und Großunternehmer gekommen war, trug dazu bei, die interne Parteikritik an Hitler aufrechtzuerhalten – vor allem innerhalb der SA, aber auch in anderen Sonderorganisationen (wie der stark links eingestellten NS-Betriebszellenorganisation) sowie bei zahlreichen »Alten Kämpfern«, die sich bei der Machtverteilung zurückgesetzt gefühlt hatten.

Der Opportunismus, der Staatsbeamte, Unternehmer und freiberufliche Akademiker im Frühjahr 1933 scharenweise veranlaßte, in die Partei einzutreten und viele von ihnen befähigte, als frischgebackene »Pg.« in der neuen Machtorganisation des Dritten Reiches schnelle Karriere zu machen, ließ unter den alten Haudegen der Partei und SA zurecht das Gefühl aufkommen, daß Hitler nach der erfolgreichen Monopolisierung der Macht seit Sommer 1933 der Ausgleich mit den alten Eliten in Staat und Gesellschaft und die Stabilisierung seiner eigenen Führerstellung weit wichtiger war als die volle Eroberung der Machtpositionen des Staates und der Gesellschaft durch überzeugte Nationalsozialisten. Die Partei, so schien es, war auf subsidiäre Hilfsfunktionen zurückgeschraubt, sofern ihre Hoheitsträger nicht in Personalunion staatliche Ämter und Funktionen hatten einnehmen und auf diesem Wege – mittelbarem – Parteieinfluß das Tor öffnen können. Daß Hitler, wie er auf dem Parteitag in Nürnberg im September 1933 verkündete, die Parteizentrale weiterhin in München halten wollte und ihr jetzt statt der Kontrolle und Führung des Staates als Hauptaufgabe die »Volksführung« zuwies, konnte ebenso als Zurückdrängung angesehen werden, wie die am 21. April vorangegangene Ernennung des farblosen Rudolf Heß zum »Stellvertreter des Führers« der NSDAP (mit Martin Bormann als Stabsleiter) und der Erlaß des »Gesetzes zur Sicherung der Einheit von Partei und Staat« am 1. Dezember: brachte dieses Gesetz, weit davon entfernt, die Einheit von Partei und Staat zu verbürgen, mit der formalen Ernennung von Heß und Röhm zu Reichsministern ohne

Geschäftsbereich diesen zwar eine Mitkompetenz bei der Beratung von Regierungsgesetzen und Beamtenernennungen, aber doch keine exekutive Macht ein.

Die Frage der Stellung der Partei zu dem usurpierten Staat wurde auch in der Folgezeit nie gelöst. Hitler wollte sich offensichtlich jede Option offenhalten, je nach Lage der Dinge unbequemen Parteieinfluß mit Hilfe des Staatsapparates zurückzudrängen oder sich umgekehrt mit Hilfe einzelner Organe und Exponenten der Partei die Staatsexekutive noch stärker gefügig zu machen. Gerade das schloß eine definitive verfassungsmäßige Regelung aus und sprach dafür, das Verhältnis von Staat und Partei konkurrierend im Schwebezustand zu halten. Es ging dabei aber zu keiner Zeit mehr um die Partei als Ganzes, sondern um jeweils einzelne Organisationen und deren Repräsentanten. Die einzige von ihnen, die noch relativ unabhängig von Hitler beträchtliche Macht besaß und vor 1933 die Hauptlast des »Kampfes« getragen hatte, die SA, wurde im Sommer 1934 definitiv ihrer Macht beraubt.

Schon nach den ersten Monaten der nationalsozialistischen Revolution, nachdem SA-Führer als »Kommissare«, als Aufpasser und Kontrolleure der etablierten Institutionen, an allen möglichen Stellen eingesetzt waren und sich auch der kleine SA-Mann als Hilfspolizist »an der Macht« und auf Beutezug im eroberten feindlichen Lager hatte fühlen können, war mit dem erklärten Ende der nationalsozialistischen Revolution die harte Notwendigkeit gefolgt, den Staat wieder in Gang zu bringen. Das bedeutete die sukzessive Restitution der alten Gewalten und das Ende der zahllosen Kommissariate wie auch der Hilfspolizei-Herrlichkeit.

Die Kontrolle der Apparate wurde, obwohl deren personelle Besetzung auch nach gesetzlicher »Säuberung« bei aller »nationalen« Kooperationsbereitschaft im streng »nationalsozialistischen« Sinn weiterhin zu wünschen ließ, an den Spitzen konzentriert und das horizontale Hineinregieren unterbunden. Das freilich signalisierte den Betroffenen – vor allem Röhm selbst –, daß sie ihr Augenmerk um so mehr auf die von der NS-Revolution bisher am wenigsten tangierte Macht zu richten hatten: die Reichswehr. Aber weder diese noch Hitler selbst waren bereit, in der bewährten Straßenkampfarmee Kader der neuen Wehrmacht des Dritten Reiches zu sehen. War der nach dem SA-Stabschef benannte »Röhm-Putsch« vom 30. Juni 1934 auch zweifelsfrei eine Erfindung Hitlers, so ist doch einzuräumen, daß die Unzufriedenheit der braunen Kämpen und ihr wachsender, bereits zu nicht ungefährlichen Zwischenfällen führender Antagonismus zur Reichswehr seine Entscheidung zwingend verlangte. Wie es die innere Logik seines Weges seit spätestens 1930 vorschrieb, fiel diese Entscheidung zugunsten des Bündnisses mit der feldgrauen »Reaktion« und gegen die SA.

Befreite die Ausschaltung des Machtfaktors SA, die künftig nur noch mit Aufmärschen, Sport und vormilitärischer Ausbildung beschäftigt wurde, Hitler von der potentiell stärksten parteiinternen Gefährdung seiner Führerstellung, so wurde diese im staatlichen Bereich nach Hindenburgs Tod am 2. August durch die Zusammenfassung der Funktion des Reichskanzlers und Reichspräsidenten weiter befestigt. Und auf der Grundlage der omnipotenten Führung in Staat *und* Partei sowie der 1934/35 eindrucksvollen Erfolge der wirtschaftlich-sozialen Krisenüberwindung und erster nationaler »Großtaten« (Wiederherstellung der allgemeinen Wehrpflicht) entfaltete sich schließlich auch erst in vollem Maße die integrative Wirkungskraft des Hitler-Mythos, die psychologisch und praktisch ganz erheblich dazu beitrug, Hitlers Führerstellung sowohl über den Staat wie die Partei unanfechtbar zu machen.

Wie schon während der »Kampfzeit« war es dabei aber auch jetzt vor allem die Partei – in Gestalt sowohl ihrer Propagandaapparate wie ihrer lokalen und innerbetrieblichen Organisationen –, die das Podium für die kontinuierliche Verbreitung des Führerglaubens in der Form von Gemeinschaftsempfängen bei Führerreden etc. landauf, landab immer wieder errichtete, sich damit letzten Endes aber selbst das Wasser abgrub. Je mehr der Hitler-Glaube zum entscheidenden Integrationsmittel des Dritten Reiches wurde, desto mehr sank das Prestige der Partei und vor allem ihrer noch vielfach aus dem Genre der »Alten Kämpfer« stammenden »Goldfasane« auf lokaler Ebene, wie die vertraulichen Stimmungsberichte zahlreicher Dienststellen bezeugen. Dazu trug wesentlich das Schnüffel-, Denunzianten-, Cliquen- und Protektionswesen bei, das Ortsgruppen-, Kreisleiter und sonstige Amtsträger der NSDAP auf lokaler Ebene vielfach sichtbar entfalteten, während die in der NS-Zeit auf höherer Ebene weit schlimmere Korruption meist sorgsam abgeschirmt werden konnte. Vor allem aufgrund ihrer generellen Zuständigkeit für politische Leumundszeugnisse, die nicht nur Beamte für ihre Beförderung oder Anwärter für den öffentlichen Dienst benötigten, sondern auch Personen, die Ausbildungsbeihilfen, soziale Unterstützung, Lizenzen für Gewerbegründungen, Empfehlungen für Uk.-Stellungen etc. erbaten, vermochte die Partei mit kleinen Bevorzugungen oder Schikanen in das Privatleben jedes Volksgenossen einzugreifen.

Die 1935 erlassene neue Gemeindeordnung sicherte der Partei auch eine unmittelbare Mitwirkung bei der Nominierung von Bürgermeistern und Gemeinderatsmitgliedern. Und so wenig die NSDAP es vermochte, bei dem Erlaß eines neuen Beamtengesetzes (1937) den Grundsatz der Vorrangigkeit der Loyalität gegenüber dem behördlichen Dienstherrn formalrechtlich aufzuheben, so förderte doch die Mitwirkung der Dienststelle des Stellvertreters des Führers (ab 1941: Partei-Kanzlei) bei Beamtenernennungen und -beförderungen, selbst innerhalb der Ministerialbürokratie, die Anbiederung und Anpassung an die Partei, der beizutreten sich die große Mehrzahl der ihr noch nicht angehörenden Beamten nach Aufhebung der Mitgliedssperre 1937 veranlaßt sah.

Von diesen – freilich nicht unbedeutenden – mittelbaren Einwirkungen abgesehen, blieb der Einfluß der Politischen Organisation der Partei auf das Regime beschränkt. Die meisten Ortsgruppen-, Kreis- und Gauleiter der NSDAP und ihre Stäbe beschränkten sich auf eine sehr »milde« Kontrolle der Organe der kommunalen oder staatlichen Verwaltung, fungierten eher als totalitäre Hilfskräfte des autoritären Staates. Parteikompetenzen allein verschafften im NS-Regime keineswegs so mächtige Bastionen der Kontrolle wie in der Sowjetunion. Um so wichtiger wurde statt dessen die Aufsaugung staatlicher Kompetenzen durch die Personalunion von Staats- und Parteiamt oder die schon bald nach 1933 beginnende Bildung von Sonderzuständigkeiten neben den ordentlichen Staatsorganen. Analog zum Führertum Hitlers an der

Spitze des NS-Regimes wurde die Verschmelzung von Partei- und Staatsorganisationen, in der Form von Personal- und Realunionen, das kennzeichnende Element der »führerstaatlichen« Verfassung des NS-Regimes.

Was auf diesem Gebiet der SA vorenthalten worden war, gelang um so zielstrebiger der SS, die bisher nur eine dem Stabschef der SA unterstellte Untergliederung gewesen war. Maßgeblich an der Exekution der SA-Führung beteiligt, wurde sie aufgrund dessen aus dieser Abhängigkeit befreit. Die »Schutzstaffeln« waren ursprünglich ein Elitekommando zum persönlichen Schutz Hitlers und zum Versammlungsschutz gewesen. Anfang 1929 von Himmler übernommen, vermochte die SS im Dritten Reich zielstrebig Position um Position zu erobern, weil sie anders als Röhm Hitlers Stellung in keiner Weise bedrohte oder gefährdete. »Die Treue ist das Mark der Ehre« lautete ihre Devise, und für Hitlers Lebzeiten galt das nahezu bedingungslos. Indes war auch damals schon nicht zu übersehen, daß hier neben Staat und Partei eine dritte Gewalt heranwuchs, die man zwar vorerst als »Führergewalt«, als eine Hitler persönlich zur Verfügung stehende dritte Machtsäule, ansehen mochte, die aber zur Stunde X, wenn es den – ja einmaligen – Führer nicht mehr gäbe, ganz zweifellos auf eigene Rechnung arbeiten würde.

Neben SA und SS bestanden noch mindestens zwei andere Parteigliederungen: das NS-Kraftfahrkorps (NSKK), eine weitere der Schwächung der SA dienende Verselbständigung einer ihrer Untergliederungen aus dem Sommer 1934 (auch das NS-Fliegerkorps, in seinen Anfängen eine parteifreie Sonderorganisation Görings, zählte mitunter als halbe »Gliederung«, dann wieder zählten Frauenschaft, Studenten- und Dozentenbund dazu – die Grenzen waren hier wie auch sonst im eher chaotischen als logischen Parteigefüge fließend), und schließlich die Hitler-Jugend, die als einzige Parteiorganisation zur Pflichtorganisation wurde, während sonst überall auf Freiwilligkeit des Beitritts Wert gelegt, ja dieser sogar – wie bei der Partei selbst – durch Aufnahmesperren elitär erschwert wurde. Bei der Jugend, als dem »Garanten der Zukunft« und der Dauerhaftigkeit des Regimes, wollte Hitler lieber kein Risiko eingehen.

Neben diesen Gliederungen bestanden noch eine Anzahl »angeschlossener Verbände«. Als Träger eines Teils der Parteigewalt spielten sie ebenfalls eine Rolle, wuchsen teils zu förmlichen Sondergewalten heran, waren meist jedoch auf ein bestimmtes (Berufs-)Gebiet begrenzt. Insgesamt aber bildeten sie ein dichtes Netz, dessen sich der einzelne »Volksgenosse« schwer entziehen konnte.

Weit ausgreifend waren die Ambitionen und Zuständigkeit der im Mai 1933 errichteten Deutschen Arbeitsfront (DAF), der Einheitsorganisation von Arbeitnehmern und Arbeitgebern. Obwohl die Versuche des DAF-Chefs Ley, über den Bereich der alten Gewerkschaften und Arbeitgeberverbände hinauszugreifen, von Hitler stets eindeutig zurückgewiesen wurden und die politische Bedeutung der DAF ihrer Mammutorganisation nicht entsprach, vermochte sie doch auf weniger beachteten Feldern der Sozial- und auch Kulturpolitik erheblichen Einfluß zu gewinnen. Weit ausgreifend war auch die NS-Frauenschaft, die summarisch um den weiblichen Bevölkerungsteil ab 18 Jahren (bei Verheiratung auch darunter) warb – oder der noch aus den Arbeitsbeschaffungsprogrammen der letzten Weimarer Regierungen stammende und von den Nationalsozialisten übernommene Freiwillige Arbeitsdienst, später Reichsarbeitsdienst, der zu einer einwandfrei nationalsozialistisch ausgerichteten Vorschule der in dieser Hinsicht ja bis zuletzt suspekten Wehrmacht ausgebaut wurde.

Unter den Berufsorganisationen im engeren Sinne war die größte der »Reichsnährstand« Darrés, der für die Durchführung einer nationalsozialistischen Agrarpolitik zu sorgen hatte; am wichtigsten darunter das Erbhofrecht und die Bekämpfung der Landflucht durch eine den »Nährstand« neben dem »Wehrstand« besonders hofierende Blut-und-Boden-Ideologie. Und so ging das weiter durch alle Berufsgruppen und Berufe: Da war der Reichsbund der Deutschen Beamten, eine insofern unglückliche Einrichtung, als der Kreis der Mitglieder sich vielfach mit denen meist einflußreicherer Konkurrenzverbände überschnitt. Da gab es für die Ärzte den NSD-Ärztebund und für die Juristen den NS-Rechtswahrerbund (vor »Ausmerzung« des Fremdworts: Bund NSD-Juristen), da war für die Erzieher der NS-Lehrerbund, für die gehobenen Erzieher der NSD-Dozentenbund, für deren Hörer der NSD-Studentenbund (dieser, der in der »Kampfzeit« bei der »Eroberung der Hochschulen« eine bedeutende Rolle gespielt hatte, nach einigen Wirrungen auch später wieder in einer recht starken Stellung), für die Ingenieure usw. der NS-Bund Deutscher Techniker, für die Sportler der NS-Reichsbund für Leibesübungen, für die Krankenpflegerinnen die NS-Schwesternschaft und für die Versehrten des Weltkrieges die NS-Kriegsopferversorgung.

Viele dieser Gliederungen, Verbände und Organisationen verfügten noch über Untergliederungen usw., besonders bekannt im Rahmen der DAF die mit der Freizeit- und Urlaubsgestaltung beschäftigte NS-Gemeinschaft »Kraft durch Freude«, der »Reichsberufswettkampf« und das Amt »Schönheit der Arbeit« oder etwa im Rahmen der HJ das Deutsche Jungvolk sowie die »Jungmädel« und der Bund Deutscher Mädel (BDM) bzw. das BDM-Werk »Glaube und Schönheit« entsprechend für die weiblichen Jugendlichen der beiden Altersklassen.

In diesem Verbändenetz war Platz für eine Unzahl kleiner Fürsten, die sich gewöhnlich Reichssoundsoführer nannten (noch, denn die Reservierung dieses Begriffs für Hitler und die Umbenennung all der übrigen Dienstgrade und Dienststellungen war bereits fest vorgesehen): von der Reichsfrauenführerin, dem Reichsjugendführer, dem Reichsarbeitsführer bis hin zum Reichsdozentenführer und Reichsstudentenführer, zum Reichsbeamtenführer, Reichskriegerführer oder Reichsärzteführer, neben dem es aber beispielsweise auch noch einen Reichszahnärzteführer und – im heftigen Streit mit jenem befindlich – einen Reichsdentistenführer gab. Existierte in dem betreffenden Bereich eine staatliche oder halbstaatliche Institution, so wurde diese gewöhnlich aufgesogen und einbezogen, wie etwa Studentenschaft und Dozentenschaft neben, aber praktisch integriert in Studentenbund und Dozentenbund, und der betreffende Führer war dann exakt in Personalunion etwa Reichsdozentenbundsführer und Reichsdozentenführer.

Eine solche Staatsinstitution konnte indes auch nachträglich erst geschaffen werden: der Reichsjugendführer (der Partei) etwa wurde in Realunion Jugendführer des Deutschen Reiches, d. h. zu einer auch staatlichen Dienststelle; Grund solcher auch anderswo (Ernennung von Gauleitern zu Reichsstatthaltern, preußischen Oberpräsidenten oder bayerischen Regierungspräsidenten) zu beobachtenden Konstruktionen waren anfangs primär politisch, später zunehmend statistische Gesichtspunkte einer eleganten Finanzierung von Parteistellen durch staatliche Mittel.

Der Einfluß, den all diese NS-Institutionen gewannen, ging natürlich auf Kosten der Staatsgewalt. Diese wurde auch sonst Veränderungen unterzogen und Belastungen ausgesetzt. Die Reichsregierung, die zwar Zug um Zug mit weiteren Nationalsozialisten aufgefüllt wurde, in der aber trotzdem jedenfalls bis 1938 die konservativen Fachminister ein starkes Übergewicht besaßen, wurde ohne de-jure-Änderungen doch de facto Zug um Zug in ihren Kompetenzen eingeschränkt; ihr personeller Umfang wurde, was in der gleichen Richtung wirkte, erweitert (etwa durch die Chefs der Wehrmachtteile), ihre Geschäftsordnung aufgeweicht. Förmliche Abstimmungen im Kabinett hatte es unter Hitler von Anfang an nicht mehr gegeben, sehr bald wurden auch die Sitzungen immer seltener, nach 1938 hat keine mehr stattgefunden. Gesetze wurden immer häufiger im Umlaufverfahren verabschiedet, und nach Kriegsbeginn wurde mit dem »Ministerrat für die Reichsverteidigung« ein Kriegskabinett eingerichtet, das ohne Hitler das Notwendige bei Herstellung gegenseitigen Einvernehmens verabschieden konnte.

Längst war damals bereits der »Führerwille« neben den eigentlichen Gesetzgebungsapparat getreten. Nach dem nationalsozialistischen Staatsrechtsverständnis war er der übrigen, der »normalen« Gesetzgebung übergeordnet. Diese wurde nicht etwa suspendiert, sie lief (wo es Hitler nötig erschien, von ihm beeinflußt) neben dem an Kleinigkeiten gewöhnlich uninteressierten »Führer« weiter; daneben aber trat, zunehmend dann im Kriege, das formal aus dem Verordnungsrecht des Reichspräsidenten entstandene Instrument des »Führererlasses«. Es entartete schließlich zu jenen berüchtigten Geheimerlassen wie dem zur Berufung eines Reichskommissars für die Festigung deutschen Volkstums (der Himmler zur »Ausschaltung volksfremder Bevölkerungsteile« ermächtigte) oder dem »Euthanasie«-Erlaß (der Reichsleiter

Bouhler mit der »Gewährung« des »Gnadentods« für unheilbar Kranke beauftragte).

Ferner aber hatten sich neben der Reichsregierung bald schon Bereiche verselbständigt, die von Hitler mit Sondervollmachten ausgestattet worden waren – es entsprach dies seinem weniger zu organisatorischer Arbeit als vielmehr zu spontaner Intuition und ebensolchen Entschlüssen geneigtem Wesen. Diese Entwicklung endete schließlich in einem vielfach heillosen Durcheinander verschiedenster einander wenn nicht gar ausschließender, so doch tangierender Kompetenzen, denn wer sich darauf verstand und persona grata war, der konnte bei einem »Führervortrag« relativ leicht eine Unterschrift unter eine mitgebrachte Bevollmächtigung erhalten – und die bestürzte Kanzleibürokratie mußte sich dann bemühen, den schlimmsten Sand aus dem Getriebe wieder zu entfernen.

Einen solchen Sonderbereich von warenhausähnlichem Charakter bildete der Herrschaftsbezirk Görings, ein Konglomerat angesammelter Zuständigkeiten, von der Kompetenz für den Vierjahresplan (und damit der Herrschaft über die Wirtschaft) und den »Reichswerken Hermann Görings« bis hin zur Führung der Luftfahrt und Luftwaffe und parallel dazu den Zuständigkeiten als preußischer Ministerpräsident und Reichsminister für Forsten und Jagd. Eine Ämterfülle, aus der Göring bis zum Ende trotz zunehmender Abschlaffung eine dennoch kaum gebrochene Autorität als unbestrittener Zweiter in der Rangliste des NS-Regimes und großen Einfluß abzuleiten vermochte.

Da war weiter der Sonderbereich Todt, gegründet schon 1933 speziell für den Bau der neuen Autobahnen durch die Ernennung Todts zum Generalinspekteur für das deutsche Straßenwesen, erweitert später durch seine Bevollmächtigung für die Bauwirtschaft (insbesondere Westwallbau, Aufstellung der aus dienstverpflichteten Baufirmen und -arbeitern sowie Bauverwaltungen bestehenden Organisation Todt) und Anfang des Krieges durch die Ernennung zum Generalinspektor für Wasser und Energie sowie schließlich noch zum Reichsminister für Bewaffnung und Munition. Nach Todts Tod wurde dieser Bereich durch dessen Nachfolger, Hitlers Leibarchitekten Speer, der seine eigenen Bauvollmachten »einbrachte«, als baldiger Generalbevollmächtigter für die Rüstungsaufgaben im Vierjahresplan sowie Reichsminister für Rüstung und Kriegsproduktion zu einem umfassenden und durchaus effizienten Staat im Staate noch weiter ausgebaut. Speer insbesondere, als Hitlers rechte Hand auf dessen Lieblingsgebiet so etwas wie ein privater Freund, erwies sich als Meister der Kunst, sich erforderlich erscheinende Kompetenzen auf direktem Weg zu besorgen.

Von Himmlers SS- und Polizeikonzern, der durch seine KZ-Betriebe auch in wirtschaftliche Bereiche, durch das »Ahnenerbe« und den SD in den Wissenschaftsbetrieb vorstieß und vor allem zäh und beharrlich die Unterwanderung der Verwaltung sowie die Schwächung und Vereinnahmung der Wehrmacht betrieb, ist schon die Rede gewesen. Eine weitere dank Hitlers Neigung zu Sonderaufträgen neben den etablierten Instanzen von Staat und NSDAP wuchernde Machtmetastase entstand ebenfalls ursprünglich auf dem Boden der Partei. Alfred Rosenberg, der wenig ernst genommene Ideologe der Bewegung, hat zeit seines Lebens um Beschäftigung und Einfluß schwer zu kämpfen gehabt. Stets standen ihm andere im Wege. Das Außenpolitische Amt, dessen Reichsleiter er war, wurde durch Hitlers Favoriten Ribbentrop spätestens nach dessen Ernennung zum Reichsaußenminister völlig ausmanövriert; ein Führerauftrag für die Überwachung der Parteischulung und -erziehung, mit Hilfe dessen er als brauner Weltanschauungspapst auf seinem ureigenen Gebiet zu reüssieren hoffte, rieb sich zu Schanden in ständigen Querelen einmal mit dem für die Schulung an sich zuständigen Reichsorganisationsleiter Ley, der – 1933 selbst durch den neuernannten Stellvertreter des Führers Heß vom Zugang zu ursprünglich erhoffter Machtstellung ausgesperrt – diese Position mit Klauen und Zähnen verteidigte, zum anderen mit dem nach eigener Auffassung weltanschaulich keiner Nachhilfe bedürftigen Himmler, um damit nur die wichtigsten Antagonisten des bedauernswerten Rosenberg zu nennen. Auch in der schließlichen Bestellung zum Reichsminister für die besetzten Ostgebiete (Rosenberg stammte aus dem Baltikum und bot sich durch Kontakte zu allerlei zwielichtigen Emigranten als »Experte« an) wurde er nur Spielball und Prügelknabe für die in jenem Raum wichtigsten Kräfte, (wieder) Reichsführer SS und Volkstumskommissar Himmler und seinen eigenen formalen Untergebenen, den Reichskommissar in der Ukraine und starken Ostpreußen-Gauleiter Koch.

Zu den wenigen, die sich bei Hitler eine Immediatstellung zu verschaffen wußten, gehörte auch Goebbels, anfangs aus früherer Vertrautheit her, in der zweiten Kriegshälfte dann genötigt als das Sprachrohr des mit den zunehmenden Mißerfolgen immer publikumsscheuer werdenden Hitler in der Öffentlichkeit, schließlich auch nach langem Drängen und nach dem Ereignis des 20. Juli 1944 als mit großer Machtfülle ausgestatteter Reichsbevollmächtigter für den totalen Kriegseinsatz, eine Art Vizekönig und Unterfeldherr an der Heimatfront.

Kleinere derartige »Betriebe« wie etwa den Kerrls, der so eng verwandte Gebiete wie Kirchen und Raumordnung betreute, wollen wir hier übergehen und abschließend nur noch eine Gruppe von Institutionen betrachten, die insbesondere in den Kriegsjahren zu immer größerer Macht emporstiegen. Auch sie hingen zusammen mit Hitlers Abneigung gegenüber der ermüdenden Alltagsarbeit der Verwaltung, der er nach halbherzigen Versuchen in den ersten Monaten seiner Kanzlerschaft immer weniger Geschmack abgewann und über die er sich denn auch zunehmend erhaben fühlte. Hinzu kam seine gleichfalls wachsende Mystifizierung zum gottähnlichen einzigen Führer, der, auf seinen Olymp entrückt, nur noch da, wo es Not war, in die Tagesgeschäfte eingriff. Entscheidungen hatten zwischen den Beteiligten ohne ihn vorbereitet zu werden – er gab lediglich noch sein Plazet bzw. entschied dort, wo die Beteiligten sich nicht einig wurden. Diese Tendenz wurde noch verstärkt, als Hitler seit Kriegsbeginn zunächst zeitweise, mit Beginn des Ostfeldzugs aber ständig vom Regierungssitz abwesend war und auch Erholungspausen lieber in seinem Berghof bei Berchtesgaden verbrachte.

Das alles ließ entstehen, was in der Geschichte von Fürstenhöfen im Endzeitstadium durchaus geläufig ist: die Herrschaft der Kanzleien. Außer den wenigen, die noch regelmäßig direkten Zugang zu Hitler hatten (Himmler, Göring, Speer, Goebbels), besaßen am Ende nur noch »Kanzlisten« als die neuen Oberpriester und Auguren das Ohr des Herrn: Sie leiteten seine Befehle weiter, sie legten sie aus – und sie ersetzten sie auch teilweise.

Solche Kanzleien gab es insgesamt fünf. Zwei davon allerdings spielten schon seit geraumer Zeit kaum noch eine Rolle, da sie von den Konkurrenten völlig ins Abseits gedrängt worden waren; ihre Auflösung wurde bereits erörtert und hätte nach einem siegreichen Kriegsende wohl mit zu den ersten Maßnahmen gehört. Die eine davon war ein Erbstück Hindenburgs, die »Präsidialkanzlei«, erst eineinhalb Jahre nach der »Machtergreifung« und damit eineinhalb Jahre zu spät zu Hitlers unmittelbarem Machtbereich getreten. Ihr Chef Meissner, ein Relikt noch aus der Zeit des Reichspräsidenten Ebert, hat sich diese elf Jahre mit Protokollfragen, Beamtenernennungen, Begnadigungen und Ordensverleihungen beschäftigt und ist allem Anschein nach damit auch einigermaßen zufrieden gewesen.

Nicht war dies Philipp Bouhler, sein Pendant auf der Parteiseite, am Ende – allerdings erst nach heftiger Gegenwehr – auf das gleiche Tätigkeitsgebiet reduziert. Während Meissner freilich allenfalls einigen Rankünen unter den Mänteln (insbesondere zuletzt unter dem Offiziersrock) der Reichspräsidenten nachzutrauern brauchte, mußte Bouhler mit Bitternis auf die bedeutende Rolle zurückblicken, die er und sein Apparat in der »Kampfzeit« als Reichsgeschäftsführer der NSDAP gespielt hatten.

Der Sieger im staatlichen Bereich: Reichskanzleichef Lammers, wie Meissner aus dem Weimarer Fundus übernommen, aber als fähiger Bürokrat auch dem neuen Herrn sehr bald unentbehrlich und vom Staatssekretär zum Reichsminister erster Ordnung und Quasi-Kanzler emporgestiegen. Und im Parteibereich: Partei-Kanzlei-Leiter Martin Bormann, bis zu Heß' England-Flug dessen Stabsleiter und graue Eminenz, schon damals rührig damit beschäftigt, die einschränkende Beifügung »der NSDAP« hinter dem Titel »Stellvertreter des Führers« vergessen zu machen und sich im übrigen gewissermaßen nebenberuflich eine Funktion als Übermittler spontaner und oft erst von ihm geformter Weisungen Hitlers zu verschaffen.

Zusammen mit dem fünften Kanzlei-Chef, dem des 1938 nach Zerschlagung der Wehrmacht- und Heeresspitze geschaffenen

OKW (Oberkommando der Wehrmacht), einem zuvor praktisch unbekannten General Keitel, bildeten Lammers und Bormann das Triumvirat eines Dreier-Ausschusses, als im Januar 1943 nach Stalingrad der Krieg andere Dimensionen annahm. Es entsprach der Lage der Dinge, nämlich insbesondere der ständigen Verfügbarkeit Bormanns als Hitlers Notizblock, dokumentiert schließlich in seiner offiziellen Bestellung als »Sekretär des Führers«, daß er seine beiden Kollegen, insbesondere den zuletzt völlig frustrierten Lammers, dabei praktisch zu Handlangern degradiert hat.

Während die Partei als kollektiver Block längst kein Gegengewicht gegenüber Hitler mehr besaß, hatten sich – als institutionelle Konsequenz des Führerabsolutismus – sekundäre Führer mit verschmolzenen Staats- und Parteizuständigkeiten, führerunmittelbare Bevollmächtigte und Führer-Kanzleien als die schließlich wichtigsten Instanzen des Dritten Reiches herausgebildet. Die Omnipotenz Hitlers war nicht durch die Partei als solche begrenzt, sie war aber – in häufig fataler Weise – angewiesen auf die Selbstherrlichkeiten seiner, meist aus der NSDAP hervorgegangenen »höfischen« Diener, die um die Führergunst rivalisierend, längst nicht mehr willens oder imstande waren, rationale Kontrolle oder Mitverantwortung der Gesamtpolitik des Regimes zu übernehmen. Die Segregation in Teilherrschaften und die Auflösung gesamtstaatlicher Ordnung und Regelhaftigkeit bildeten das paradoxe Endergebnis der absoluten Monokratie an der Spitze des Regimes.

Martin Broszat

Das weltanschauliche und gesellschaftliche Kräftefeld

Obwohl die letzten Entscheidungen über die Weltanschauungspolitik des Dritten Reiches maßgeblich von Hitler bestimmt wurden und sich am Ende erwies, daß die negativen, mörderischen Elemente der Rassentheorie den harten Kern dieser Weltanschauung bildeten, genügt doch weder eine Hitler-biographische noch eine eng ideologiengeschichtliche Sicht, wenn erklärt werden soll, aus welchem allgemein geistigen Klima heraus Politik, und gerade auch Weltanschauungspolitik im Dritten Reich entstand. Für die Suggestivität dieser Atmosphäre war es gerade entscheidend, daß die dürren, fanatischen Elemente der völkisch-antisemitischen Ideologie, die die Grundorientierung für die frühe NSDAP geliefert hatte, nicht allein das Feld bestimmten. Im Laufe der Entwicklung der NSDAP zur Sammelbewegung der antidemokratischen nationalen Opposition ab 1929/30 war dieses ursprüngliche Weltanschauungspotential überlagert worden mit vielen anderen Akzentuierungen und Bedeutungsgehalten aus dem seit 1818/19 in Deutschland breiten Strom der fundamentalen alt- und jung-konservativen Gegnerschaft gegen die Republik. Und es blieb für das Image und die Ausstrahlungskraft der NSDAP seitdem auch nicht gleichgültig, welche gesellschaftlichen Gruppen die Anhänger- und Wählerschaft der Massenbewegung des Nationalsozialismus in erster Linie ausmachten und welche sozialen und Interessengruppen im Dritten Reich Mitträger der Macht waren. Das ideologische und gesellschaftliche Kräftefeld bedingten einander, auch wenn sich im weiteren Fortgang der machtstrukturellen Entwicklung des Dritten Reiches der Führer und die führerunmittelbaren Instanzen, vor allem die SS und Sicherheitspolizei, mehr und mehr von gesellschaftlichen wie plebiszitären Rücksichten lösten und die extremsten weltanschaulich bedingten Exzesse und Verbrechen des Regimes während des Zweiten Weltkrieges schließlich in der Form einer verborgenen Geheimpolitik durchgeführt wurden.

Liegt es von diesen Endkonsequenzen her nahe, bei der rückblickenden Betrachtung des Ideologischen in der NS-Zeit den Blick auf »Hitlers Weltanschauung« (Eberhard Jäckel) zu verengen, so kann aus solcher Hitler-zentristischen Sicht doch eine Erklärung des Resonanzbodens und der sozialpsychologischen Antriebskräfte, die diese spätere Entwicklung mit vorbereiteten, schwerlich gewonnen werden.

Die erschreckenden Endresultate der NS-Weltanschauungspolitik sind auch geeignet, den Blick dafür zu verstellen, was für die Zeitgenossen als breite Redundanz und Assoziationsvielfalt mitschwang, wenn die Nationalsozialisten vor und nach 1933 von »völkischer Erneuerung« redeten und schrieben. Und die von Hitler so radikal ernstgenommenen Inhalte der antisemitischen Rassentheorie sind geeignet, vergessen zu machen, daß es sich bei dem Umkreis dieses gesamten »Denkens« weniger um rationale, logisch kohärente Weltdeutung handelt, vielmehr um voluntaristisch bildhafte Umschreibungen von »Haltungen«, fanatischen Verneinungen und ebenso leidenschaftlichen Beschwörungen einer neuen nationalen Utopie. Die fatale Übereinstimmung des schrecklichen Endes mit dem primitiven Anfang der Hitler-Bewegung verkümmert das Verständnis dafür, daß es, wie bei allen historischen Entwicklungen, auch hier keine Zwangsläufigkeit gab, die schließlich dazu führte, daß von dem Konglomerat der nationalsozialistischen Weltanschauung schließlich überwiegend nur die extrem antihumanen Feindbild-Projektionen reale Konsequenzen hatten.

Zum auffälligen Merkmal der NS-Bewegung wie des ganzen geistigen Umkreises der »Konservativen Revolution« gehörte die ambivalente Mischung und Widersprüchlichkeit von rückwärts gewandten ideologischen Inhalten und modernen Antriebskräften und Stilmitteln der industriellen Massengesellschaft. Der nationalsozialistische Inbegriff der nationalen und sozialen kämpferischen Volks- und Glaubensgemeinschaft enthielt zugleich ins

Heroische gewendete Bilder der Vergangenheit wie suggestive Utopien einer Revitalisierung der als matt und dekadent empfundenen modernen Zivilisation und Gesellschaft. Die auf Friedrich Nietzsche und seine völkischen Vergröberer im 19. Jahrhundert (Paul de Lagarde, Julius Langbehn u. a.) zurückgehende leidenschaftliche Kampfansage gegen den (vielfach unglaubwürdig gewordenen) christlich-aufklärerischen Humanismus, den Materialismus, die Interessenpluralität und den seichten Hurra-Patriotismus des deutschen Bildungsbürgertums fand durch die konkreten Erfahrungen des Ersten Weltkrieges und die Zerrüttung politischer, nationaler und sozialer Sekuritäten infolge von November-Revolution, Versailles, Inflation, Wirtschaftskrise und der Integrationsschwäche der demokratischen Parteien in der Endphase der Weimarer Republik in der deutschen bürgerlichen Gesellschaft einen breiten Resonanzboden.

Der kämpferische Aktivismus spielte für viele Anhänger der NSDAP mindestens eine ebenso große Rolle wie die ideologische Überzeugung. Die selbstgewählte Herauslösung aus der Sozialität zivilen Lebens, die in leidenschaftlichem Einsatz für die Hitler-Bewegung erfahrene »Existenzerweiterung«, das dabei gewonnene »befreiende« Gefühl einer neuen großen Einfachheit und Eindeutigkeit von Normen und Maßstäben – all dies prägte nicht nur Mentalität und Habitus vieler Aktivisten der NS-Bewegung vor 1933. Es erklärt auch die Hingabe- und Glaubensbereitschaft großer Teile der deutschen Bevölkerung während des Dritten Reiches. Es war nicht nur der konkrete und ohnehin vieldeutige Inhalt der NS-Weltanschauung, der vor und nach 1933 Millionen von Deutschen Hitler zutrieb, sondern in hohem Maße der aufgestaute Integrationshunger in der deutschen Gesellschaft. Die sozialpsychologische Disposition für den Hitler-Glauben war durch den Hitler-Nimbus, die demonstrierte Entschlossenheit, Organisationsstärke und den suggestiven »Stil« der NS-Bewegung mindestens ebenso stark bestimmt wie durch ihre ideologischen Deutungen und programmatischen Verheißungen. Dem entsprach eine für die NS-Massenmobilisation charakteristische Zwiespältigkeit sozialmoralischer Orientierungen und Wirkungen: Die Sehnsucht nach einer neuen Autorität und Bindung korrespondierte, vor allem bei der jüngeren Generation, mit dem Drang, aus herkömmlichen sozialen und moralischen Bindungen, der Familie, Schule, Kirche, des engen lokalen Milieus und Interessengefüges, auszubrechen. Für große Teile der geschichtlich erst auf halbem Wege der Emanzipation von sozialpatriarchalischer Vergangenheit zu demokratischer Selbstbestimmung angelangten deutschen mittelständischen und bäuerlichen Gesellschaft war die Verquickung dieser gleichzeitig sozial-konservativen und pseudorevolutionären Motivationen bezeichnend.

Entsprechend der überwiegend mittelständischen, bürgerlichen sozialen Basis des Nationalsozialismus und seiner Allianz mit traditionell führenden konservativen Kräften in Staat und Gesellschaft bestand auch die neue weltanschaulich-moralische »Normativität«, die mit dem Dritten Reich heraufzog, zunächst vor allem darin, daß die Meinungsführer des politischen und geistigen Spektrums der sozialistischen Linken wie des bürgerlichen Liberalismus, das bis 1930 gut die Hälfte des politischen Potentials ausgemacht und die Kultur der Republik wesentlich bestimmt hatten, schon im Frühjahr 1933 gewaltsam ausgeschaltet wurden. Das galt nicht nur für Parteiführer und Publizisten, sondern auch für die kulturelle Repräsentanz. Bereits im Februar und März 1933 wurde die bisher als Parnaß der deutschen Literatur geltende Dichtungsabteilung der Berliner Akademie der Künste gesäubert. Anstelle der Gebrüder Thomas und Heinrich Mann, Alfred Döblins, Franz Werfels, René Schickeles und vieler anderer jetzt als dekadent geltenden Dichter traten völkisch-nationalsozialistische Schriftsteller wie Hans Grimm, Werner Beumelburg, Erwin Kolbenheyer, Hanns Johst, Will Vesper u. a. als neue Akademiemitglieder. Auch die weiteren ersten Maßnahmen des Regimes auf dem Sektor Kultur und Wissenschaft, bei der symbolischen Bücherverbrennung im Mai 1933, den schon seit Februar/März verhängten Presseverboten, beim Personalrevirement in Akademien und Hochschulen, trafen vor allem die Vertreter jener deutschen und deutsch-jüdischen Geistigkeit, die an der Spitze der wissenschaftlichen, künstlerischen und literarischen Entwicklung gestanden hatten.

Die Ausschaltung all dieser Kräfte bedeutete nicht nur, daß, von einigen Ausnahmen abgesehen, die geistige Kultur des Dritten Reiches weitgehend auf das Niveau provinzieller, bürgerlich-konservativer Mittelmäßigkeit herabsank. Noch gravierender war, daß die auf der Linken traditionell starken Kräfte moralisch-politischer, gesellschaftlicher und kultureller Selbstkritik jetzt als jüdische Zersetzung verketzert, daß Rationalismus und Intellektualität, die geistigen Positionen des Humanismus, Pazifismus und Internationalismus im Bereich der Erziehung und Öffentlichkeit des Dritten Reiches fast ganz zum Verstummen gebracht wurden.

Was übrig blieb, beschränkte sich, entsprechend dem Machtkartell, das die Ernennung Hitlers zum Reichskanzler ermöglicht hatte, im wesentlichen auf das Arrangement nationalsozialistischer und nationalkonservativer Weltanschauung. Das Nebeneinander von Hakenkreuz und Schwarz-Weiß-Rot, die wirkungsvolle Inszenierung der Verbrüderung des alten konservativen mit dem neuen nationalsozialistischen Deutschland beim »Tag von Potsdam« (21.3.1933) wirkte über den März 1933 hinaus und bestimmte in den ersten Jahren des Dritten Reiches auch die sozialmoralische Atmosphäre. Dieses Arrangement war nicht konfliktlos, begünstigte infolge des politischen Monopols der NS-Führung aber klar die ideologischen Positionen des Nationalsozialismus und der durch die NS-Erziehung erzeugten »Haltungen«.

Stärkste Bastion weltanschaulicher Immunität innerhalb des nationalkonservativen Lagers blieben die Kirchen, vor allem aufgrund des starken Einflusses der katholischen Kirche im Westen und Süden des Reiches. Versuche, den kirchlichen Einfluß zurückzudrängen, setzten nach den anfänglichen Bemühungen, das »positive Christentum« innerhalb der NS-Bewegung herauszustellen, bald nach der Machtübernahme ein, im evangelischen Bereich auch vorangetrieben durch die NS-Pfarrer-Fraktion der »Deutschen Christen«, und wurden periodisch bis in den Krieg hinein immer wieder aufgenommen. Vor allem Repräsentanten der katholischen Kirche und der katholischen Laienorganisationen wurden Opfer von Verfolgungen und Verhaftungen. Wenn es in diesem »Kirchenkampf« auch manche Etappen nationalsozialistischer Erfolge gab – die Abschaffung kirchlicher Lehrerbildungsanstalten, der konfessionellen Volksschulen, die Niederlegung des Religionsunterrichts durch die beamteten Lehrer –, so scheiterte doch alles in allem der Versuch, den weltanschaulichen Einfluß der Kirchen auszuschalten. Das auf plebiszitäre Rückbindung angewiesene Regime konnte der kirchenfrommen Einstellung großer Teile vor allem der ländlichen Bevölkerung nicht zuviel zumuten. Und auch in erheblichen Teilen des evangelischen Establishments, mit dem die NS-Führung zu kooperieren gezwungen war, in der Ministerialbürokratie und bei den älteren Offizieren der Wehrmacht, stieß das Neuheidentum der NS-Weltanschauung auf starkes Mißfallen.

Bei der kirchlichen Abwehr weltanschaulicher Zumutungen zeigte sich aber auch, daß es hierbei meist nur um partiellen, nicht um fundamentalen Widerstand ging. Wie auch sonst auf seiten der konservativen Führungskräfte gab es auch bei den evangelischen und katholischen Bischöfen eine starke Grundübereinstimmung mit den nationalen und volksgemeinschaftlichen Zielen der NS-Führung, auch mit dem antikommunistischen und antiliberalen Grundsätzen und dem Prinzip der autoritären Staatsführung, wie sie sich in den ersten Jahren des Dritten Reiches darstellten. Besonders der Hitlerglaube wurde, vor allem in der evangelischen Kirche, durch Gebete für den »von Gott gesandten Führer« sogar nachdrücklich unterstützt und religiös legitimiert. Selbst für die meisten entschiedenen kirchlichen Widersacher der Partei blieb Adolf Hitler sakrosankt. Angesichts der entschiedenen kirchlichen Intervention gegen die Tötung von Geisteskranken 1940/41 war das weitgehende offizielle Schweigen der Kirchen gegenüber der sich zunehmend radikalisierenden Judenverfolgung besonders schwerwiegend. Wie schon vorher bei dem Terror gegen Kommunisten und Sozialdemokraten enthüllte sich hier die verhängnisvolle Affinität zwischen nationalsozialistischen, nationalkonservativen und auch manchen christlich-konservativen Auffassungen, die nach dem Sommer 1933 in Deutschland allein noch öffentlich und gesellschaftlich zum Ausdruck gelangen konnten.

Diese Gesamtatmosphäre muß im Auge behalten werden, wenn daneben auch zu konstatieren ist, welche zeitweiligen moralisch-weltanschaulichen Gegengewichte und Inseln relativer Immunität, auch auf manchen Gebieten des kulturellen Lebens, sich während des Dritten Reiches immerhin behaupten konnten. Daß trotz der starken, gewaltsamen Einschränkungen des Spektrums noch zugelassener geistig-kultureller Strömungen hier ein Spielraum blieb auch für nicht-nationalsozialistische Kräfte, hatte vielerlei Gründe: Taktisches Kalkül des Regimes, die Inkohärenz der NS-Weltanschauung selbst, der Institutionen-Pluralismus des Regimes. Dabei fehlte es keineswegs an energischen Bemühungen zur umfassenden weltanschaulichen Indoktrination. Sowohl in der Reichsleitung der NSDAP wie in ihren Gau- und Kreisleitungen und nahezu allen Sonderorganisationen der Partei sorgten Schulungs- und Propagandaämter für die systematische Verbreitung nationalsozialistischen Gedankengutes. Die Parteischule in Feldafing am Starnberger See hielt regelmäßig Tagungen für Hoheitsträger der NSDAP ab. Im »Haus der deutschen Erzieher« in Bayreuth veranstaltete der NS-Lehrerbund Gemeinschaftslager für Lehrer aller Schularten. Der neue nationalsozialistische preußische Justizminister schickte zur weltanschaulichen Schulung auch den juristischen Nachwuchs in »Referendarlager«. Angehende Dozenten der Universitäten mußten als Voraussetzung der Habilitation ebenfalls mehrmonatige Weltanschauungs-Lager besuchen. Adolf-Hitler-Schulen und nationalsozialistische Erziehungsanstalten (Napolas) dienten der Führerauslese der Hitler-Jugend, Ordensburgen und Junkerschulen der SS der besonderen ideologischen Indoktrinierung dieser »Elite«. Und selbst in die Wehrmacht, die sich lange von Parteieinflüssen freihalten konnte, drang mit den durch die HJ-Erziehung gegangenen jungen Offizieren nationalsozialistischer Geist ein, lange bevor schließlich in der zweiten Kriegshälfte »wehrgeistige« NS-Erziehung durch nationalsozialistische Führungsoffiziere (NSFO) in der Truppe obligatorisch gemacht wurde.

Neben dem vom Reichsorganisationsleiter der NSDAP Robert Ley ab 1934 monatlich herausgegebenen »Schulungsbrief« für alle Parteimitglieder produzierte man eine enorme Masse von Schulungsmaterial auf allen Ebenen und in allen Gliederungen und Organisationen der NSDAP. Der hier vermittelte »Geist« ließ sich häufig schon an den Titeln erkennen. »Wille und Macht« hieß die Zeitschrift der HJ-Führung, ergänzt durch »Blätter für Heimabendgestaltung«, gesondert für Jungvolk, Jungmädel, Hitler-Jugend und Bund deutscher Mädel, sowie zahlreiche Spezialschriften. »Freude – Zucht – Glaube« lautete der Titel eines 1937 erschienenen Handbuchs »Für die kulturelle Arbeit« im HJ-Lager. Ein besonderer »Schulungsdienst der HJ« und ein »Führerschulungswerk der HJ« (1937) sowie regelmäßige Berichte über das »Reichsführerlager der HJ« waren vor allem an die Führerschaft der Hitler-Jugend gerichtet. Sehr produktiv auf diesem Gebiet war auch der Nationalsozialistische Lehrerbund (NSLB), dessen Zentral- und Gauämter neben regelmäßigen Monatsschriften (»Nationalsozialistische Erziehung« o. ä.) der zwangsgleichgeschalteten Lehrerschaft eine große Zahl weiteren weltanschaulichen Schrifttums bescherten. Eigene Schulungsbriefe gab es auch für die NS-Juristen, dazu noch, für alle Beamten, die »Nationalsozialistische Beamtenzeitung«; der NS-Frauenschaft wurde Entsprechendes in der »NS-Frauenwarte« geboten. Das Amtsblatt des 1935 gebildeten Reichsministeriums für Erziehung, Wissenschaft und Volksbildung gab regelmäßig Anweisungen zur Pflichtlektüre in Rassekunde, Deutscher Volkskunde und Germanischer Vorgeschichte für Lehrer und Schüler. Spezialblätter wie der »Schrifttumsanzeiger für Deutsche Volkskunde«, die Zeitschrift »Kunst und Volk«, der vertrauliche »Lektorenbrief« des Rosenbergschen »Amtes für Schriftenpflege«, die vom Frankfurter »Institut zur Erforschung der Judenfrage« herausgegebene Zeitschrift »Der Weltkampf« und viele vergleichbare NS-Publikationen suchten die weltanschauliche Schulung zu vertiefen und Maßstäbe zu setzen, welche Erzeugnisse des wissenschaftlichen, literarischen und künstlerischen Schaffens als vorbildlich oder zumindest als unbedenklich anzusehen seien.

Unzweifelhaft haben diese enormen Anstrengungen vor allem bei Millionen von Parteimitgliedern, wenn nicht feste weltanschauliche Überzeugungen geschaffen, so doch das Denken mit Elementen nationalsozialistischer Rassentheorie, heroisierenden Geschichtsbildern und Utopien völkisch-nationaler Kampf- und Glaubensgemeinschaft in erheblichem Maße imprägniert. Freilich zeigte sich auch schnell die unüberwindliche Schwierigkeit einer Kanonisierung der ihrer Natur nach konglomerathaften NS-Weltanschauung. An bestimmten von NS-Seite favorisierten Begriffen wie etwa dem der Volkskunde und Volkskultur machten sich sehr verschiedene Strömungen und auch Interessen fest: Neben germanologischem Schrifttum eine Fülle weitgehend unpolitischer Bauern- und Heimatromane, aber auch zum Beispiel die aus ganz anderer, eher linker Tradition stammende Volkshochschul-Bewegung. Nachdem die Deutsche Arbeitsfront die Schirmherrschaft über die Volkshochschulen (jetzt in »Volksbildungsstätten« umbenannt) übernommen hatte, konnte hier manche Kontinuität sozialemanzipatorisch eingestellter Programme und Personen trotz der üblichen Pflichtkonzessionen an die NS-Weltanschauung aufrechterhalten und die Unterrichtstätigkeit der Volkshochschulen vor allem auf dem Lande sogar erheblich ausgebaut werden. Ähnliches galt für die von der NS-Gemeinschaft »Kraft durch Freude« (KdF) geförderte Volksbühnen-Bewegung oder die Bestrebungen der »NS-Kulturgemeinde« zum verstärkten Transport von Theater- und Kulturveranstaltungen in die Kleinstädte und Dörfer.

Studiert man das nationalsozialistische Schrifttum, so zeigt sich, daß selbst der Rassebegriff keineswegs einheitlich und eindeutig definiert war. Völkisch-anthropologische Schriften wie die des NS-Erziehungstheoretikers Ernst Kriegk stellten »Rasse« weniger als etwas naturhaft Gegebenes, als erst durch Erziehung und völkische Disziplin Herzustellendes dar, und selbst das im Dritten Reich verbreitete Tableau von Rassetypen gemäß der der Rassenlehre Hans F. K. Günthers mußte es dem aufmerksamen Leser als sehr fraglich erscheinen lassen, wie es mit dem nordischen Rassekern des deutschen Volkes beschaffen sei. Im Umkreis der Weltanschauungsdoktrinierung machte sich unvermeidlich neben Opportunismus armseliger Dilettantismus breit und konterkarierte die Schulungsbemühungen. Das zeigte sich besonders deutlich in den Dienststellen des Chef-Ideologen der NSDAP, Alfred Rosenberg, der 1934 zum »Beauftragten des Führers für die gesamte geistige und weltanschauliche Erziehung der NSDAP« ernannt worden war. Manche anfänglichen Versuche, mit Sprachregelungen und Neuerungen in Wissenschaft und Kunst einzugreifen, z. B. die von NS-Historikern ausgehende Abwertung Karls des Großen als »Sachsen-Schlächter«, die Verketzerung der theoretischen Physik als »jüdische« Wissenschaft, die Bevorzugung chorischer Weihespiele im Theater u. ä. mußten bald wieder aufgegeben werden, wenn man nicht von einer Welle des Dilettantismus überschwemmt werden wollte.

Von daher ergab sich auch eine Fülle institutioneller Konflikte, beispielsweise zwischen Rosenberg und Joseph Goebbels, der als Reichspropagandaminister mit der im September 1933 eingerichteten Reichskulturkammer ein wichtiges Instrument zur Eliminierung vor allem jüdischer und marxistischer Buchproduktion in die Hand bekommen hatte. Nur wer arische Abstammung nachweisen konnte und nicht durch marxistische oder »kulturbolschewistische« Einstellung stigmatisiert war, wurde als Mitglied der einzelnen Abteilungen (für Schrifttum, Presse, Theater, Musik, Bildende Künste, Funk und Film) der Reichskulturkammer zugelassen und konnte seinen Beruf weiter ausüben. Dadurch waren auch die freischaffenden Intellektuellen an die Leine »öffentlichen Dienstes« gebunden und konnten entsprechend kontrolliert werden. Aber die Maßstäbe waren hier doch relativ verschwommen. Wie auch sonst bei den vielfältigen, auf allen Ebenen und in allen Institutionen erstatteten Personalgutachten der Partei genügte in der Regel ein Unbedenklichkeits-Attest. Goebbels legte von Anfang an Wert darauf, eine zu enge, pedantische NS-Indoktrination im Bereich der Presse und Kultur, nicht zuletzt aus Gründen des Auslandsechos, zu vermeiden und neben Filmen, Theaterstücken und literarischen Erzeugnissen mit völkisch-nationalem Erziehungswert auch ganz unpolitische, entweder künstlerisch hochstehende klassische Kulturdarbietungen oder amüsante Unterhaltungskultur in Fortsetzung der Ullstein- und Scherl-Tradition, zu fördern.

Die letztlich mehr auf emotionalen Stimmungen als festen ideologischen Überzeugungen basierende Breitenwirkung des NS-Regimes brauchte als Voraussetzung seiner Integration und erfolgreichen Massenmobilisation nicht nur eine genügende Wiederherstellung wirtschaftlich-sozialer Sekurität durch Überwindung der Wirtschaftskrise und Arbeitslosigkeit, sondern auch eine genügende Berücksichtigung des zivilisatorisch-kulturellen Besitzstandes der deutschen bürgerlichen Gesellschaft.

Unter solchen Rahmenbedingungen durfte auch die dem Bildungsbürger wertvolle *Frankfurter Zeitung* nach dem Ausscheiden ihrer jüdischen Herausgeber und Redakteure weiter existieren; ebenso z. B. der ehemals jüdische S. Fischer-Verlag und die von ihm herausgegebene philosophisch-literarische *Neue Rundschau*, die unter Peter Suhrkamps kluger und mutiger Leitung erstaunlich wenige Konzessionen an das Regime machte. In dem als »national« geltenden Langen-Müller-Verlag, der nach 1933 in den Besitz der DAF geraten war, konnte die von Paul Alverdes herausgegebene Zeitschrift *Das Innere Reich* zum Stelldichein junger Autoren, darunter auch Günter Eich, Curt Hohoff u. a., werden, deren literarisch-ästhetische Kunstgesinnung sich deutlich von der Blut-und-Boden-Literatur völkischer Barden unterschied. Und im *Hochland* behielt weiterhin auch die katholische Intelligenz ein Sprachrohr der Verständigung.

Aus denselben Gründen ließ das NS-Regime es auch gegenüber Hochschulen und Gymnasien nach der Verstoßung jüdischer und marxistischer Lehrer und Wissenschaftler im wesentlichen bei Einschüchterungen bewenden und griff nicht sprachregelnd in alle geistes- und kulturgeschichtlichen Programme ein.

Am Beispiel der Höheren Schule läßt sich gleichwohl zeigen, daß zumindest die mittelbare NS-Einwirkung nicht gering war. Sie ergab sich letzten Endes weniger aus der NS-Gesinnung der Lehrer oder den neuen Schulplänen mit ihrer besonderen Betonung völkischer und volksbiologischer Lehrgehalte oder der Verstärkung der Leibeserziehung. Einflußreicher und schädigender war die mit der Schulerziehung konkurrierende HJ-Erziehung mit ihrem dezidierten Anti-Intellektualismus und der auch, zum Entsetzen des NS-Lehrerbundes, unverhohlen von HJ-Führern zum Ausdruck gebrachten Geringschätzung des Lehrerstandes und der Schule. Was in dieser HJ-Erziehung produziert wurde, waren weniger weltanschauliche Überzeugungen als bestimmte »Haltungen«. Die von der HJ inszenierte Jugend-Kultur förderte anstelle der intellektuellen Disziplin und moralischen Sensibilität nicht nur Gemeinschaftserlebnisse, jugendliche Natürlichkeit und sportlich-»wehrhafte« Stählung des Körpers und der Gesinnung, sondern auch frühreifes, forsches Großsprechertum und Brutalität.

Während die pseudo-wissenschaftlichen erbbiologischen und rassekundlichen »Lehren«, die die Schulungsämter der Parteiorganisationen zu popularisieren suchten, bei großen Teilen der sonst durchaus Hitler-frommen Bevölkerung wenig Resonanz fanden, waren die abgeleiteten, allgemeineren Formen der völkischen Natürlichkeits- und Wettkampferziehung, die durch den NS vermittelt wurden, weit wirksamer. Hierin bestand auch der nicht unwichtige mittelbare Beitrag, den Massen unpolitischer Filme aus der von Goebbels dirigierten UFA-Produktion mit ihrer oberflächlichen Frisch-Fromm-Fröhlich-Frei-Natürlichkeit zur »Gesamtkultur« des Dritten Reiches beisteuerten.

Nationalsozialistische Weltanschauung amalgamierte sich hier mit dem bürgerlichen Massengeschmack und den Suggestionen moderner Massenreklame. Das galt auch vom Schönheitsideal und der »sittsamen Erotik« der nationalsozialistischen Bildenden Kunst, den beliebten balletthaft-chorischen Massen-Turnvorführungen nach dem Motto von »Glaube und Schönheit» oder der Mischung von NS-Marschmusik und Volkskultur, die als Stilmittel bei nationalsozialistischen Festen und Feiern, anläßlich des jährlich am Bückeberg gefeierten »Tag des deutschen Bauern« oder beim »Tag der nationalen Arbeit« am 1. Mai usw. eingesetzt wurden.

Solcher vermittelter Zusammenhang von ideologischen Elementen und Motivationen der mittelständischen Massengesellschaft, die die breite Basis des Nationalsozialismus bildete, läßt sich vor allem in dem für das Dritte Reich zentralen Begriff der Leistungsgemeinschaft fassen. Vielleicht die wichtigste, letzten Endes auch weltanschaulich bestimmte gesellschaftliche und psychologische Wirkung des NS bestand in der kriegsähnlichen Erfassung und Organisationen der deutschen Gesellschaft schon zu Friedenszeiten, von der Autarkie- und Rüstungswirtschaft bis hin zur zunehmenden Lenkung des Arbeitseinsatzes, der Veranstaltung von Leistungs- und Berufswettkämpfen, der Wehrhaftmachung vor allem der Jugend und dem unter dem Titel der Volksgemeinschaft in allen Wirtschafts- und Berufssparten an die Spitze gestellten Leistungsprinzip. Wenn es dem NS-Regime weitgehend gelang, mit den Mitteln totalitärer Erfassung die Leistungsbereitschaft der deutschen Bevölkerung anzuspornen und dann vor allem im Krieg eine enorme Energie zu entfesseln, so lag das gewiß nicht in erster Linie an der Überzeugungskraft weltanschaulicher Lehrsätze, vielmehr an der Suggestivkraft der Volksgemeinschafts- und Führer- und Gefolgsschafts-Parolen und den motorischen sozialen und sozialpsychologischen Kräften, die dadurch evoziert werden konnten. Energie, Kraft, Durchsetzungsstärke als leitende Normen der NS-Erziehung korrespondierten mit breiten sozialen Schubkräften, vor allem in der jüngeren Generation der mittelständischen und bäuerlichen Gesellschaft, die aus dem Traditionalismus und Sozial-Patriarchalismus provinzieller Bindungen herausstrebte und angezogen wurde von der sozialen Mobilität, die der Nationalsozialismus nicht nur propagandistisch zu entfalten vermochte. Das nationalsozialistische Führerprinzip, zu dessen Merkmal es gehörte, daß den kleinen und großen Führern auf allen Ebenen des Staates, der Partei und der Gesellschaft in beträchtlichem Maße Handlungsfreiheit eingeräumt und deren Eignung an ihrer Durchsetzungsfähigkeit gemessen wurde, entsprach zahlreichen Aufstiegsambitionen in bisher gesellschaftlich und politisch nicht genügend »zum Zuge gekommenen« Bereichen der deutschen bürgerlichen Gesellschaft. Und das Konkurrenzprinzip, das Hitler auch aus Gründen des politischen Kalküls, mit schließlich verhängnisvollen Folgen für die Gesamtorganisation der NS-Herrschaft, ständig weiterwuchern ließ, läßt sich zugleich deuten als Motor auch der Entfesselung moralischer Hemmungslosigkeit in der bürgerlichen Massengesellschaft; nur daß das materielle Erwerbsstreben weitgehend umfunktioniert wurde zum Streben nach sozialer Anerkennung, nach Einfluß- und Kompetenzerweiterung im Gefüge des NS-Regimes. Das Prinzip dieser Dauerkonkurrenz um Macht und Einfluß, sozial-darwinistisch legitimiert als »natürliche« Elitenauslese, vermochte nicht nur unerhörte Energie zu entfesseln, sondern auch eine zunehmende Brutalisierung der Machtdurchsetzung, die, auch unabhängig von den weltanschaulichen Zielsetzungen Hitlers, selbsttätig zur Radikalisierung der Maßnahmen des Regimes beitrug.

Vor allem die Rahmenbedingungen des Krieges und der Besatzungspolitik in weiten eroberten Gebieten des Ostens eröffneten dafür breiten Raum. Da schließlich auch – etwa bei der Frage, welcher Gauleiter und Reichsstatthalter in den besetzten Ostgebieten die besten Germanisierungserfolge vorweisen konnte oder welcher Gau des Altreichs zuerst »judenfrei« war – das durchgängige Konkurrenzprinzip des NS-Regimes zur Geltung kam, konnte sich Hitler auf den Automatismus, mit dem seine Gauführer und Gebietskommissare allgemeine weltanschauliche Zielsetzungen jeweils auf ihre Weise so schnell wie möglich zu realisieren suchte, weitgehend verlassen.

Aus diesen Voraussetzungen her ergab sich während des Krieges vor allem die Sonderstellung der SS und Sicherheitspolizei, die auch in einer elitären Sonderideologie Ausdruck fand. Der Rekurs auf den Ordens-Begriff, den Himmler zum Signum der SS-Erziehung machte, beinhaltete auch, daß den Mitgliedern dieses Ordens besonders, schwere Aufgaben anvertraut wurden, daß es zur »Ehre« und »Treue« dieses Ordens gehörte, gefeit gegen alle bürgerlichen und humanitären Skrupel, Weltanschauungsziele des Regimes, die der breiten Masse der Volks- und Parteigenossen nicht zumutbar waren, stellvertretend für das Ganze und die Zukunft des Volkes unerbittlich im geheimen durchzusetzen. Wohl nirgends sonst im Dritten Reich gelang die ideologische Umwertung des exzessiven Verbrechens zur selbstlosen weltanschaulichen Tat so weitgehend wie im Korps der SD-, SS- und Polizeiführer, von denen ein großer Teil akademische Ausbildung genossen hatte. Erkennbare sozialpsychologisches Hintergrundmotiv, das für solche Perversionen disponibel machte, war aber gerade in der SS-Führung der hier zum Äußersten angestachelte elitäre Ehrgeiz. Die tatsächliche Verfügungsgewalt über unerhörte Macht, die nicht nur Himmler oder Heydrich, sondern auch zahlreiche regionale und lokale Befehlshaber der Sicherheitspolizei und ihrer Einsatzgruppen oder Sonderkommandos während des Krieges innehatten, substantiierte das Bewußtsein, einer exklusiven, in die Geheimnisse der Macht eingeweihten Führungselite anzugehören. Und auf dem psychologischen Boden solcher Existenzerweiterung vermochte auch erst die Durchführung unvorstellbarer Massenverbrechen ideologisch legitimiert zu werden.

Hartmut Mehringer und Werner Röder

Gegner, Widerstand, Emigration

In ihrem »weltanschaulich« begründeten Ausschließlichkeitsanspruch sah die NSDAP »Gegner« nicht nur in jenen Gruppen, Organisationen, Ideologien und Einzelpersonen, die ihrer Herrschaft aktiv Widerstand leisteten, sondern auch in jenen, die sich nicht umfassend unterordneten oder politisch-weltanschaulich »neutral« zu bleiben versuchten. Das Judentum galt neben der »marxistischen« Arbeiterbewegung als Hauptfeind. Auf diese beiden Gegnergruppen richteten sich auch die unmittelbaren und permanenten Verfolgungsmaßnahmen des NS-Regimes: gegen die verbotenen Arbeiterparteien, auch weil sie als einzige von Anfang an organisierten Widerstand auf breiter Basis leisteten; gegen die Juden aufgrund der abstrusen »Erkenntnisse« und der archaischen Furcht- und Haßgefühle des Antisemitismus. Mit besonderem Haß schließlich verfolgte das NS-Regime Renegaten und ehemalige Konkurrenten aus dem völkischen Lager, vor allem abtrünnige Nationalsozialisten wie die Schwarze Front Otto Straßers. Das Spektrum der Gegner umfaßte darüber hinaus Vertreter der Kirchen, der alten bürokratischen und gesellschaftlichen Eliten und des Militärs – Einrichtungen, die auch nach der NS-Machtübernahme über ein starkes Eigengewicht verfügten; trotz partieller Übereinstimmung mit Zielsetzungen des Regimes wandten sie sich gegen bestimmte Methoden seiner Herrschaftspraxis bzw. gegen Eingriffe in ihre bisherige relative Autonomie und erwiesen sich gegenüber ideologischer Suggestionskraft und revolutionärem Veränderungsanspruch des Nationalsozialismus als mehr oder minder resistent. Prominente Angehörige der Weimarer bürgerlichen Parteien, Vertreter des »Liberalismus«, Anhänger des Monarchismus und Repräsentanten des Weimarer Kulturlebens waren ebenso das Objekt parteiamtlicher und staatspolizeilicher Aufmerksamkeit wie Freimaurer und Angehörige religiöser Sekten – etwa die Ernsten Bibelforscher, die generell den Kriegsdienst verweigerten: Rund die Hälfte der (1933) knapp 20000 Bibelforscher befand sich zwischen 1933 und 1945 in Haft, 4000–5000 kamen ums Leben. Anhänger jugendlicher Subkulturen, körperlich und geistig Behinderte, Zigeuner, Homosexuelle, sogenannte Arbeitsscheue und Gewohnheitskriminelle, all jene, die nicht in das nationalsozialistische Bild einer »heilen« Volksgemeinschaft paßten und als »Volksschädlinge« diskriminiert wurden, traf über die gewohnte gesellschaftliche Ächtung hinaus die massive staatliche (polizeiliche oder gesetzliche) Verfolgung. Von 1933 an gingen Polizei und Behörden mit »Schutzhaftmaßnahmen« gegen das sog. Bettler- und Hausiererunwesen vor, lösten Obdachlosenasyle, Arbeitshäuser und Verwahranstalten auf und verschubten ihre Insassen in Konzentrationslager.

Aktiver Widerstand gegen die nationalsozialistische Staatsmacht begann unmittelbar nach der Machtübernahme in den Reihen der Arbeiterbewegung. Die KPD, noch vor den letzten »freien« Wahlen im März 1933 ihrer Reichstagsmandate beraubt und massiver Verfolgung ausgesetzt, rief sofort zur illegalen Organisation auf. Obgleich selbst auch von Verfolgungsmaßnahmen betroffen, suchte die SPD sich zunächst in dem noch verbleibenden legalen Spielraum einzurichten. Dennoch stimmte sie – die KPD war ausgeschaltet – als einzige Partei im Reichstag gegen Hitlers Ermächtigungsgesetz. Gruppen aus der Partei und den aufgelösten Nebenorganisationen begannen, verstärkt nach dem endgültigen Verbot der SPD im Juni 1933, in Verbindung mit dem sozialdemokratischen Exil ebenfalls illegale Propaganda. Die linken Splittergruppen zwischen den beiden großen Arbeiterparteien (Sozialistische Arbeiterpartei Deutschlands [SAPD], Internationaler Sozialistischer Kampfbund [ISK], Neu Beginnen, Kommunistische Partei/Opposition [KPO] usw.) gingen zumeist schon Anfang 1933 in den Untergrund, zunächst vielfach besser vorbereitet als KPD und SPD.

Die erste Phase der Illegalität war insbesondere bei der KPD, aber auch bei der SPD, von illusionären Hoffnungen auf einen raschen Zusammenbruch des Regimes aufgrund seiner inneren Widersprüche, von Überschätzung des eigenen Rückhalts in der Arbeiterbevölkerung und mangelndem Verständnis für die völlig neuen Formen von Unterdrückung und Verfolgung durch eine totalitäre Staatsmacht gekennzeichnet. Man glaubte, analog zu früheren Verfolgungsphasen (Sozialistengesetz unter Bismarck, KPD-Verbote in der Weimarer Republik) auch unter dem NS-Regime weiter Massenpropaganda betreiben zu können, nur eben »illegal«. Nach Zerschlagung ihrer Parteiorganisation versuchte die KPD bis in die zweite Hälfte der dreißiger Jahre immer wieder, sie im Untergrund durch die Schaffung hierarchisch abgestufter Stadt-, Unterbezirks-, Bezirks- und Inlandsleitungen abbildgetreu wieder aufzubauen. Das hatte zur Folge, daß die Gestapo in diesen ersten Jahren illegale Organisationen meist ebenso rasch zerschlug, wie sie aufgebaut wurden, zumal es ihr vor allem bei kommunistischen Gruppen fast immer gelang, Spitzel an maßgeblicher Stelle zu plazieren oder solche Gruppen durch *agents provocateurs* selbst aufzubauen. Auch die sozialistischen Widerstandsgruppen fielen, obgleich sie im allgemeinen vorsichtiger agierten, dem Zugriff der Polizei meist schnell zum Opfer.

Die Folge solcher Fehleinschätzung waren zahllose Verhaftungen und Verurteilungen: Ende 1933 befanden sich allein zwischen 60000 und 100000 Kommunisten in deutschen Gefängnissen und Konzentrationslagern; 1935 bis 1938 verhaftete die Polizei – mit sinkender Tendenz – rund 40000 ehemalige KPD-Mitglieder, und nach (vermutlich zu hoch gegriffenen) SED-Angaben kamen von den 1932 rund 300000 KPD-Angehörigen in der NS-Zeit insgesamt 150000 in Haft. In der zweiten Hälfte der dreißiger Jahre waren aufgrund der ständigen polizeilichen Zugriffe, aber auch wegen abnehmender Resonanz angesichts der außen- und beschäftigungspolitischen Erfolge des Regimes, die Organisationsstrukturen des Arbeiter-Widerstands, wie sie sich nach 1933 herausgebildet hatten, fast überall zerschlagen. Lediglich einige Splittergruppen – so etwa die von Neu Beginnen initiierten »Revolutionären Sozialisten« in Süddeutschland – konnten sich aufgrund rechtzeitiger Umstellung auf die neuartigen Erfordernisse der Illegalität vereinzelt bis weit in die Kriegsjahre hinein halten. Im sozialistischen und kommunistischen Untergrund setzte sich die Erkenntnis durch, daß beim Ausbleiben einer Existenzkrise des Regimes politischer Widerstand nur unter Verzicht auf jede Form der Massenpropaganda durchzuführen sei und sich einstweilen auf die Wahrung von Zusammenhalt sowie der Bildung und Schulung von Kadern zu beschränken habe. Einen ähnlichen Lernprozeß erlebten Vertreter der deutschen Gewerkschaftsbewegung: Nach dem gescheiterten Anpassungsversuch und der Zwangsauflösung der Gewerkschaften zeigte sich sehr schnell, daß unter dem NS-Regime »illegale« Gewerkschaften nicht möglich waren; so konzentrierte man sich auf den Aufbau einer geheimen Reichsleitung und von Verbandsleitungen mit dem einzigen Ziel, einen Kern verläßlicher Vertrauensleute zusammenzuhalten.

Nach Kriegsausbruch waren die Verbindungen kommunistischer und sozialistischer Widerstandszirkel zur politischen Emigration abgeschnitten. Der Hitler-Stalin-Pakt von August 1939 lähmte insbesondere den kommunistischen Untergrund. Nach dem deutschen Überfall auf die UdSSR und dem Stocken des Vormarschs Ende 1941 glaubte man freilich die militärische Niederlage des Regimes in greifbarer Nähe: 1942/43 formierte sich in ehemaligen KPD-Hochburgen wie Berlin, Hamburg, Sachsen und dem Rhein-Ruhr-Gebiet eine Reihe regional übergreifender kommunistischer Kadergruppen, die zum Teil miteinander in Verbindung standen und zeitweise sogar eine Art neuer Inlandsleitung hervorbrachten; zu ihnen stießen auch einige Emissäre des Zentralkomitees der KPD im Moskauer Exil. Soweit die Quellen hier Aufschluß geben, scheinen diese kommunistischen Kader allerdings einen spezifisch deutschen Arbeiterkommunismus als Ziel anvisiert und keinesfalls jene Positionen geteilt zu haben, die das emigrierte ZK nach 1945 zum Erfüllungsgehilfen sowjetischer Interessenpolitik machen sollten. Auch Vertreter des sozialistischen Untergrunds sahen im Angriff Deutschlands auf die UdSSR den Anfang vom Ende des NS-Regimes; das galt auch für die nationalrevolutionäre Rechte (Beppo Römer u. a.), die zum Teil schon kurz vor 1933 in den »Aufbruch-Arbeitskreisen« die Verbindung zur KPD gefunden hatte und aufgrund ihrer Ideologie der Verbindung von nationalem Gedanken, sozialer Revolution und Unabhängigkeit Deutschlands von Westeuropa einen Bündnispartner für den »nationalen« Kommunismus der KPD-Kader abgab.

Auch die breite Widerstandsbewegung, die ihren Kulminationspunkt in dem gescheiterten Attentat auf Hitler am 20. Juli 1944 fand, reichte bis in die Vorkriegszeit zurück. Waren die Aktivitäten einzelner konservativer NS-Gegner, die meist vom Ausland her die Wehrmacht bzw. das Offizierskorps zum Widerstand aufzurufen versuchten, zunächst ohne Resonanz geblieben, so formierte sich am Vorabend der Sudetenkrise ein Kern von politisch oppositionellen Offizieren, der Vorbereitungen zum Sturz Hitlers im Kriegsfalle traf. Als dieser Plan aufgrund der unerwarteten Nachgiebigkeit der Westmächte infolge des Münchner Abkommens scheiterte und auch später immer wieder zurückgeworfen wurde, nahmen diese Offiziere Verbindungen zu Hitler-Gegnern der verschiedensten Lager auf, zu konservativen hohen Beamten wie zu Vertretern der Arbeiterbewegung. Das oppositionelle Spektrum, das ein programmatisches Forum im »Kreisauer Kreis« um Helmuth von Moltke fand, umfaßte neben hohen Offizieren (Abwehrchef Admiral Wilhelm Canaris, General Hans Oster, Generaloberst Ludwig Beck, Generalmajor Hans Henning von Tresckow, dem späteren Hitler-Attentäter Claus Graf Schenk von Stauffenberg u. a.) und Diplomaten (Ulrich von Hassell, Friedrich von der Schulenburg, Adam von Trott zu Solz u. a.) Weimarer Politiker wie den deutschnationalen ehemaligen Oberbürgermeister von Leipzig Carl Friedrich Goerdeler und ehemals maßgebliche Sozialdemokraten und Gewerkschaftler wie Wilhelm Leuschner, Julius Leber, Carlo Mierendorff, Theodor Haubach sowie Vertreter der ehemaligen Zentrumspartei und der katholischen und evangelischen Kirche.

Die gescheiterte Verschwörung mit dem Fehlschlag des Attentats auf Hitler am 20. Juli 1944 wäre falsch bewertet, würde man in ihr primär nur den Versuch einiger Offiziere sehen, angesichts des verlorenen Krieges im letzten Augenblick das Steuer herumzureißen. Das würde der breiten zivilen, politischen und gesellschaftlichen Basis der Widerstandsbewegung nicht gerecht: In fast allen größeren Städten standen Vertrauensleute – vor allem aus den ehemaligen freien und christlichen Gewerkschaften – bereit, um nach dem Staatsstreich lokale Führungsaufgaben zu übernehmen. Insbesondere in dem christlich und sozial geprägten »Kreisauer Kreis« war die Überwindung der traditionellen Klassenschranken als Voraussetzung eines neuen demokratischen Grundkonsensus ähnlich den Konzeptionen des nichtkommunistischen Exils programmatisches Gemeingut. Die Widerstandsbewegung des 20. Juli war somit nicht nur unter dem Gesichtspunkt, daß sie allein reale Durchsetzungschancen besaß, Höhepunkt der Opposition im Dritten Reich – wie problematisch die politischen Ordnungsvorstellungen einzelner ihrer nationalkonservativen Vertreter aus heutiger Sicht auch anmuten mögen. Ein Gelingen des Umsturzes hätte darüber hinaus Millionen Menschen das Leben gerettet – kosteten doch die letzten Monate des Krieges und der NS-Herrschaft schwerere Opfer als die Jahre zuvor.

Die Gegnerschaft zum NS-Regime drückte sich allerdings nicht nur in illegalen Gruppen und konspirativem Widerstandshandeln aus. Weniger spektakulär, in den Auswirkungen jedoch sicherlich gewichtiger, war die weniger fundamentale, oft nur partielle Opposition von Gruppen, Institutionen und Richtungen bis hin zur privaten *reservatio mentalis*, die sich unter den Begriffen »Resistenz« oder »gesellschaftliche Verweigerung« fassen läßt. In einzelnen Bereichen stieß der totale Staat mit seinem Anspruch auf omnipotente Regelkompetenz auf Schranken, die in gesellschaftlichen Strukturen, Bewußtseinstraditionen, sozialen Verkehrsformen, kollegialem oder milieuspezifischem Zusammengehörigkeitsgefühl usw. begründet waren und die er nicht oder nur zum Teil zu durchbrechen vermochte.

In diesem Bereich gesellschaftlicher oder institutioneller Verweigerung kam insbesondere das oppositionelle Gewicht der Kirchen zum Tragen. Von ihrer theologischen Position und konservativ-ständischen Prägung her standen sie dem »neuen Staat« zunächst durchaus wohlwollend gegenüber, zumal er um ihre Unterstützung zumindest verbal sehr bemüht war. Konflikte mit dem Regime entzündeten sich bald vor allem an Fragen, die die bisherige Autonomie der Kirchen betrafen – so an den konfessionellen Jugendgruppen, deren Existenz dem Monopolanspruch der Hitlerjugend zuwiderlief, an der außerkirchlichen Gemeindearbeit, aber auch an der Weigerung des Regimes, getaufte Juden, auch wenn sie Geistliche geworden waren, von rassischer Verfolgung auszusparen, und am Euthanasieprogramm, von dem auch die Insassen kirchlicher Heime und Bewahranstalten betroffen waren.

Als Institutionen traten die Kirchen nicht in offenen Konflikt mit dem Regime; die allgemeine Judenverfolgung wurde lediglich von einzelnen, zum Teil hochrangigen Angehörigen der katholischen und der evangelischen Geistlichkeit angeprangert und von kirchlichen Einrichtungen nur durch unauffällige Hilfsaktionen für rassisch Verfolgte beantwortet.

Einzelne Amtsträger der Kirchen waren auch im aktiven Widerstand zu finden – so gehörten Dietrich Bonhoeffer und Alfred Delp SJ zu dem Kreis der Widerstandsbewegung des 20. Juli. Die eigentliche Bedeutung der Kirchen für die Opposition gegen den Nationalsozialismus lag in der von ihnen ausgehenden moralischen Bekräftigung als Bewahrer christlicher Ethik und bestimmter Freiräume innerhalb einer gleichgeschalteten Öffentlichkeit.

Die Beharrungskraft etwa des katholisch-agrarischen Milieus, die 1941 in Bayern die NS-Obrigkeit bei ihrem Versuch, die Kruzifixe aus den Schulen zu entfernen, den kürzeren ziehen ließ, gehört ebenso zu den Formen dieses »Konfliktes zwischen Herrschaft und Gesellschaft« wie die Wahrung von Solidaritätsformen in Arbeiterwohnvierteln oder in Betrieben bis hin zu gezielter Verzögerung des Arbeitstempos oder individuellen Sabotageakten in der Kriegsproduktion. Hierzu zählen auch Protest und Verweigerung von Jugendlichen (die Edelweißpiraten im Rheinland, die »Swingjugend« und andere oppositionelle Jugendcliquen vor allem in der Kriegszeit), die stillschweigend-augenzwinkernde Solidarität von »Schwarzhörern« angesichts des nationalsozialistischen Nachrichtenmonopols oder die individuelle Hilfe für Opfer der Verfolgung, die nicht selten unter hohem persönlichem Risiko geleistet wurde.

Neben organisierter Opposition und passiver Resistenz war die Emigration eine weitere Reaktionsform für NS-Gegner und Verfolgte. Für die mehr als 500000 jüdischen Deutschen, nach der Arbeiterbewegung die zweitgrößte »Gegnergruppe« aus der Sicht der NSDAP, erwies sich die Auswanderung als einzige Alternative zu Entrechtung, geistiger und psychischer Erniedrigung und Bedrohung von Leib und Leben. Denn die NS-Rassenideologie schloß ein Arrangement selbst nationalkonservativ gesinnter Juden mit dem Regime aus. Die Juden in die Emigration zu treiben, war ein wesentlicher Zweck der kontinuierlich verschärften antisemitischen Maßnahmen in den Vorkriegsjahren. Daß die jüdische Auswanderung mit Quoten von wenig mehr als 20000 Emigranten jährlich eine für die Machthaber unbefriedigende Entwicklung nahm, ist nur zum Teil auf die rechtlichen und wirtschaftlichen Hindernisse zurückzuführen, die die deutsche Bürokratie und mehr noch die möglichen Einwanderungsländer einer Emigration in den Weg legten: Der schrittweise Rückzug auf immer beschwerlichere Positionen des Ausharrens in der Heimat war für viele deutsche Juden die ihnen möglich erscheinende Form des Widerstands gegen das NS-Regime. Wenn sich schließlich nach dem Entzug auch der letzten Existenzgrundlagen und nach jahrelang sich steigerndem sozialem und psychischem Druck die Emigration als unausweichlich, als einziger Ausweg neben dem von vielen gewählten Freitod erwies, war in der Regel auch das Potential an Identifikationsmöglichkeiten mit dem Heimatland und den Deutschen erschöpft; die Auswanderung wurde zu einem Akt der Trennung, die Erinnerung an Deutschland zur Leidensgeschichte. Diese Haltung nahm bei der Mehrheit der jüdischen Emigranten Endgültigkeit an, als das zuvor für die meisten Juden und Deutschen Unvorstellbare unbezweifelbar geworden war: die Ablösung der nationalsozialistischen Verdrängungspolitik durch den Versuch, im Verlauf des Zweiten Weltkriegs das Judentum im besetzten Europa physisch zu vernichten. Wer – vor allem unter den jüngeren – auf die NS-Rassenlehre durch das Bekenntnis zum Zionismus geantwortet hatte, begriff seine Auswanderung von vornherein als notwendigen Schritt zur Verwirklichung einer neuen jüdischen Identität. Mit ihren über 500000 Auswanderern (etwa 330000 aus Deutschland, 150000 aus Österreich und 25000 aus den Sudetengebieten) markiert deshalb die jüdische Emigration den Abbruch einer historischen Entwicklung, das Ende der jüdischen Akkulturation im deutschsprachigen Mitteleuropa.

Fortwirkende Beziehungen zum Dritten Reich und zu seinen

Nachfolgestaaten bestanden dagegen bei den beiden anderen Gruppierungen der deutschsprachigen Emigration: der Kulturemigration und dem politischen Exil. Durch das »Gesetz zur Wiederherstellung des Berufsbeamtentums«, die Errichtung der Reichskulturkammer als ständischer Zwangsorganisation und eine Reihe von weiteren Maßnahmen gegen die Verbreitung »entarteter« Kultur entzog das Regime ab 1933 einer großen Zahl von repräsentativen Schriftstellern, Künstlern und Wissenschaftlern der Weimarer Jahre zunehmend Arbeits- und Erwerbsmöglichkeiten. Vielen anderen stellte sich die Frage, ob sie sich in ihrem weiteren Schaffen der NS-Kulturpolitik beugen und so das Risiko der kreativen Verkümmerung und der Isolierung vom internationalen Standard der Künste und Wissenschaften auf sich nehmen sollten. Für die Entscheidung zur Emigration war die oft parallele Gefährdung durch jüdische Abstammung häufig nicht der ausschlaggebende Anlaß. Ebenso wie gesellschaftlich engagierte Schriftsteller, Künstler moderner Schulen und fortschrittliche Exponenten der Sozial- und Geisteswissenschaften primär aufgrund ihrer Werkinhalte vom Regime angegriffen wurden, sahen sich viele von ihnen auch oder in erster Linie als Gegner des Nationalsozialismus und ihre Emigration als einen Akt des Widerstands gegen seinen kulturellen Totalitätsanspruch. Darüber hinaus blieben manche schon allein durch ihr »Produktionsmittel«, die Muttersprache, an den Entwicklungen in Deutschland interessiert. Mit den über 5000 Emigranten, die zur kulturellen Elite des deutschsprachigen Mitteleuropas zählten, darunter 30 damalige und spätere Nobelpreisträger, bereitete sich das Dritte Reich nicht nur einen empfindlichen Aderlaß an wissenschaftlicher und künstlerischer Kreativität. Die Fortführung eines dem Nationalsozialismus feindlichen deutschsprachigen Kultur- und Geisteslebens im Ausland konterkarierte die internationale Propaganda des »Neuen Deutschland« erheblich. Vor allem das Auftreten der wohl über 2000 Emigranten aus literarischen und publizistischen Berufen entwickelte sich zusammen mit den Aktivitäten des eigentlichen politischen Exils zu einem nicht unwesentlichen Störfaktor für die NS-Außenpolitik. Darüber hinaus ist die Kulturemigration zu einem kaum zu unterschätzenden Förderer der Modernisierung und Internationalisierung von Wissenschaft und Kultur in Deutschland nach 1945 geworden. Die persönliche Rückkehr einzelner und mehr noch die in diesem Zusammenhang oft nicht bewußt gemachte Rezeption des Werks ehemaliger Emigranten, das häufig spezifisch deutsche Ausgangspunkte mit den Erfahrungen einer Periode freien Wirkens außerhalb der NS-Diktatur verband, trugen nach Kriegsende nachhaltig zur Revitalisierung des kulturellen Lebens in Deutschland bei.

Anlaß für die erste Welle der politischen Emigration war die akute Gefährdung jener, die als »Novemberverbrecher« galten oder als prominente Politiker, demokratische Verwaltungsbeamte, »Kulturbolschewisten« und literarische Exponenten der Linken sich einen Ruf als Gegner des Nationalsozialismus erworben hatten; hinzu kam die Bedrohung vieler KPD-, SPD- und Gewerkschafts-Funktionäre, die auf lokaler Ebene als militante Antifaschisten bekannt waren und nun persönliche Racheakte befürchten mußten. Nach dem Reichstagsbrand überschritten Tausende als Touristen getarnt oder illegal die jeweils nächsten Grenzen. Ihre Flucht war auch innerhalb der großen Parteien noch unorganisiert. SPD, KPD und die Splittergruppen der Linken erweiterten angesichts zunehmender Behinderung ihrer Organisations- und Pressearbeit ab Frühjahr 1933 ihren Aktionsspielraum durch Vertretungen und Stützpunkte im benachbarten Ausland. Ab Sommer 1933 wurden diese Auslandsvertretungen durch die planmäßige Ausreise gefährdeter Spitzenfunktionäre verstärkt, bis sie nach den endgültigen Parteiverboten den Charakter von Auslandsleitungen bzw. Parteivorständen im Exil annahmen. Im Rahmen einer dritten Abwanderungsphase, die von 1934 bis in die Kriegsjahre hinein andauerte, erhielt die »Parteiemigration« Zuzug durch geflüchtete Mitglieder der Widerstandsorganisationen. Neben den Parteien und Verbänden, die das Gesamtspektrum der Linken in der Weimarer Republik verkörperten, fanden sich auch Vertreter der bürgerlichen Politik bis hin zu oppositionellen NSDAP-Mitgliedern in der Emigration wieder.

Die Zahl der sozialdemokratisch und gewerkschaftlich organisierten Emigranten wurde Ende 1933 auf 3500 Personen geschätzt. 1935 befanden sich neben etwa 65 000 rassisch verfolgten Emigranten aus Deutschland 5000–6000 Sozialdemokraten, 6000–9000 Kommunisten und fast 5000 Oppositionelle anderer Richtungen als Flüchtlinge im Ausland. Bis kurz vor Beginn des Krieges dürften annähernd 30000 Menschen das Deutsche Reich, Österreich und die deutschsprachigen Teile der Tschechoslowakei als politische Emigranten verlassen haben.

In der Vorkriegsphase stand bei allen Exilorganisationen der Kontakt zum Widerstand im Inland an erster Stelle der Bemühungen. Mit Hilfe besoldeter Grenzfunktionäre in der ČSR, in Dänemark, den Niederlanden, in Belgien, Luxemburg, Frankreich und in beschränktem Maße auch von Polen, Österreich und der Schweiz aus versuchte man, Informations- und Propagandamaterial in Umlauf zu bringen. Kuriere und Instrukteure bemühten sich um ständige Verbindungen zu den Widerstandskreisen im Inland, um den Aufbau neuer Organisationen und um vertrauliche Nachrichten über politische und wirtschaftliche Entwicklungen.

Eine gewiß größere Beeinträchtigung nationalsozialistischer Interessen als die Organisationstätigkeit im Reich bewirkte die »Offensive der Wahrheit«, der publizistische Kampf gegen das Regime im Ausland. Weit über 400 Zeitungen, Zeitschriften, Nachrichtendienste, Rundbriefe und Bulletins konnten bisher allein für die reichsdeutsche Emigration namhaft gemacht werden. Die wichtigsten Periodika, oftmals Fortsetzungen der ehemaligen Parteiorgane oder angesehener politisch-kultureller Zeitschriften, erreichten neben einem deutschsprachigen Publikum in der Tschechoslowakei, in Polen, in der Schweiz, im Saargebiet und in Österreich auch Politiker, Behörden und Redaktionen des Auslands. Pressedienste, Verlautbarungen, Rednerauftritte, die Beiträge emigrierter Journalisten in Presse und Rundfunk der Asylländer, Bücher prominenter Politiker und Autoren sowie Erlebnisberichte von Verfolgten kamen hinzu.

Die intensiven Abwehrmaßnahmen beweisen, daß das Dritte Reich zumindest die potentielle Gefährdung seiner Ziele durch die politische Emigration recht hoch einschätzte. Die schon im Mai 1933 angeordnete Erfassung der politischen Emigranten sowie Infiltrations- und Bestechungsversuche, Entführungs- und Mordaktionen jenseits der Grenzen, gezielte Gegenpropaganda, diplomatische Interventionen, Zusammenarbeit der Gestapo mit Polizei- und Ausländerbehörden der Asylstaaten und Ausbürgerungen sollten den Aktivitäten des Exils die Grundlagen entziehen.

Die Diskussionen, Konflikte und theoretisch-ideologischen Überlegungen innerhalb der politischen Emigration hatten sich zunächst der Frage nach den Gründen für das Scheitern der eigenen Bewegung in der Heimat zugewandt. Mit Ausnahme der kommunistischen Parteien, die den Sieg der Reaktion 1933/34 als weiteren Schritt der kapitalistischen Gesellschaft in ihre unvermeidbare Krise begriffen, führte die Niederlage zur Selbstkritik an den politischen Strategien seit dem Ersten Weltkrieg und vorübergehend auch zu einer Rückwendung zu linken Traditionen des politischen Denkens und zu radikalen Forderungen an eine künftige Innen-, Wirtschafts-, Sozial- und Kulturpolitik. Zu den bleibenden Ergebnissen der historischen Aufarbeitung gehörte in fast allen Lagern des Exils die Erkenntnis, daß der Sieg der Diktatur wesentlich und zwangsläufig auf die Isolierung der eigenen Bewegung zurückzuführen sei. Neben gewissen gedanklichen Experimenten unter dem Eindruck der faschistischen Erfolge in Richtung auf einen »Volkssozialismus« förderten diese Überlegungen zunächst aber nur den Anspruch der einzelnen Linksparteien, die notwendige politische Einheit der Arbeiterbewegung jeweils unter Führung der eigenen Gruppierung herzustellen. Organisatorisch am weitesten gediehen die Bündnisversuche des Exils, nachdem die Komintern auf ihrem 7. Weltkongreß im Sommer 1935 ihren »ultralinken« Kurs nicht nur durch die Forderung nach der Einheitsfront der Arbeiterbewegung, sondern darüber hinaus durch den Ruf nach einer Volksfront aller Hitler-Gegner ersetzt hatte. Es zeigte sich jedoch bald, daß die nur taktische Annäherung der KPD an parlamentarisch-demokratische Prinzipien ohne ein glaubwürdiges Abgehen vom Ziel der Diktatur des Proletariats den Gegensatz zur Sozialdemokratie nicht überbrücken konnte: Die zeitweilige Kooperation zwischen Vertretern der KPD und einzelnen bürgerlichen und sozialdemokratischen Exilpolitikern – so vor allem in Paris innerhalb der Deutschen Volksfront – scheiterte am Führungsanspruch der kommunistischen Partner ebenso wie am klarsichtigen Mißtrauen des Prager Parteivorstands der

Exil-SPD. Wirklich neue politische Konzeptionen und in die Zukunft übergreifende Entwicklungen sind erst nach 1941, in der zweiten Phase des Exils, zu verzeichnen.

Im Unterschied zur ersten Periode konzentrierten sich die nichtkommunistischen Parteien und Gruppen während des Zweiten Weltkriegs auf die interne Diskussion. Bei ihren Versuchen, das Meinungsbild in den Gastländern zu beeinflussen, hatten in der Vorkriegszeit noch die Aufklärung über die Verbrechen des Nationalsozialismus und die Forderung nach einer kompromißlosen Haltung der Demokratien im Vordergrund gestanden; nunmehr überwogen die Propagierung des »Anderen Deutschland« und die Fragen einer künftigen Nachkriegsordnung in Europa. Sieht man von der Schweiz und von Schweden ab, die allerdings »illegale« Aktionen gegen das Dritte Reich als Verletzung ihrer Neutralität strafrechtlich verfolgten, war ein direkter Kampf gegen den Nationalsozialismus in der Regel nur im Rahmen der alliierten Kriegführung möglich. So haben einzelne aus den Exilparteien und ihnen nahestehende Intellektuelle ihren persönlichen Beitrag zur Niederwerfung des NS-Regimes als Mitarbeiter von Propagandaeinrichtungen, als Berater bei kriegswichtigen Behörden oder im Dienst der alliierten Streitkräfte zu leisten versucht. Die Exilvertreter der demokratischen Parteien und der Freien Gewerkschaften machten dagegen eine organisierte Zusammenarbeit mit den militärischen Gegnern Hitlers von einem Mindestmaß politischer Übereinstimmung bzw. autonomen Handlungsspielraums abhängig. Da Amerikaner, Briten und die tschechoslowakische Exilregierung aus grundsätzlichen Erwägungen eine auch nur einigermaßen selbstbestimmte Mitwirkung deutscher Organisationen an ihrem Kampf gegen das Dritte Reich ablehnten, waren deren Aktionsmöglichkeiten somit äußerst begrenzt.

Das ambivalente Verhältnis des Exils zu den Kriegszielen der Alliierten war schon in seinen Positionsschriften zu Ende der dreißiger Jahre vorgezeichnet. Neben den Kommunisten mit ihrer bis 1941 von Moskau bestimmten Definition des »imperialistischen Krieges« sahen auch die übrigen politischen Gruppen die militärische Auseinandersetzung mit dem Dritten Reich mehr oder weniger als traditionellen Interessenkonflikt zwischen imperialistischen Mächten und nicht ausschließlich als »Bürgerkrieg zwischen Demokratie und Diktatur«. Andererseits gingen sie aber auch davon aus, daß die Kette der äußeren Erfolge des Regimes nur durch den militärischen Widerstand des Auslands gebrochen werden könne und dem Sturz des Nationalsozialismus durch die deutsche Opposition Rückschläge an den Fronten als auslösendes Moment vorangehen müßten. Nach dem Wahlspruch »Für Deutschland, gegen Hitler!« ergab sich daraus eine zwangsläufige Solidarität mit dem militärischen Kriegsziel der Alliierten. Bis 1943 sahen die Exilgruppen auch in deren Erklärungen über die Friedensziele durchaus Voraussetzungen für den Aufbau eines unabhängigen, demokratischen Deutschland innerhalb einer kooperativen europäischen Staatengemeinschaft. Es galt, in diesem Sinne um Vertrauen für die selbstregenerativen Kräfte des »Anderen Deutschland« zu werben. Der Kampf gegen die »vansittartistische« These von der grundlegend autoritären, militaristischen, imperialistischen und humanitätsfeindlichen Natur des deutschen Volkes und seiner Kollektivschuld an Aufstieg und Untaten des Nationalsozialismus wurde deshalb zu einem der Hauptanliegen des Exils. Nachdem auf der Konferenz von Teheran Ende 1943 das Einverständnis der Mächte über die Abtretung deutscher Gebiete an Polen und Pläne zur Aufteilung des Reichs bekannt geworden waren, versuchten die nichtkommunistischen Exilgruppen, dem durch Proteste und Memoranden entgegenzutreten. Mit der Einsicht in die Vergeblichkeit solcher Aktionen wurde die antifaschistische Periode des Exils von einer Phase des demokratischen Patriotismus abgelöst, der zwar weiterhin den Nationalsozialismus als Hauptfeind begriff, in erster Linie aber die politische Selbstbestimmung, die territoriale Unversehrtheit und die materielle Existenzmöglichkeit des deutschen Nationalstaats in den Mittelpunkt seiner Überlegungen stellte. Die Haupttätigkeit der Exilorganisationen galt deshalb ab 1943 der Ausarbeitung von politischen, sozialen und wirtschaftlichen Plänen und Programmen für eine autonome deutsche Nachkriegsrepublik. Sie sollten den demokratischen Kräften in der Heimat eine einsatzfähige Konzeption in die Hand geben und den Westmächten nach dem erwarteten Fiasko ihrer Besatzungspolitik als Alternative dienen.

Denn trotz aller harten Bedingungen, die Washington und London dem besiegten Deutschland zu diktieren gedachten, lag für die sozialdemokratische Führung die langfristige Zukunftsperspektive im deutschen Bündnis mit den westlichen Demokratien: Zum einen setzte sie ihre Erwartungen in den wirtschaftlichen und politischen Zwang zu einer Föderation der mittel- und westeuropäischen Staaten unter Einschluß Deutschlands; zum anderen aber sah man voraus, daß die Westmächte sehr bald in Konflikte mit der expansiven Sowjetunion gerade in Europa verwickelt sein würden. Gewisse Revisionen des Kriegsergebnisses zugunsten eines demokratisch orientierten Deutschland sollten dann möglich sein. Während mehrjähriger interner Beratungen, die vor allem in London zwischen der Exil-SPD, den linken Sondergruppen SAPD, Neu Beginnen und ISK sowie der Landesgruppe deutscher Gewerkschafter stattfanden, ergaben sich die Grundlinien einer sozialdemokratischen Einheits- und Volkspartei. Sie sollte nicht nur die Interessen einer Mehrheit jenseits der traditionellen Industriearbeiterschaft vertreten, sondern sich auch in ihrem weltanschaulichen Selbstverständnis dem pluralistischen Prinzip öffnen.

Was vor 1939 nur festes Prinzip der sozialdemokratischen Führung gewesen war, wurde bis Kriegsende einigender Grundsatz aller sozialistischen Gruppierungen im Exil: die Ablehnung jedes Bündnisses mit einer unter sowjetischem Einfluß stehenden KPD, die in der Kriegszeit ihrerseits ihr Bündniskonzept auf die Zusammenarbeit mit bürgerlichen Kräften unter Gleichschaltung oder Ausschluß der Sozialisten reduziert hatte. Es erlebte einen vorübergehenden Aufschwung durch die Moskauer Gründung des Nationalkomitees »Freies Deutschland« im Juli 1943, nach dessen Muster bald Freie Deutsche Bewegungen in den westlichen Exilländern entstanden. Entscheidendes Moment waren dabei die weitgehenden Zugeständnisse, die die Sowjetunion einer wirksamen deutschen Widerstandsbewegung einzuräumen bereit schien. Angesichts der zu erwartenden harten Haltung der Westmächte gegenüber einem besiegten Deutschland weckte der sowjetische Schritt gerade bei nationalgesinnten Kreisen des Exils Hoffnungen auf ein neues Tauroggen. Die Moskauer Deutschlandpolitik ab 1944 entzog schließlich auch dieser Koalition jede Grundlage.

Die Aktivitäten des politischen Exils blieben insofern ebenso ohne meßbaren Erfolg wie das konspirative Widerstandshandeln illegaler Gruppen in Deutschland, als nicht zu erkennen ist, daß durch sie die Dauer der NS-Herrschaft oder des Krieges verkürzt worden wäre. Sie waren deshalb aber nicht vergeblich. Neben den Konzeptionen politischer Neuordnung, wie sie vor allem im westeuropäischen Exil entwickelt wurden, lieferten die Erfahrungen des innerdeutschen Widerstands und die Opfer, die in diesem ungleichen Kampf gebracht wurden, wesentliche moralische und politische Grundlagen für den intellektuellen und politischen Neuanfang nach 1945.

Norbert Frei

Die Juden im NS-Staat

Diskriminierung und Verfolgung von Juden hatte es in der Antike wie im Mittelalter gegeben, und pseudowissenschaftliche Rassetheorien hatten vermeintlich große Geister wie Graf Gobineau und Eugen Dühring schon seit Mitte des 19. Jahrhunderts verkündet. Die völkisch-alldeutschen Vorläufer der NSDAP hatten daran angeknüpft. Daß der nationalsozialistische Antisemitismus darüber hinauszielte, war vor 1933 erkennbar – doch kaum, in welch furchtbarer Weise er sich am Ende von allem Dagewesenen unterscheiden sollte.

In den letzten Jahren der Weimarer Republik hatte die zur Massenpartei anwachsende Hitler-Bewegung die Sujets ihrer Propaganda hauptsächlich in den Auswirkungen der verheerenden Wirtschaftskrise gefunden. Die antijüdische Agitation war darüber eher in den Hintergrund getreten, und noch in den ersten Wochen nach dem 30. Januar 1933 konnte es scheinen, als werde der aggressive, zur politischen Heilslehre erhobene Antisemitismus aus der Frühphase der NSDAP relativ folgenlos bleiben: Das Hauptinteresse des neuen Kanzlers und seiner Koalitionspartner galt der Ausschaltung der politischen Linken, hinter der nach Hitlers Überzeugung allerdings das »jüdische Element« als Drahtzieher steckte. Schlagworte wie »jüdisch-bolschewistische Weltverschwörung«, »Novemberverbrecher« und »Judenrepublik« brachten das zum Ausdruck.

Anstöße zur »Vorbereitung einer bewußt völkischen Gesetzgebung« kamen am Tag nach der Reichstagswahl vom 5. März von seiten der DNVP, die einen Zuwanderungsstopp für Ostjuden erwirkte. Was im Gefolge der Wirtschaftskrise Preußens SPD-Regierung zu Forderungen nach Zuzugsbeschränkungen bewogen hatte, besaß schon seit Papens Preußenschlag eine neue Stoßrichtung: Im Herbst 1932 empfahl der Reichsinnenminister für die »Angehörigen niederer Kultur«, namentlich die Ostjuden, eine Mindestniederlassungsdauer von 20 Jahren als Voraussetzung der Einbürgerung; wenig später machten neue Richtlinien zur Namensänderung in Preußen sogar den Nachweis »arischer« Abstammung erforderlich.

Die seit dem Ersten Weltkrieg aus Polen zugewanderten Ostjuden waren Objekt eines Antisemitismus auch von Kreisen, die den assimilierten deutschen Juden vergleichsweise vorurteilsfrei gegenüberstanden. Besonders jedoch bei der reaktionären Rechten blühte eine wirtschaftlich motivierte Hetze gegen die schon äußerlich den Eindruck von Rückständigkeit, Armut und sozialer Deklassierung erweckenden ostjüdischen Tagelöhner, Straßenhändler und Bettler, die zu einem Ghetto-Dasein am Rande des Existenzminimums gezwungen waren. Das bösartige Klischee der »jüdischen Fratze«, auf Plakaten der DNVP schon zu finden, als die NSDAP noch Splitterpartei war, diente zugleich dem Bedürfnis, die völlige Integration des emanzipierten jüdischen Bürgertums in die deutsche Gesellschaft aufzuhalten. Von daher sahen selbst assimilierte Juden, zumal konservativ-nationalbewußte, im Zustrom der Ostjuden eine Störung ihrer Interessen.

Trotz dieses Zuzugs nahm der Anteil der Juden an der deutschen Gesamtbevölkerung schon seit 1880 ständig ab. Seit Mitte der zwanziger Jahre war auch ihre absolute Zahl rückläufig. 1933 gab es nur noch 503000 Juden in Deutschland, das entsprach einem Bevölkerungsanteil von 0,76 Prozent. Wenn die antisemitische Propaganda es dennoch verstand, das Zerrbild »jüdisch verseuchter« Berufsgruppen, Gesellschaftsschichten und Stadtviertel zu zeichnen, so war dies die Folge einer Konzentration jüdischen Lebens in Großstädten (bei einem Bevölkerungsanteil von 3,8 Prozent lebten 1933 allein in Berlin 31 Prozent aller deutschen Juden) und einer überdurchschnittlichen Repräsentanz der Juden in einigen wenigen, aber sozial angesehenen Berufen. Vor allem unter Medizinern und Rechtsanwälten nahmen Juden eine besondere Stellung ein: Fast jeder Deutsche kannte und viele konsultierten einen jüdischen Arzt oder Rechtsanwalt; 1933 betrug deren

Anteil an den jeweiligen Erwerbspersonen 16,3 bzw. 10,9 Prozent. Überproportional viele Juden arbeiteten auch als Selbständige und Freischaffende in kaufmännischen und künstlerischen Berufen. Zweifellos prägten Juden das deutsche Wirtschaftsleben maßgeblich mit und schufen Hervorragendes in Wissenschaft und Kunst. Dies vor allem ist gemeint, wenn im Rückblick auf die Weimarer Republik der kulturelle Glanz einer unwiderruflich zerstörten deutsch-jüdischen Symbiose gerühmt wird.

Wie bedroht diese Symbiose war, zeigte sich schon vor dem Aufstieg der NSDAP etwa an den deutschen Universitäten, wo der NSD-Studentenbund soziale Neidgefühle mit großer Resonanz in antisemitische Parolen ummünzte. Und nicht von ungefähr hatte der Centralverein deutscher Staatsbürger jüdischen Glaubens, die bedeutendste jüdische Organisation der Weimarer Republik, eine Rechtsschutzstelle eingerichtet und vielfältige Aufklärungs-Aktivitäten gegen antisemitische Verleumdungskampagnen entwikkelt.

Terroristische Ausschreitungen der aufgehetzten nationalsozialistischen Basis, die im März 1933 auch, aber keineswegs in erster Linie, jüdische Lokalhonoratioren und Geschäftsleute trafen, mündeten am 1. April erstmals in einer zentral gelenkten, speziell antijüdischen Aktion: Joseph Goebbels, Chef des neugegründeten Propagandaministeriums, und der Nürnberger Gauleiter Julius Streicher als Vorsitzender eines eigens gebildeten »Zentralmitees« organisierten in der Woche nach dem Ermächtigungsgesetz einen großangelegten Boykott jüdischer Geschäfte. Den Loyalitätsbekundungen jüdischer Verbände zum Trotz wurde der von Hitler gebilligte Boykottaufruf am 31. März veröffentlicht. Goebbels »begründete« die auf mehrere Tage angesetzte Aktion bei Beginn in einer Rundfunkrede mit der Behauptung, das deutsche Volk setze sich damit gegen die ausländische Greuelhetze über angebliche Judendiskriminierungen im Reich zur Wehr. Seine zynische These, ohne einen planmäßigen Boykott stünden unkontrollierbare Demonstrationen der »Volkswut« zu erwarten, lenkte von den Tatsachen ab: Die »aufgebrachten Mengen«, von deren Gewaltmaßnahmen auch gegen jüdische Richter und Beamte schon seit Tagen in Polizeiberichten die Rede war, entpuppten sich stets als gezielt vorgehende Parteitrupps und SA-Horden. Die große Mehrheit stand schweigend abseits. Latenter, gleichsam »traditioneller« Antisemitismus hinderte sparsame Hausfrauen keineswegs, gerade noch vor dem Boykott in billigen jüdischen Textilgeschäften und großen Warenhäusern einzukaufen. Darin zeigte sich eine später noch oft zu beobachtende Diskrepanz zwischen dem immer aggressiver werdenden, vernichtungswütigen Antisemitismus der NS-Führung (schließlich manifest im Machtgefüge SS–Gestapo–SD) und einer weitverbreiteten gedankenlosen Gleichgültigkeit, der Bereitschaft, einfach »wegzusehen«. Neuere Forschungen zur »Volksmeinung« über die NS-Judenverfolgung machen dies deutlich.

Als die Regierung – auch wegen eines miserablen Auslandsechos – den Boykott nach drei Tagen vorzeitig abbrach, mochten jene Teile der Partei enttäuscht sein, denen der gesamte Prozeß der Machtübernahme zu wenig dramatisch und revolutionär verlief. Die Führung allerdings wußte die Aktion und gleichzeitige, vor allem in Preußen verfügte Entlassungen jüdischer Beamter mit einem sich bald als typisch erweisenden Trick zu nutzen: Ihr dienten die selbst veranlaßten »Vorgänge« als Rechtfertigung des »Gesetzes zur Wiederherstellung des Berufsbeamtentums« vom 7. April 1933, das »Einheitlichkeit« in dem Bestreben schaffte, jüdische und politisch unerwünschte Beamte auszuschalten. Hitlers deutschnationale Partner stimmten dem erstmals gesetzlich fixierten »Arierparagraphen« zu; lediglich für verdiente jüdische Frontsoldaten setzte sich Reichspräsident Hindenburg ein – sie durften einstweilen bleiben. Die folgenden Durchführungsgesetze, die Zulassungsverweigerungen für jüdische Rechtsanwälte, Kassenärzte und ähnliche Berufe sowie die Zulassungsbeschränkungen für jüdische Hochschüler konnten trotz ihrer Massivität länderspezifische Sonderwillkür, wegen verschiedener Unklarheiten aber auch das Entstehen von »Nischen« nicht verhindern.

Für fast eineinhalb Jahre schritt die Diskriminierung dann in vergleichsweise langsamem Tempo fort; nicht wenige jüdische Deutsche kamen aus der Emigration zurück. Ersten »Arisierungen« von mittelständischen jüdischen Betrieben (politisch wichtige Unternehmen wie die Pressehäuser Ullstein und Mosse waren schon 1933/34 unter Druck an parteieigene Holdinggesellschaften übergegangen) und lokalen Diskriminierungen folgte ab Frühsommer 1935 eine wieder verstärkte Boykottpropaganda. Der »Reichsparteitag der Freiheit« brachte dann den härtesten legislatorischen Schlag gegen die deutschen Juden überhaupt: Am 15. September 1935 verkündete Göring vor dem nach Nürnberg beorderten Reichstag das »Reichsbürgergesetz«, das zwischen »Reichsbürgern deutschen oder artverwandten Blutes« als Trägern der »vollen politischen Rechte« und künftig politisch rechtlosen bloßen »Staatsbürgern« – den Juden – unterschied. Das »Gesetz zum Schutze des deutschen Blutes und der deutschen Ehre« verbot Eheschließungen und Geschlechtsverkehr zwischen Juden und Nichtjuden. Die beiden selbstverständlich einstimmig angenommenen Gesetze waren zwar erst in der Hektik des Parteitages von herbeizitierten Beamten fixiert worden, Vorüberlegungen und öffentliche Ankündigungen dazu hatte es allerdings seit langem gegeben. Gleichwohl konnte von besonderer Durchdachtheit nicht die Rede sein, wie zweimonatige interministerielle Auseinandersetzungen um die ersten Durchführungsverordnungen zeigten: Erst darin wurde die entscheidende Frage »gelöst«, wer als Jude im Sinne des Reichsbürgergesetzes zu gelten habe. Die Vorstellung einer »blutmäßigen« Rassegesetzgebung erwies hierbei auch ihre logische Unsinnigkeit, griffen Definitionen wie »Arier«, »Volljude«, »Mischling 1. Grades« und »Mischling 2. Grades« doch auf das Kriterium der Religionszugehörigkeit von Vorfahren zurück, bei denen ab der dritten Generation schließlich ungeprüft blieb, ob sie Konvertiten waren oder nicht.

Weil von Hitler als abschließende Regelung der »Judenfrage« annonciert, reagierten die jüdischen Organisationen teilweise sogar mit verhaltener Erleichterung auf die neuen Gesetze – die angeblichen internationalistischen Verschwörer gegen Deutschland hingen an ihrer Heimat und wollten vielfach eher Einschränkungen in ihrer vertrauten Umgebung als das Wagnis der Emigration auf sich nehmen. Bereits vor den Nürnberger Gesetzen von subalternen NS-Funktionären veranlaßte »wilde« Diskriminierungen fanden nun im Sinne gezielter gesellschaftlicher Ausgrenzung der Juden ihre Bestätigung. Der Aberkennung des Wahlrechts und dem Ausschluß aus öffentlichen Ämtern folgte noch 1935 ein Berufsverbot für jüdische Notare und staatlich besoldete Ärzte, Lehrer und Professoren, de facto bald auch für Apotheker.

Als dann 1936 die Olympischen Spiele die internationale Aufmerksamkeit auf Hitler-Deutschland lenkten, »beschränkten« sich die antijüdischen Gesetze und Verordnungen auf Randgebiete. Von den insgesamt rund 2000 antijüdischen Maßnahmen des Dritten Reiches kamen in den Jahren 1936 und 1937 »nur« jeweils etwa 150 zustande. Erst nach dem erzwungenen Abgang des konservativen Reichswirtschaftsministers Schacht, der die Ablehnung der Großwirtschaft gegenüber ökonomisch schädlichen »Rassekriterien« in der Wirtschaftspolitik repräsentierte, wurde seit der Jahreswende 1937/38 ein verschärfter Kurs erkennbar, der sich auch in der Zahl der Verordnungen ausdrückte: rund 300. Sie galten nun der Hinausdrängung der Juden aus der Wirtschaft, die aber selbst unter der jetzt ungehinderten Oberherrschaft von Görings Vierjahresplan-Behörde, weil mit volkswirtschaftlichen Interessen offensichtlich kollidierend, nur unsystematisch und schrittweise vorangetrieben wurde.

Mit dem Attentat des siebzehnjährigen Herschel Grynszpan (seine Eltern gehörten zu den kurz zuvor aus dem Reich abgeschobenen 17000 polnischen Juden) auf den Gesandtschaftsrat Ernst vom Rath in der deutschen Botschaft in Paris am 7. November 1938 bot sich der NS-Führung eine ideale Gelegenheit, der in eine Sackgasse divergierender Interessen und Instanzen geratenen Judenpolitik eine neue, eindeutige Zielrichtung zu geben. Zentrale Figur dieses bis dahin brutalsten Vorgehens gegen die Juden war, wie schon beim April-Boykott 1933, Joseph Goebbels. Was unter dem beschönigenden Namen »Reichskristallnacht« in die Chroniken eingehen sollte, war ein teilweise mehr als dreitägiger gesteuerter Pogrom von gespenstischem Ausmaß. 91 Menschen wurden dabei ermordet, nicht wenige auf offener Straße. Während erste lokale Ausschreitungen am 8. November durch hetzerische Presseberichte entfacht worden waren, ging der Massenpogrom am 9./10. November auf eine wüste Kampfrede Goebbels' zurück, die der Reichspropagandaleiter der NSDAP unmittelbar nach Eintreffen der Meldung über den Tod des Gesandtschaftsrats vor der in München tagenden »Alten Garde« der Partei gehalten hatte. Ihr Inhalt wurde sofort als Weisung zum Losschlagen an die Parteigliederungen weitergegeben. Wo vorsichtige Kreis- und Ortsgruppenleiter untätig blieben, sorgten ortsfremde Provokateure dafür, daß selbst in kleinen Landgemeinden die Synagogen brannten, jüdische Geschäfte geplündert, ganze Familien mißhandelt und insgesamt 30000 Juden in Konzentrationslager gebracht wurden. Zwar handelte es sich auch diesmal nicht wirklich um den Ausdruck »spontaner Erregung des Volkes«, wohl aber nutzten hier und dort auch Nicht-Parteimitglieder die Stunde zur Abrechnung mit jüdischen Nachbarn; namentlich in Berlin beteiligte sich halbkrimineller Mob an den von SA und Parteigenossen in »Räuberzivil« organisierten Gewaltaktionen und Plünderungen. Häufiger freilich war auch jetzt bewußtes Wegsehen: Den Mut, jüdischen Opfern im eigenen Gesichtskreis zu helfen, brachten wenige auf. Mitunter registrierten die Polizeibehörden allerdings auch empörten Protest.

Die »Reichskristallnacht« eröffnete ein neues Stadium der NS-Rassenpolitik: Mit ihr begann die systematische ökonomische Ausbeutung und Ausschaltung der Juden aus der Wirtschaft. Hatten sie schon seit April 1938 sämtliches Vermögen über 5000 Reichsmark anmelden müssen, so wurde ihnen nun eine »Buße« auferlegt und in Höhe von 1,12 Milliarden Reichsmark bis 1940 als Vermögensabgabe eingetrieben. Eine Ministerkonferenz unmittelbar nach dem Pogrom legte die Leitlinien der künftigen »Arisierung« und Liquidierung jüdischer Unternehmen fest, denen einstweilen »arische« Treuhänder oktroyiert wurden. Kaum eine in dieser Besprechung von Goebbels, Göring oder SD-Chef Heydrich geäußerte Perfidie war zu primitiv, um in den nächsten Monaten nicht als Gesetz oder Verordnung neuer zügelloser Peinigung zu dienen: Nachdem Kinos, Parks und Schwimmbäder den Juden örtlich schon seit Jahren verboten waren, schränkte ein »Judenbann« ihre Bewegungsfreiheit weiter ein. Schlafwagen und bestimmte Hotels durften nicht mehr benutzt werden, sämtlicher Schmuck war abzuliefern.

Im Juli 1939 mußte der »Reichsverband der Juden in Deutschland«, bis zu den Nürnberger Gesetzen »Reichsvertretung der deutschen Juden«, zum vierten Mal seinen Namen ändern: als »Reichsvereinigung der Juden in Deutschland« war der Zusammenschluß jüdischer Organisationen und Gemeindeverbände von nun an eine Zwangsorganisation aller »Glaubens- und Rassejuden«. Der als Reaktion auf die NS-Machtübernahme gegründeten Interessenvertretung unter der Leitung Leo Baecks, die vor allem Aufgaben im Bereich der Wohlfahrtspflege, des Kulturlebens und der Koordinierung der Auswanderung übernommen hatte, oblagen nun staatlich angeordnete Verpflichtungen. Seitdem jüdische Kinder »deutsche« Schulen überhaupt nicht mehr besuchen durften, wurde die Reichsvereinigung Trägerin des gesamten bis 1942 geduldeten jüdischen Schulwesens sowie der (teilweise durch Spenden aus dem Ausland finanzierten) Fürsorge für verarmte, arbeitslos gewordene Juden. Auch der jüdische Kulturbund, der seine Arbeit auf ausdrücklichen Befehl des Reichspropagandaministeriums nach dem November-Pogrom fortsetzen sollte, gehörte zur Reichsvereinigung. Als Folge der Ausgrenzung jüdischer Bürger aus dem gesamten gesellschaftlichen Leben hatte sich schon seit Mitte der dreißiger Jahre in Deutschland eine groteske Blüte spezifisch jüdisch-bildungsbürgerlicher Kultur entwickelt. Das den assimilierten Juden von Hitler aufgezwungene Sonderbewußtsein rief soziale und kulturelle Segregationsphänomene hervor, die noch wenige Jahre zuvor niemand mehr für möglich gehalten hätte.

Für die Anfang 1939 auf Initiative Heydrichs zunächst im Reichsinnenministerium geschaffene »Reichszentrale für jüdische Auswanderung« bildete die Reichsvereinigung als umgegründete Zwangsorganisation ein handhabbares Instrument der forcierten Auswanderungs-, besser: Austreibungspolitik. Nach dem 9. November 1938 war das Haavara-Abkommen aufgekündigt worden, auf dessen Grundlage vor allem 1934/35 rund 30000 Juden nach Palästina ausgewandert waren; eine vom Reichsinnenministerium eingerichtete Palästina-Treuhand-Gesellschaft für den Export deutscher Industriegüter hatte dabei mit der zionistischen Jewish Agency for Palestine kooperiert. Die neue Methode, die nach dem zuerst in Wien von Adolf Eichmann praktizierten Modell nun auch im »Altreich« greifen sollte, verfolgte noch stärker das Ziel der wirtschaftlichen Ausplünderung. Wohlhabende Juden, die Deutschland verlassen wollten, mußten eine »Auswanderer-Abgabe« zahlen, die über die Reichsvereinigung eingezogen wurde. Bei der Volkszählung im Mai 1939 wurden im Reich (ohne Österreich und Sudetengebiet) noch 233646 Menschen gezählt, die nach NS-Definition Juden waren. Bis Kriegsausbruch war ihre Zahl weiter um annähernd 50000 zurückgegangen; etwa 10000 Kinder hatten vor allem in England, Belgien und Holland vorübergehend Aufnahme gefunden, ehe die meisten von ihnen nach den USA und nach Palästina gebracht wurden.

Herrschte über den Modus der Vertreibung der Juden aus Deutschland schon in »Friedenszeiten« Unklarheit – man war sich nur einig darüber, *daß*, nicht aber *wie* sie erfolgen sollte –, so wurde die Situation nach Kriegsbeginn bald geradezu chaotisch. Während einerseits bis zu dem am 23. Oktober 1941 verhängten definitiven Auswanderungsstopp westeuropäische Juden, wenn auch unter zunehmenden Schwierigkeiten, noch emigrieren konnten, begannen nach dem Polenfeldzug andererseits erste Deportationen von Juden aus dem »Protektorat Böhmen und Mähren« und aus Österreich nach Polen. Im Winter 1939/40 gab es dann Massendeportationen aus dem neugeschaffenen »Reichsgau Wartheland« ins Generalgouvernement; die Stettiner Juden, die nach Lublin gebracht wurden, bildeten den ersten Transport aus dem »Altreich«.

Im Frühsommer 1940 wurde die seit langem (auch aus Polen) bekannte Idee, alle europäischen Juden auf die französische Kolonialinsel Madagaskar zu deportieren, vom Außenministerium und vom Reichssicherheitshauptamt aufgegriffen. (Das RSHA symbolisierte seit 27. September 1939 auch institutionell die vom Reichsführer SS betriebene Verquickung von Partei- und Staatsstellen auf dem Feld der »Gegnerbekämpfung«.) Bevor der Kriegsverlauf den abstrusen Madagaskar-Plan entwertete, war er inhaltlich, ebenso wie die vorangegangene Überlegung vom Frühjahr 1940, die Juden in Westgalizien (Lublin) zu konzentrieren, überholt: Seit Beginn des Krieges gegen die Sowjetunion gingen die Einsatzgruppen der Sicherheitspolizei und des SD, die bereits unter der polnisch-jüdischen Zivilbevölkerung gewütet hatten, »hinter der

Front« zu planmäßigen Massenerschießungen über, denen bis 1942 über eine Million meist jüdischer Menschen zum Opfer fielen. Ganze Ghettos wurden auf diese Weise »geräumt«.

Als sich am 20. Januar 1942 Staatssekretäre und hohe Parteibeamte unter Heydrichs Leitung zu der schon einmal verschobenen Konferenz am Berliner Wannsee trafen, um Maßnahmen zur »Endlösung der Judenfrage« zu koordinieren, wurden im gerade eingerichteten Vernichtungslager Chelmno/Kulmhof bereits besonders präparierte Gaswagen eingesetzt: Die darin zusammengepferchten Menschen erstickten langsam an den nach Fahrtbeginn eingeleiteten Abgasen. »Geschultes Personal« für diese Verbrechen stand zur Verfügung, weil die im Oktober 1939 auf Befehl Hitlers im Reichsgebiet begonnene systematische Tötung von Geisteskranken im Rahmen der »Aktion T 4« im August 1941 abgeschlossen worden war.

Während im Osten die Mordmaschinerie lief, die ab Januar 1942 mit den Gaskammern der reinen Vernichtungslager Auschwitz-Birkenau, ab Mitte März – im Rahmen der »Aktion Reinhard(t)« – auch Belzec, dann Sobibor, Treblinka und ab Herbst 1942 des umgewandelten Konzentrationslagers Majdanek »systematisiert« und erweitert wurde, nahm die Ausgrenzung der Juden in Deutschland nochmals schärfere Formen an: Der gelbe Stern, im Generalgouvernement seit fast zwei Jahren Pflicht, machte ab 1. September 1941 auch die Juden im Reich für jeden auf Anhieb erkennbar. Wer den Stern trug, dem war so gut wie nichts mehr erlaubt. Wagte er sich auf die Straße, um in der genau festgelegten Zeit (in Berlin zwischen 16 und 17 Uhr) die wenigen Dinge zu kaufen, für die er noch Lebensmittelkarten erhielt, begann häufig ein Spießrutenlaufen. Denn mit einem so Gezeichneten, von der immer weiter gesteigerten Haßpropaganda zum absoluten Untermenschen Erklärten nur ein Wort zu wechseln, erforderte Zivilcourage. Die Juden in Deutschland, längst bevor sie verschleppt wurden, waren im Bewußtsein der Mehrheit der Bevölkerung nun tatsächlich nur noch so vorhanden, wie das offizielle Feindbild es verlangte: als Inkarnation gebrandmarkter Schlechtigkeit auf Erden, nicht mehr als Mitbürger.

Noch vor Jahresende 1941 wurde zunächst den zur Deportation

bestimmten, am 30. April 1943 den deutschen Juden generell die Staatsbürgerschaft aberkannt. Aller noch verbliebene Besitz der damit der Polizeiwillkür Ausgelieferten fiel an den Staat. Prominente und alte Juden, die seit Januar 1942 in das »Musterghetto« Theresienstadt »umgesiedelt« wurden, betrog das Reichssicherheitshauptamt mit speziellen »Heimeinkaufverträgen« um ihr Vermögen. Für Zehntausende war das »Vorzugslager« in Nordböhmen nichts weiter als eine Durchgangsstation auf dem Weg zu einer der Vernichtungsstätten. Einer Kommission des Internationalen Roten Kreuzes wurde, während andernorts die »Endlösung« auf vollen Touren lief, Theresienstadt als Beweis für die »Menschlichkeit« der NS-Judenpolitik vorgeführt, und nicht zuletzt diente es der Beruhigung der noch in Deutschland lebenden Juden, die von dort harmlos klingende Briefe ihrer Verwandten erhielten. Selbstverständlich nutzte das Regime die Schein-Idylle, in der Tausende an Seuchen und Unterernährung starben, auch für die Inlandspropaganda. Denn so öffentlich die Verfolgung und Ausgrenzung der Juden bis dahin auch betrieben worden war – der letzte Akt fand unter größtmöglicher Geheimhaltung statt: Dafür, dies wußten noch die fanatischsten Judenhasser in der NS-Führung, war die Zustimmung breiter Bevölkerungsschichten nicht zu erhalten.

Der Holocaust begann, wie anzudeuten versucht wurde, nicht systematisch-schlagartig. Er entwickelte sich eher sukzessive aus einer uneinheitlichen und teilweise widersprüchlichen Judenpolitik der bürokratischen und Partei-Instanzen des NS-Regimes. Ob es bei seiner Ingangsetzung einen – nie gefundenen und für den konkreten Ablauf der Dinge auch keineswegs erforderlichen – schriftlichen »Führer-Befehl« gegeben hat oder nicht, war lange Anlaß zu Spekulationen. Die seriöse Forschung knüpfte daran Überlegungen zur Struktur der NS-Herrschaft und ist sich im übrigen absolut einig darüber, daß ohne Hitlers ausdrückliche Billigung die »Endlösung der Judenfrage« im Sinne der physischen Massenvernichtung nicht möglich gewesen wäre. Rechtsextreme Apologeten hingegen versuchen, daraus eine Leugnungs- oder Rechtfertigungsstrategie zugunsten Hitlers zu konstruieren (getreu dem altbekannten Muster, der »Führer« habe von allem nichts gewußt). Ähnliches gilt für die Millionenzahl der Opfer des Holocaust, deren genaue Ermittlung aus vielfältigen methodischen Gründen nicht mehr möglich ist: Für Hunderttausende, die mit Sammeltransporten in die Vernichtungslager gebracht wurden, gibt es keine Statistiken und Personenlisten. Unter dem Vorwand, die »exakte Wahrheit« eines in Wirklichkeit namenlos-unsagbaren Grauens erkunden zu wollen, werden Rechenexempel angestellt, die der Bagatellisierung dienen sollen; daneben stehen Versuche, das Unrecht an den Juden gegen ein anderes Unrecht – etwa die Vertreibung der Ostdeutschen nach dem Krieg – aufzurechnen.

Der im wahrsten Sinne des Wortes unglaubliche Vorgang einer kalt ins Werk gesetzten, fabrikmäßigen Ermordung von Menschen aus dem alleinigen »Grund« ihres behaupteten »blutmäßig-rassischen« Andersseins entzieht sich letztlich der Darstellung ebenso wie einer Erklärung. Nicht zuletzt dies machen Untersuchungen deutlich, die der Frage nachgehen, was die Alliierten über den Holocaust in den Gaskammern und Erschießungsgruben des Ostens wußten oder wissen konnten: Ein Verbrechen, das noch der pervertiertesten »Funktionalität« entbehrt, scheint sich dem Wissen-Wollen wie dem Glauben-Können des vernunftgeleiteten Individuums, aber auch ganzer Gesellschaftsgruppen und politischer Funktionseliten zu versperren. Die Initiatoren des Massenmordes profitierten davon – wie von der Arbeits- und Verantwortungsteilung der modernen Industriegesellschaft, die das Verbrechen an den Juden selbst für die Mehrheit jener Deutschen verdrängungsfähig machte, die damit als Beamte, Soldaten, Ingenieure, Techniker, Eisenbahner usw. in Verbindung gerieten oder davon erfuhren.

In diesem Kontext gilt es den Umstand zu bedenken, daß sich das Schicksal der Juden unter der NS-Herrschaft erst im historischen Rückblick als ein Weg von teuflischer Konsequenz darzustellen scheint. Daß dieser Weg – aller aggressiven Vernichtungsdrohungen schon des frühen Hitler zum Trotz – von solcher Zwangsläufigkeit und inneren Logik nicht gewesen ist, vermag die empirische Zeitgeschichtsforschung heute klar zu zeigen. Damit ist freilich die in der Forschung kontrovers diskutierte Frage noch nicht gelöst, ob der Holocaust als Endpunkt im Rahmen eines »grand design« der NS-Judenpolitik gesehen werden muß oder eher als extremster Ausdruck einer Selbstradikalisierung des Systems, als letzte Stufe eines planvoll durchgeführten Programms oder eher als situationsbedingte Improvisation. Möglicherweise wird eine allgemein befriedigende Antwort niemals zu finden sein. Das könnte dann damit zu tun haben, daß der Historiker bei diesem Gegenstand in seinem (oft unausgesprochenen, aber dennoch leitenden) Bemühen scheitert, das Darzustellende theoretisch nachvollziehbar zu machen – was zugleich heißt: ihm eine wie auch immer geartete »rationale« Untermauerung zu geben.

Manfred Funke

Großmachtpolitik und Weltmachtstreben

Die NS-Außenpolitik schien zunächst weit mehr von traditionellen Vorstellungen denn von revolutionären Neuansätzen geprägt. Gewiß verdichteten sich in Hitlers »Programmatik« erstmals Weltmachtstreben und Rassismus zum identischen Antriebsmotiv, doch gehörten dessen Bestimmungsfaktoren durchaus zum Diskussionsklima der Epoche.

Seit der späten Bismarck-Zeit gab es große Debatten über Weltreich-Konkurrenzen, über Schicksalskämpfe zwischen Germanen, Slawen, Juden, Asiaten. Gegen solche (geo-)politischen Philosophien blieb keine Großmacht immun. Besonders tief durchdrangen sie den deutschen Erfahrungsreflex glückloser Weltpolitik und prekärer innerer Stabilität. Die strategische Ungunst der europäischen Mittellage, der zunehmende Kampf um Märkte und Rohstoffe sowie die (teilweise selbst verschuldete) Isolationspolitik gegen Deutschland verschärften dessen »Einkreisungssyndrom«. Um der Labilität des Systems ständiger Aushilfen und lauernder Krisenanfälligkeit auf Dauer zu entkommen, wurde 1914 der »Griff nach der Weltmacht« gewagt. Doch reichte die Bündelung aller Kräfte, die dem deutschen Weltmachtstreben gleichsam in kriegerischer Explosion den Weg freisprengen sollten, nicht aus. Allein im Friedensdiktat von Brest-Litowsk (3. März 1918) verwirklichte die deutsche Führung für wenige Monate ihre Osteuropa-Konzeption als Vorbedingung wehrpolitischer Autarkie, d. h. der militärischen und wirtschaftlichen Unangreifbarkeit.

Die Niederlage von 1918 bestätigte den Deutschen keineswegs die Überzogenheit oder gar Falschheit der Ziele. Nach landläufiger Meinung hatten nur Taktik und Instrumentarium versagt. Entsprechend verbarg sich bereits in der Revisionspolitik der zwanziger Jahre ein Vorsatz zum Wiederaufstieg. Er erhielt zusätzliche »Legitimation« aus der Unfähigkeit der Siegermächte zur Gestaltung einer dauerhaften europäischen Friedensordnung.

Die alten und neuen Führungs-Eliten der Weimarer Republik akzeptierten in der Mehrheit offen die westliche Grenzlage, verfolgten aber verdeckt eine Politik »der freien Hand im Osten«. Selbst für einen Verständigungspolitiker wie Gustav Stresemann bildeten die Schwächung Polens und der Anschluß Österreichs natürliche Ziele. Obgleich nicht im mindesten NS-Sympathisant, formulierte der Staatssekretär des Auswärtigen Amtes, von Bülow, Anfang 1933 in einer Kabinettsvorlage als künftige Aufgabe: »Nur noch eine Teilung Polens!« Die Niederschrift über Hitlers Ministerbesprechung am 7. April 1933 hält die Ausführung des Außenministers Konstantin von Neurath fest: »Unser Hauptziel bleibt die Umgestaltung der Ostgrenze. Es kommt nur eine totale Lösung in Frage.«

So schienen sich traditionelle Ziele deutscher Außenpolitik, wenngleich mit gesteigerter Radikalität, in der NS-Außenpolitik fortzusetzen, für die Hitler programmatisch verfügte: »Wir schließen endlich ab die Kolonial- und Handelspolitik der Vorkriegszeit und gehen über zur Bodenpolitik der Zukunft. Wenn wir aber heute in Europa von neuem Grund und Boden reden, können wir in erster Linie nur an Rußland und die ihm untertanen Randstaaten denken.« ... »Das Riesenreich im Osten ist reif zum Zusammenbruch. Und das Ende der Judenherrschaft in Rußland wird auch das Ende Rußlands als Staat sein. Wir sind vom Schicksal ausersehen, Zeugen einer Katastrophe zu werden, die die gewaltigste Bestätigung für die Richtigkeit der völkischen Rassentheorie sein wird« (»Mein Kampf«).

Die Schwäche und Isolierung des Reiches bei Hitlers Machtantritt geboten zunächst vorsichtiges Taktieren. Es galt, die Innenkrisen der mißtrauischen Nachbarn auszunutzen, um Deutschlands Handlungsfreiheit zu erweitern, ohne dabei dem Ausland einen vor der Welt moralisch gerechtfertigten Anlaß zur Intervention oder gar militärischen Prävention zu liefern. Die nationalen Eigeninteressen der potentiellen Gegner Deutschlands, die allgemeine Abneigung gegen einen neuen Krieg, die Gleichberechtigung als Fundament kollektiver Sicherheit verfilzte Hitler geschickt. Seine Überraschungsschläge (Wochenend-Coups) und Vertragsbrüche verband er stets mit Angeboten, die der Welt immer wieder Hoffnung gaben, den Ehrgeiz Hitlers letztlich doch friedlich, d. h. auf dem Verhandlungsweg, ruhigstellen zu können.

Bis zum August 1939 (am 23. Pakt mit Stalin, am 25. Angebot an England) verfolgte Hitler eine Doppelstrategie, die er bereits am 3. Februar 1933 erprobte: An diesem Tag spricht Hitler in einer Geheimrede vor den Befehlshabern der Reichswehr von Lebensraum im Osten und dessen Germanisierung als Ziel. Im Abstand weniger Stunden bittet Hitler zugleich italienische, amerikanische sowie englische Journalisten, seine neue Regierung nicht an radikalen Worten, sondern an ihren Taten zu messen; »niemand wünscht mehr Frieden als ich«. Sechs Tage später befiehlt Hitler, in den nächsten vier bis fünf Jahren alles für die Streitkräfte einzusetzen (Vorrang der Aufrüstung), doch tritt er öffentlich weiter für Abrüstung und Gleichberechtigung ein (23. Februar). Gemäß der Maxime »außenpolitische Konflikte so lange zu vermeiden, bis wir erstarkt sind« (Kabinettsitzung vom 7. April), versichert Hitler nach Rom, nicht den Anschluß Österreichs zu erstreben. Auch Paris wird beruhigt; die Elsaß-Lothringen-Frage existiere nicht mehr. Zwar macht Hitler gegen Warschau Rechtstitel geltend, doch erklärt er den Verzicht auf gewaltsame Lösungen (15. November). In seiner Interviewpolitik wiederholt Hitler, daß es in Europa keinen Streitfall gebe, der Krieg rechtfertige. Selbst die ob des Rassismus besorgte Weltöffentlichkeit wird besänftigt; die NS-Regierung gehe von der Verschiedenartigkeit der Rassen, nicht von ihrer Verschiedenwertigkeit aus. Schlau verbrämt Hitler, um international »salonfähig« zu werden, seine Feindschaft zur Kirche mit dem Abschluß des Konkordats (20. Juli). Seinen entschlossenen Kampf gegen Marxismus und Bolschewismus federt er am 5. Mai ab mit der Verlängerung des deutsch-russischen (Berliner) Vertrages; schon am 26. September erklärt er intern eine Normalisierung des deutsch-russischen Verhältnisses für unmöglich. Die Unterzeichnung des Viererpaktes (15. Juli) zwischen Italien, Deutschland, England und Frankreich bekundet Hitlers Bereitschaft zur internationalen Zusammenarbeit. Dies mildert den Protest des Auslands, als Deutschland aus dem Völkerbund austritt (14. Oktober). Einerseits mit ständigen Hinweisen auf Danzig und den »Korridor« das Grenzproblem nach Westen aktualisierend, läßt Hitler andererseits am 28. November in Polen den Entwurf eines Nichtangriffpaktes überreichen. Dieser wird am 26. Januar 1934 unterzeichnet und um ein geheimes Presseabkommen zur Pflege gutnachbarlicher Beziehungen ergänzt. Vier Tage später deutet Hitler seinen Generalen die Notwendigkeit von Schlägen gegen Osten und Westen zur »Schaffung neuen Lebensraumes« an. Dem Doppelspiel von Friedensbeteuerung und Aufrüstung bringen die »Röhm-Affäre« und die Ermordung des österreichischen Bundeskanzlers Dollfuß beim Wiener NS-Putsch am 25. Juli 1934 empfindliche Rückschläge. Sie steigern sich mit der »Stresa-Front« (14. April 1935) gegen Deutschlands Wiedereinführung der allgemeinen Wehrpflicht am 16. März 1935 zur antideutschen Abriegelung.

Mussolini wird ungewollt mit seinem Angriff auf Abessinien im Oktober 1935 zum »Befreier« der NS-Außenpolitik. Der Konflikt in Ostafrika mit seiner antibritischen Spitze veranlaßt Rom, Rükkendeckung in Berlin zu suchen. Bereits am 6. Januar 1936 signalisiert der Duce, Österreich könne Satellit des Reiches werden. Wird diese Inaussichtstellung infolge nur halbherziger Sanktionen des Völkerbundes gegen Italien und aufgrund der überraschenden Siege gegen Haile Selassie auch bald von Rom wieder vernebelt, so reicht die Konzentration des Weltinteresses auf die Mittelmeer-Region durchaus für Hitler, um am 7. März 1936 blitzartig die entmilitarisierte Rheinlandzone mit Truppen zu besetzen. Englands vorrangige Empire-Interessen gebieten Zurückhaltung. Allein schon deshalb muß Frankreich es bei papiernen Protesten belassen, zumal Hitler wiederum den Vertragsbruch mit einem deutschen Friedensplan garniert. Während er die Welt beschäftigt, befiehlt Hitler am 4. April 1936 in einem Geheimerlaß die weitere »Wehrhaftmachung«.

Die vom Abessinienerfolg aufgeheizte Imperialpolitik (Mare Nostro) Mussolinis vergrößerte die britisch-italienische Reibungszone ebenso, wie diese wiederum Hitlers Attraktivität als Bündnispartner des Duce erhöhte. Dessen gleichzeitige ständige Furcht vor einer deutsch-englischen Allianz, auf deren Möglichkeit der »Flottenvertrag« vom 18. Juni 1935 bereits hingedeutet hatte, erzwang immer stärker die Freigabe Österreichs an Hitler (Juli-Abkommen 1936). Als die Annexion am 12. März 1938 erfolgte, war militärisch nichts mehr gegen Deutschland auszurichten. Die internationale Entwicklung (Spanischer Bürgerkrieg, Japanisch-Chinesischer Krieg, Volksfront in Frankreich, Appeasement-Politik Englands) begünstigten Hitlers Aufrüstung. Am 24. Februar 1937 verkündete er: »Deutschland ist heute eine europäische Großmacht und ist wieder eine Weltmacht geworden.« ... »Kein Mensch kann mit uns anbinden, sie werden auch nicht anbinden. Nicht etwa weil die anderen vielleicht nicht unter Umständen es ganz gerne wollten, wir brauchen bloß die Presse zu lesen, sondern weil sie nicht mehr können.« Die Phase »grandioser Selbstverharmlosung« (H.-A. Jacobsen) war ebenso vorbei wie die der verdeckten Aggressionsvorbereitung: »Die Umstände haben mich gezwungen«, so Hitler am 10. November 1938 vor Vertretern der Presse, »jahrzehntelang fast nur vom Frieden zu reden... Irgendwie glaube ich, hat sich diese Platte, die pazifistische Platte, bei uns abgespielt.« Aber man stehe erst am Anfang »einer großen Geschichtsepoche unseres Volkes... Ich bin der Überzeugung, daß unser Volk, besonders heute, in seiner allmählichen rassischen Besserung den Höchstwert darstellt, den es zur Zeit überhaupt auf dieser Erde gibt... Aber in Deutschland leben vom Jahr 1940 ab achtzig Millionen Menschen einer Rasse und um uns herum noch einmal fast acht Millionen Menschen, die eigentlich rassenmäßig zu uns gehören. Wer an der Zukunft dieses größten Menschenblocks zweifelt..., der ist nur selber ein Schwächling. Ich glaube bedingungslos an die Zukunft.«

Dieser Glaube als Unterpfand militärisch-politischer Strategie zeigte sich in den weiteren Etappen-Schlägen noch kalkülverpflichtet, wie die England schmeichelnde Gestaltung der »Münchner Konferenz« Ende September 1938, die anschließende Angliederung des Sudetengebietes, das »Protektorat« über Böhmen und Mähren und die Rückgliederung des Memel-Landes im März 1939 belegen.

Erst mit dem Angriff auf Polen am 1. September 1939 geriet die

Taktik des kurzen, schnellen Zugriffs nach vorbereitenden Presse-Offensiven in die Krise, da England und Frankreich mit der Kriegserklärung an Deutschland reagierten. Sie drängte Hitler noch weiter von seinem eigentlichen Ziel im Osten ab, fesselte ihn in der »verkehrten Frontstellung« des Hitler-Stalin-Pakts, mit dem beide Diktatoren und ideologische Todfeinde am 23. August die Aufteilung Polens insgeheim beschlossen hatten. Die Strategie dieses aufgezwungenen Umwegs hatte Hitler noch am 11. August Carl J. Burckhardt, dem Völkerbundskommissar für Danzig, erläutert: »Alles, was ich unternehme, ist gegen Rußland gerichtet; wenn der Westen zu dumm und zu blind ist, dies zu begreifen, werde ich gezwungen sein, mich mit den Russen zu verständigen, den Westen zu schlagen und dann nach seiner Niederlage mich mit meinen versammelten Kräften gegen die Sowjetunion zu wenden. Ich brauche die Ukraine, damit man uns nicht wieder wie im letzten Krieg aushungert.«

Die folgenden Blitzfeldzüge gegen Polen, Dänemark, Norwegen, Belgien, Luxemburg, die Niederlande und Frankreich standen unter dem Generalzweck, mit der Ausschaltung englischer Aktivposten den Rücken in Westeuropa frei zur Eroberungspolitik gegen Rußland zu bekommen. Doch England wich weder unter dem Druck einer deutschen Luftoffensive zurück noch vor der Bündnispolitik Hitlers. Dieser suchte selbst Vichy-Frankreich und Franco-Spanien in einen ideologischen Kreuzzug gegen die Demokratien einzubeziehen und neben Italien als zusätzlichen Störfaktor gegen Englands Empire-Interessen zu gewinnen. Auf deren Schwächung waren Stahlpakt (22. Mai 1939) und Dreimächtepakt (27. September 1940), präformiert im Antikominternpakt (25. November 1936 / 6. November 1937), ebenso ausgerichtet wie die Reaktivierung deutscher Kolonialforderungen als erpresserischer Köder für London, dem nach Ribbentrops gescheiterter Bündnismission die Phase deutscher Neuorientierung (1937/38) primär galt. Im rasch eintretenden Bewährungsfall offenbarten Kräftemangel und jeweiliger nationaler Egoismus die antibritischen Paktsysteme als Propaganda-Allianzen.

Ohne zuvor England besiegt bzw. im »weltpolitischen Dreieck« Berlin–Rom–Tokio neutralisiert zu haben, überfiel Hitler am

22. Juni 1941 die Sowjetunion (Angriffsvorbereitung für »Barbarossa« seit 18. Dezember 1940). Mit der Inkaufnahme eines Mehrfrontenkrieges, in dem die von Mussolini eröffneten Nebenkriegsschauplätze in Afrika und auf dem Balkan zusätzlich starke deutsche Kräfte banden, wurden Hitlers fanatischer Siegesglaube und die strategische Ziel-Mittel-Räson füreinander deckungslos. Damit war der Höhepunkt in Hitlers Karriere, dessen Herrschaft sich 1940 vom Nordkap bis zur spanischen Grenze erstreckte, unterminiert, auch wenn die gewaltigen Siege sich zunächst fortsetzten.

Mitte Juni 1941 stand für Halder, den Chef des Generalstabs des Heeres, fest, daß der »Feldzug gegen Rußland innerhalb von 14 Tagen gewonnen sein würde«. Am 8. Juli bestimmte Hitler »grundsätzlich«, Leningrad und Moskau »dem Erdboden gleichzumachen«. Er wolle verhindern, daß Menschen darin blieben, »die wir dann im Winter ernähren müßten«. Hitler forderte vielmehr »eine Volkskatastrophe«, »die nicht nur den Bolschewismus, sondern auch das Moskowitertum der Zentren beraubt«. Am 16. Juli gab Hitler sein »Ostprogramm« im engsten Führungskreis bekannt. »Grundsätzlich kommt es darauf an, den riesenhaften Kuchen handgerecht zu zerlegen, damit wir ihn erstens beherrschen, zweitens verwalten und drittens ausbeuten können.« Zwar müsse die eigene Absicht, mit der Schaffung der »Reichskommissariate« eine endgültige Regelung herbeizuführen, sorgfältig getarnt werden. Aber: »Alle notwendigen Maßnahmen – Erschießen, Aussiedeln usw. – tun wir trotzdem und können wir trotzdem tun.« Der Riesenraum müsse so schnell wie möglich befriedet werden; »dies geschehe am besten dadurch, daß man jeden, der nur schief schaue, totschieße«.

Der Widerstand der Sowjets rang Hitler bereits am 19. November 1941 das Eingeständnis ab, daß die beiden Feindgruppen einander nicht vernichten können. Dennoch erklärte er am 11. Dezember 1941 den USA den Krieg, um mit der Unterstützung Tokios die Gefahr eines japanisch-amerikanischen Ausgleichs zu bannen und Washingtons Stoßkraft in einem Zwei-Ozean-Krieg aufzusplittern. Zugleich sollte die Ausweitung des Krieges in Europa zum Weltkrieg über die schwere militärische Krise im russischen Winter 1941/42 hinwegtäuschen.

Die drohende Niederlage (Stalingrad) trieb Hitler gleichwohl im Dogma des Rassenkampfes kompromißunfähig vorwärts. Nach dem Vorbereitungsauftrag an Heydrich wurde das Programm im »Wannsee-Protokoll« (20. Januar 1942) fixiert. Danach sollte Europa »vom Westen nach Osten systematisch von Juden gesäubert werden«. Militärisch zerbrach schon lange vorher Hitlers Vision vom Ural als deutscher Herrschaftsgrenze. Schuld daran trug nicht der Verrat der Generale, wie Hitler im Anblick der Katastrophe behauptete. Hitler scheiterte auch nicht am Kooperationsmangel der Wirtschaft.

Die Übermacht der Gegner war vielmehr letzte Bestätigung dafür, daß Hitlers Konzeption an seiner Verachtung für Ziel-Mittel-Relationen zerschellen mußte. Das Steckenbleiben der Feuerwalze von 153 Divisionen im russischen Winter entlarvte das hohe Maß an Breiten- und an fehlender Tiefenrüstung. Der Kampf um Räume und Rohstoffe hätte geradezu deren Besitz zur Voraussetzung haben müssen. Daß Hitler Mitte Juli 1941 die UdSSR geschlagen sah und am 14. Juli bereits zwecks »scharfen Vorgehens« gegen England und USA die Verlegung des Rüstungsschwerpunkts auf Kriegsmarine und Luftwaffe befahl, legte sein Feindbedürfnis ebenso offen wie seine innere Fixierung auf ein wohl letztlich territorial entgrenztes Herrschaftsstreben. »Sein mit einem radikalen universalen Antisemitismus auf das engste verknüpfter ›Stufenplan‹, mit dem er das von ihm geführte Reich zunächst zur Herrschaft über Kontinentaleuropa (einschließlich des zur Gewinnung wirklicher ›Autarkie‹ für unabdingbar gehaltenen europäischen Rußland) und später über eine maritime und koloniale ›Weltmacht‹-Stellung in längerfristiger Perspektive zu einer strategisch unangreifbaren und im machtpolitischen Sinne unter den technischen Bedingungen des 20. Jahrhunderts erst voll souveränen ›Weltstaat‹-Rolle aufsteigen lassen wollte, stellte für Hitler kein in den Einzelheiten exakt vorgeschriebenes Programm, wohl aber die große Leitlinie seiner Gesamtpolitik dar« (A. Hillgruber).

Die Grundtendenz dieser Auffassung bestätigte sich aus den Anklagedokumenten der Nürnberger Prozesse so deutlich, daß eine wissenschaftliche Kriegsschuld-Diskussion wie etwa über die

Gründe des Ersten Weltkriegs faktisch unterblieb. Erst 1961 löste der englische Historiker A. J. P. Taylor mit seinem Buch über die »Ursprünge des Zweiten Weltkrieges« heftige Kontroversen aus. Bestritt Taylor doch eine langgeplante Kriegsabsicht Hitlers, der, imperialistischer Tradition folgend, vielmehr opportunistisch die Gelegenheit zum Beuteschlag wahrgenommen habe, ohne jedoch den Krieg wirklich zu wollen. Dieser sei gleichsam als »internationaler Verkehrsunfall« eingetreten. Taylors publizistisch effektvoll angelegte Interpretation regte weitere Thesen an. Englands Mitschuld aufgrund seiner Nachgiebigkeit (Appeasement), Hitlers Zwang zur Expansion aufgrund innenpolitischen Machtverlusts, der Aggressionsdruck als Folge kapitalistischer Systemkrisis werden seither ebenso thematisiert wie ein programmloser Erfolgsdrang Hitlers, der in der Manier künstlicher Sinngebung seinen Aktionen mit »Lebensraum« und »Kampf gegen das Judentum« eine politische Handlungsbegründung lediglich unterschoben habe.

Alle um die Alternative »Ausbruch« oder »Entfesselung« kreisenden Ansätze, die Hitlers Kriegsschuld aus seinem Entscheidungsverhalten im internationalen Mächtesystem aufklären wollen, sind indessen an der Kernüberzeugung, am Daseinsbild des Diktators zu überprüfen. »Mein Kampf« (1925/27) und »Zweites Buch« (1928), die Reden, Weisungen, Tischgespräche bis zu den Testamenten geben Zeugnis von Hitlers Auffassung: »Krieg ist das unabänderliche Gesetz des ganzen Lebens.« In planmäßiger Erziehung der Nation zur »geschlossenen Truppe«, zum »absoluten, sturen Glauben« sollte Deutschland deshalb mit der fortwährenden Zunahme der Volkszahl um die ständige Erweiterung seines Lebensraumes kämpfen. Im Kampf als dauernder Bewährungsprobe erfolgte die »Auslese« zum höchsten Rassewert. Er allein ermögliche die gebotene »Anpassung des Lebensraums an die Volkszahl«. Hingegen bedeute Anpassung der Volkszahl an den Raum »größte Feigheit« und »Gewalt gegen sich selbst«. »Wenn die Menschen einmal im Pazifismus vergehen würden, dann würden an ihre Stelle wieder Tiere treten.« Im Lichte dieses Lebensgesetzes versinken für Hitler deshalb »die beiden Begriffe Friedens- oder Kriegspolitik sofort in ein Nichts«. Nur konsequent ist deshalb Hitlers Äußerung: »Der Gedanke zum Schlagen war immer in mir.« Für ihn stand fest: »Wir werden nicht in einen Krieg hineingezwungen werden, aber um ihn herum kommen wir nicht« (23. Mai 1939). Hier taucht aus der Frage nach der Verantwortung für den Krieg jenes Leitmotiv wieder auf, mit dem Hitler 1936 im »Vierjahresplan« verlangt hatte, Deutschlands Wehrmacht und Wirtschaft müsse 1940 einsatz- und kriegsbereit sein. Bei der Geheimbesprechung mit den höchsten Repräsentanten des Staates am 5. November 1937 markierte der Diktator die Stoßrichtung: »Wir lebten im Zeitalter wirtschaftlicher Imperien, in welchen der Trieb zur Kolonisierung sich wieder dem Urzustand nähere.« Entsprechend begründe für Deutschland »wirtschaftliche Not« den »Ausdehnungsdrang«.

»Die drei Faktoren des Volkswertes, des Persönlichkeitswertes und des Selbsterhaltungstriebes oder, wie man auch sagen könnte, des Nationalismus, des Führerprinzips und des Heroismus hatten für Hitlers Weltanschauung die allergrößte Bedeutung« (E. Jäkkel). Die individuelle Grundausstattung der Akteure bestimmte jegliches Ringen um Macht. Da aber für Hitler »jedes Wesen nach Expansion und jedes Volk nach Weltherrschaft strebt« und Krieg die natürlichste soziale Beziehungsform darstellt, war die eine Konklusion zwingend: »Deutschland wird entweder Weltmacht oder überhaupt nicht sein« (»Mein Kampf«). Entsprechend stülpte Hitler, ohne Aussicht auf Sieg, sein rassistisches Antriebsmotiv über jegliche Kompromißkultur. Erfolgte 1918 das Ersuchen des Reiches um Waffenstillstand aus Sorge vor einem breiten Zusammenbruch der Front, so unterließ Hitler, den Abgrund vor Augen, jegliche Friedensinitiativen. »Da bin ich auch hier eiskalt: Wenn das deutsche Volk nicht bereit ist, für seine Selbsterhaltung sich einzusetzen, ganz gut: Dann soll es verschwinden« (27. Januar 1942).

Die bei Kriegsende befohlene Schaffung einer Verkehrswüste und einer unvorstellbaren Hungerkatastrophe (»Nerobefehl«) belegt, in welchem Maße Hitler als mitleidloser Regisseur eines blutigen Weltdramas die Deutschen nach dem Bekenntnis erprobte: »Ich habe in meinem Leben immer va banque gespielt.« (Hitler zu Göring bei Beginn des Polen-Feldzugs.)

Vermutlich war »Weltherrschaft« für Hitler mehr visionäres Kraftzentrum denn politisch gestaltbarer Endzweck. Das provozierende Wort vom schwachen Diktator Hitler (H. Mommsen) findet wohl weniger in Polykratie oder Polyzentrik des NS-Herrschaftssystems Bestätigung als in Hitlers letztlicher Disziplinlosigkeit gegen das Optimierungsgebot der Faktoren Zeit – Ziel – Instrumentarium – Feindbildanalyse. Hitler unterwarf sich nicht wie Churchill oder Stalin den Prinzipien ideologie- und realitätspflichtiger Logistik. Den rassisch motivierten Krieg um Lebensraum und »Weltherrschaft« stellte Hitler gewiß mehr unter den Primat des Dogmas als unter den des Kalküls, doch am meisten stellte er ihn unter das Diktat seiner Person. Weder übernahm Hitler die Konzeption seines Außenministers Joachim von Ribbentrop, der für einen eurasischen Anti-Englandblock eintrat, noch ließ sich der »Führer« vom »großdeutschen Imperialismus« seiner engsten Berater und höchsten Militärs begrenzen. Nie gewann der außenpolitische Apparat in seiner konkurrierenden Vielfalt (Auswärtiges Amt, Außenpolitisches Amt, Dienststelle Ribbentrop etc.; Sonderbevollmächtigte) einen Hitler bestimmenden Einfluß. Alles und alle benutzte Hitler nach dem Zellenprinzip: »Ich sage jedem nur soviel wie er wissen muß und das auch nur dann, wenn er es wissen muß.« »Hitler blieb bis zum Schluß der alleinige Herr und Meister der Bewegung, der er selbst das Leben eingehaucht, die er selbst gegründet hatte und die er selbst durch seine persönliche Führerschaft vernichten sollte« (H.R. Trevor-Roper). Das Erscheinungsbild des »Hitlerismus« in der Kontinuitätsproblematik der deutschen Geschichte verlangt von der politischen Psychologie weitere Erkenntniswege, auf denen die widerstreitenden Thesen, wonach hier Männer, dort Klassen Geschichte machen, füreinander fruchtbar werden.

Lothar Gruchmann

NS-Besatzungspolitik und Résistance in Europa

Die nationalsozialistische Besatzungspolitik war auf das Endziel einer »Neuen Ordnung« Europas ausgerichtet. Da die deutsche Herrschaft folglich nicht nur der vorübergehenden militärischen Sicherung und wirtschaftlichen Ausnutzung der besetzten Gebiete, sondern zugleich ihrer Einfügung in die zukünftige politische Ordnung diente, trug sie in den einzelnen Ländern unterschiedliche Züge.

In Norwegen und den Niederlanden, wo die »germanischen« Völker für den Anschluß an das »Großgermanische Reich« vorgesehen waren, wurden keine Militärbefehlshaber, sondern zivile »Reichskommissare« eingesetzt, die dieses Ziel durch Förderung nationalsozialistischer Gruppen und die Besetzung der zentralen einheimischen Verwaltungsposten mit deren Anhängern vorantrieben. Am weitesten gedieh die Entwicklung in Norwegen, wo der Führer der Nasjonal Samling (NS), Vidkun Quisling, unter Reichskommissar und Gauleiter Josef Terboven im Februar 1942 eine Marionettenregierung bildete und seinen Namen damit zum Inbegriff für Kollaborateure machte. In den Niederlanden brachte es ein Jahr später der Führer der Nationaal Socialistische Beweging (NSB), Anton Mussert, unter Reichskommissar Seyß-Inquart nur zu einer Art beratendem Kabinett. Die Versuche beider Vasallen, von Hitler für die Zukunft wenigstens eine beschränkte Autonomie ihrer Länder zugestanden zu bekommen, schlugen bezeichnenderweise fehl. Im kampflos besetzten Dänemark, wo die Einwirkung auf die »souverän« bleibende Regierung durch einen Reichsbevollmächtigten erfolgte, scheiterten alle Versuche, die Dansk National Socialistiske Arbejder Parti (DNSAP) unter Frits Clausen an die Macht zu bringen: Die dänische Regierung lehnte

1942 die Forderung nach Aufnahme dänischer Nazis ins Kabinett ab, und bei den im März 1943 zugelassenen Wahlen erlitt die DNSAP trotz Unterstützung durch die Besatzungsmacht eine komplette Niederlage. Übrig blieb nur die gewaltsame Lösung, die Hitler angesichts der Kriegslage ohnehin geboten schien. Mit der Zunahme dänischer Widerstandshandlungen und der Gefahr einer alliierten Invasion übernahm der deutsche Wehrmachtbefehlshaber unter Suspendierung der politischen Institutionen, Entwaffnung und Internierung der dänischen Streitkräfte die vollziehende Gewalt und die unmittelbare Kontrolle über die einheimische Verwaltung. Damit war der Weg frei, Dänemark, dessen dauernder Besitz aus seestrategischen Gründen für Hitler unabdingbar war, nach dem Endsieg zu einer »deutschen Provinz« zu machen.

Belgien, das wegen seiner strategischen Bedeutung für die Kriegführung gegen England zusammen mit den beiden nordfranzösischen Departements Du Nord und Pas de Calais unter der Militärverwaltung des Militärbefehlshabers General Alexander von Falkenhausen in Brüssel stand, mußte die Gebiete von Eupen, Malmedy und Moresnet an Deutschland abtreten. Einheimische Instrumente der Besatzungspolitik im »germanischen« Landesteil Flandern waren der Vlaamsch National Verbond (VNV) unter Staf de Clercq – nach dessen Tod unter Hendrik Elias –, der die Vereinigung Flanderns mit den Niederlanden zu einem autonomen »dietschen Staat« anstrebte, ab 1942 vor allem die Duitsch-Vlaamsche Arbeidsgemeenschap (DEVLAG), die eine unmittelbare Annexion durch Deutschland befürwortete. Im »nichtgermanischen« Wallonien, das nichtsdestoweniger künftig von Deutschland abhängig gehalten werden sollte, konnte sich die Besatzungsmacht auf die faschistische Rexistenbewegung unter Léon Degrelle stützen. Erst im Juli 1944 wurde die Militärverwaltung in Belgien und Nordfrankreich durch einen zivilen Reichskommissar (Gauleiter Josef Grohé) abgelöst.

Der für die »germanische Politik« in den besetzen Gebieten zuständige Reichsführer SS Heinrich Himmler beabsichtigte, in der SS eine Europa-Elite zusammenzuschweißen: die Mitglieder der in diesen Ländern gegründeten »Germanischen SS« und ihre Freiwilligen in der Waffen-SS wurden auf »Adolf Hitler als germanischen Führer« vereidigt. Die vereinten »germanischen Völker« sollten den Kern bilden, um den sich das zukünftige Europa gruppieren und der den osteuropäischen Raum beherrschen sollte.

Der gemäß dem Waffenstillstand von Compiègne (1940) besetzte Teil Frankreichs, der zwei Drittel des Landes mit den Hauptindustriegebieten, der Kanal- und Atlantikküste ausmachte, stand mit Ausnahme der zwei erwähnten nördlichen Departements unter dem »Militärbefehlshaber Frankreich« in Paris, der die landeseigene Verwaltung durch ein System von Oberfeld-, Feld- und Ortskommandanturen überwachte. Die Beibehaltung einer rein militärischen Besatzungsverwaltung gemäß der Haager Landkriegsordnung ersparte es Hitler, der konservativ-autoritären französischen Regierung unter Staats- und Regierungschef Marschall Henri Philippe Pétain, die ihren Sitz nach Vichy im unbesetzten Teil verlegt hatte, seine territorialen Forderungen vorzeitig zu offenbaren. In dieser Regierung gab es mit Pierre Laval und Admiral François Darlan durchaus Kräfte, die Deutschland gegen einen maßvollen Präliminarfrieden aktive Kollaboration über bloße Neutralität hinaus anboten. Eine solche Zusammenarbeit scheiterte aber gerade daran, daß Hitler den Krieg mit Frankreich zu einem »geschichtlichen Ergebnis« führen, d.h. Frankreich als rivalisierende Großmacht auf dem Kontinent ausschalten, allerdings seine Ansprüche auf Nordfrankreich mit der Kanalküste, Elsaß-Lothringen und Teilen von Burgund erst nach dem Endsieg offenlegen wollte. Hinsichtlich des Elsaß und Lothringens wurden sie ohnehin schon bald erkennbar. Dort – wie übrigens auch im Kleinstaat Luxemburg – hatte Hitler die Gauleiter der angrenzenden Reichsgaue als »Chefs der Zivilverwaltung« eingesetzt, die die spätere Annexion durch eine rigorose Eindeutschungspolitik vorbereiteten: der Kollaborationswille wurde erheblich gedämpft, als Gauleiter Josef Bürckel im Herbst 1940 begann, 100000 französischsprechende Lothringer ins unbesetzte Frankreich abzuschieben. Auch durch ihre positive Einstellung zum deutschen Rußlandfeldzug und die Förderung der Teilnahme französischer Freiwilliger in der »Légion des Volontaires Français contre le Bolchévisme« und der Waffen-SS vermochte die Vichy-

Regierung Hitlers Einstellung zu Frankreich nicht zu ändern. Mit dem Einmarsch ins unbesetzte Frankreich und dem Handstreich gegen den Hafen von Toulon im November 1942, bei dem sich die französische Flotte selbst versenkte – beides Reaktionen auf die alliierte Landung in Nordafrika – war für eine »Politik« gegenüber der Vichy-Regierung ohnehin kaum eine Chance mehr.

Entsprechend dem Ziel, Osteuropa bis zum Ural als »deutschen Lebensraum« in Besitz zu nehmen und die slawischen »Untermenschen« lediglich auszubeuten und zu dezimieren, war die deutsche Besatzungspolitik in diesen Gebieten von vornherein auf Unterwerfung abgestellt. War den Tschechen im März 1939 bei ihrer Eingliederung ins Reich noch eine gewisse, wenn auch vom deutschen Reichsprotektor abhängige »autonome« Verwaltung mit eigenem Staatspräsidenten und Regierung zugebilligt worden, so wurde dieser Status den Polen verweigert. Die westpolnischen Gebiete wurden als Reichsgaue »Danzig-Westpreußen« und »Wartheland« dem Reich einverleibt, die Bezirke Ciechanów (Zichenau) und Bialystok kamen zu Ostpreußen, der Bezirk Kattowitz zu Schlesien. Diese eingegliederten Gebiete wurden durch Massenerschießungen von Polen und Juden, durch Abschiebung nicht »Eindeutschungsfähiger« ins Generalgouvernement sowie durch Ansiedlung von Volksdeutschen aus dem Baltikum und Südosteuropa unter der Oberleitung von Himmler »germanisiert«, der als »Reichskommissar für die Festigung deutschen Volkstums« von Hitler dafür mit besonderen Vollmachten ausgestattet worden war. Im »Generalgouvernement«, das unter Hans Frank mit Sitz in Krakau die östlich anschließenden polnischen Gebiete umfaßte, wurden die physische Ausrottung der polnischen Führungsschicht und die Konzentration der Juden in großstädtischen Ghettos als Vorstufe ihrer 1942 beginnenden Deportation in die Vernichtungslager durchgeführt. Nach dem von Himmler 1942 gebilligten »Generalplan Ost« sollte die nach »Abschöpfung Eindeutschungsfähiger« verbleibende »rassisch unerwünschte« polnische Bevölkerung innerhalb der nächsten zwei bis drei Jahrzehnte nach Sibirien verbracht werden. Anders als in Polen wurde die Realisierung ähnlicher Pläne zur »Assimilierung des Tschechentums« unter Beseitigung der »Übergangsform« des Protektorats mit Rücksicht auf die störungsfreie Produktion der Kriegsindustrie in diesem Land zurückgestellt.

Die Baltenstaaten Estland, Lettland und Litauen wurden als Generalkommissariate mit einer partiellen landeseigenen Verwaltung zusammen mit dem sowjetischen Weißruthenien einschließlich des früheren polnischen Gebiets um Wilna als viertem Generalkommissariat (mit Selbstverwaltung nur auf Gemeindeebene) zum »Reichskommissariat Ostland« unter Gauleiter Hinrich Lohse zusammengefaßt. Nach Abtretung Bessarabiens und Transnistriens mit Odessa an Rumänien kam die Ukraine einschließlich ihres ehemals polnischen Westteils um Rowno als zweites Reichskommissariat mit sechs Generalkommissariaten unter die Herrschaft des Gauleiters von Ostpreußen Erich Koch, der mit seiner von Hitler gebilligten »Herrenmenschen«- und Ausbeutungspolitik die anfänglichen Sympathien der Einwohner für die Besatzungsmacht restlos erstickte. Der »Reichsminister für die besetzten Ostgebiete« Alfred Rosenberg, der die radikalen Methoden Kochs aus Zweckmäßigkeitsgründen mißbilligte, konnte sich gegenüber den ihm unterstellten Reichskommissaren nicht durchsetzen. Auch auf dem besetzten sowjetischen Territorium führte Himmler seine »Flurbereinigung« durch, die die Bevölkerung in den Widerstand und zur Partisanentätigkeit trieb: 1941/42 töteten vier »Einsatzgruppen« der Sicherheitspolizei und des Sicherheitsdienstes der SS systematisch über 1 Million kommunistischer Funktionäre, Juden und andere »unerwünschte Elemente«. Auch dem Heer hatte Hitler befohlen, kriegsgefangene Kommissare der Roten Armee zu erschießen und Straftaten Einheimischer gegen die Besatzungsmacht nicht durch die Kriegsgerichte, sondern durch die Truppe selbst zu ahnden.

Die Slowakei – im März 1939 bei der Zerschlagung der Tschechoslowakei als deutscher Satellitenstaat gegründet – und die Balkanstaaten Ungarn, Rumänien und Bulgarien, die mit ihrem Beitritt zum Dreimächtepakt die Führung der Achsenmächte anerkannt und ihre territoriale Gestaltung wiederholt der Entscheidung Deutschlands unterworfen hatten, wurden zusehends weiter in deutsche Abhängigkeit gezwungen. Ungarn wurde im März 1944 völlig besetzt, seine jüdische Minderheit von der SS deportiert und Reichsverweser Nikolaus von Horthy im Oktober bei dem Versuch, mit der Sowjetunion einen Waffenstillstand zu schließen, zur Abdankung und zur Einsetzung der »bündnistreuen« Regierung unter dem Pfeilkreuzler Férencz Szálasi gezwungen. Rumänien, das unter General Ion Antonescu eine Politik der Anlehnung an Deutschland führte, hatte seit Herbst 1940 als »Lehrtruppen« getarnte deutsche Verbände zum Schutze der wichtigen Ölfelder im Lande. Durch das Beispiel gewarnt, daß diese Verbände bei Annäherung der Roten Armee im August 1944 den Sturz des Generals und den Frontwechsel Rumäniens nicht verhindern konnten, schritt Hitler noch im selben Monat zur Totalbesetzung des slowakischen Satellitenstaates. Nur Bulgarien, das im März 1941 sein Territorium für den deutschen Aufmarsch zum Balkanfeldzug zur Verfügung gestellt und dafür jugoslawische und griechische Gebiete erhalten hatte, vermochte sich dem Kriegseintritt gegen die Sowjetunion und einer deutschen Besetzung zu entziehen.

Mit der Zerschlagung Jugoslawiens wurde im April 1941 als weiterer Satellitenstaat das um Bosnien und die Herzegowina vergrößerte Kroatien unter dem Führer der faschistischen Ustascha-Bewegung Ante Pavelić gegründet, das deutsche und italienische Besatzungstruppen im Lande behielt. Die nordjugoslawischen Gebiete Untersteiermark und Oberkrain wurden den Gauleitern der angrenzenden deutschen Gaue als »Chefs der Zivilverwaltung« unterstellt und damit de facto dem Reich einverleibt; neben Bulgarien beteiligten sich auch Italien und dessen Satellit Albanien sowie Ungarn an der Aufteilung Jugoslawiens. Der serbische Landesteil blieb unter deutscher Militärverwaltung, die sich auf eine Marionettenregierung unter General Milan Nedić stützte. Das besetzte Griechenland, das Gebiete an Bulgarien und Albanien abtreten mußte, teilte sich in deutsche und italienische Besatzungszonen, wobei sich die deutsche Militärverwaltung hier ebenfalls einer einheimischen Marionettenregierung in Athen bediente. Nach dem Umschwung in Italien rückten im September 1943 deutsche Kräfte in Albanien und in die italienischen Besatzungsgebiete auf dem Balkan ein. Der rasch besetzte Nordteil Italiens wurde trotz der Existenz von Mussolinis »Faschistischer Republik« mit Regierungssitz in Sálo de facto unter deutsche Militärverwaltung genommen. Die deutschen Annexionsabsichten machten nunmehr an der Alpengrenze nicht mehr halt: die italienischen Provinzen Bozen, Trient und Belluno wurden als »Operationszone Alpenvorland« der Verwaltung des Gauleiters von Tirol übergeben, der die italienischen Institutionen unterdrückte und die Anschlußbewegung förderte. Ebenso wurden die italienischen Adriaprovinzen dem Gauleiter von Kärnten und die – ehemals jugoslawische – Provinz Laibach dem Gauleiter der Steiermark unterstellt.

Angesichts der egoistischen und teilweise brutalen deutschen Besatzungspolitik, die den europäischen Völkern kein gemeinsames Ziel zu geben vermochte – die erst in der Krise ausgegebene Parole vom »Kreuzzug« zur Rettung Europas vor dem Bolschewismus verfing schon deshalb nicht, weil ihr keine Änderung der deutschen Haltung folgte –, sahen diese Völker mit Ausnahme einiger kollaborisierender Opportunisten ihre Zukunft nur durch den Sieg der Alliierten gesichert, den aktive Minderheiten in ihren Reihen durch Widerstandstätigkeit zu fördern suchten. Ihre meist nach London ins Exil gegangenen Regierungen wirkten dabei wie Magnete in den deutschen Herrschaftsraum hinein, und die von Churchill gegründete Special Operations Executive (SOE) unterstützte die Résistance vor allem in Westeuropa und auf dem Balkan, indem sie Nachrichtenverbindungen herstellte, auf dem Luft- oder Seewege Waffen lieferte und Sabotageakte auszuführen half. In den ost-, südosteuropäischen und romanischen Ländern spaltete sich der Widerstand in nationale und kommunistische Gruppen, zwischen denen es nicht überall zur Zusammenarbeit kam. Daß die Intensität des Widerstandes von Westen nach Osten zunahm, lag neben der geographischen Beschaffenheit, der unterschiedlichen Dichte der Bevölkerung und des Verkehrsnetzes auch an der größeren unmittelbaren Bedrohung, die die Besatzungsmacht für die Bevölkerung darstellte. In den unübersichtlichen Waldgebieten hinter der deutschen Rußlandfront band die Partisanentätigkeit, die durch einen besonderen Stab unter dem Zentralkomitee der KPdSU von Moskau aus geleitet wurde, erhebliche deutsche Kräfte und wirkte in zunehmendem Maße mit der Roten Armee operativ zusammen: bei der sowjetischen Offensive im Juni 1944 legten die Partisanen das Eisenbahnnetz hinter der deutschen Heeresgruppe Mitte durch 10000 Sprengungen lahm. In Polen bildete sich schon zeitig und in enger Zusammenarbeit mit der Exilregierung neben einer zivilen eine militärische Widerstandsorganisation, die nationalpolnische »Heimatarmee« (Armia Krajowa, AK), der eine rivalisierende geheime »Volksarmee« (Armia Ludowa, AL) des kommunistischen Untergrunds gegenüberstand. Mit ihrer Hilfe bewaffneten sich die jüdischen Kämpfer des Warschauer Ghettos, um sich dem Abtransport der restlichen ca. 60000 Juden durch einen Aufstand zu widersetzen, der nach vierwöchigen Häuserkämpfen mit der Vernichtung des Ghettos endete. Bei der Annäherung der Sowjettruppen erhob sich in Warschau am 1. August 1944 auch die AK unter General Tadeusz »Bór«-Komorowski, mußte aber nach sechzigtägigem Kampf kapitulieren, nachdem die Sowjets durch einen deutschen Gegenstoß aufgehalten worden waren.

In den Gebirgen Serbiens und Montenegros wurde ab Mai 1941 die nationalserbische Partisanenarmee der Tschetniks (ćeta = Bande, Schar) unter Oberst Draža Mihailowić aktiv, der von der jugoslawischen Exilregierung als Oberbefehlshaber der Heimatstreitkräfte anerkannt wurde. Er geriet in bewaffneten Konflikt mit der ständig wachsenden kommunistischen Partisanenbewegung unter Josip Broz, genannt »Tito«, die nach dem deutschen Überfall auf die Sowjetunion gegründet worden war und trotz durchgreifender deutscher Repressalien wie Massenerschießungen von Geiseln bald ausgedehnte Teile des Landes beherrschte. Angesichts der militärischen Effektivität der Tito-Partisanen, die sich 1943 in Bosnien und Montenegro mehreren deutsch-italienischen Einschließungsoperationen durch verwegene Durchbruchsunternehmen entzogen, entschieden sich die Westmächte, Titos Kräfte anstelle der abwartenden und teilweise mit den Italienern gegen Tito kollaborierenden Tschetniks mit Waffen zu unterstützen. Mit der integrierenden politischen Idee einer alle jugoslawischen Nationalitäten umfassenden Nachkriegskonföderation erhielt Tito so starken Rückhalt im Lande, daß er schließlich eine provisorische Gegenregierung zur Londoner Exilregierung bilden konnte. Seine Ende 1943 auf 300000 Mann angewachsene und mit Waffen der kapitulierenden Italiener zusätzlich ausgestattete Armee übernahm 1944 bei der Befreiung Belgrads und der Behinderung des Rückzugs der deutschen Truppen aus Griechenland regelrechte strategische Aufgaben. Auch in Griechenland, wo sich die Bevölkerung allein schon wegen der – durch die Abschnürung der Seeverbindungen verursachten – Hungersnot nicht mit der Besatzung abfinden konnte, bekämpften sich die Partisanen des »National-Republikanischen Bundes« (EDES) und der kommunistischen »Nationalen Befreiungsarmee« (ELAS). Sie schlossen erst durch die Vermittlung der alliierten Militärmission einen Waffenstillstand und unterstellten ihre Verbände der durch Aufnahme von Kommunisten umgebildeten Exilregierung. Trotz rigoroser deutscher Repressalien beherrschten und verwalteten die von den Briten und den 1943 kapitulierenden italienischen Besatzungstruppen bewaffneten Partisanen fast zwei Drittel des Landes, lange bevor die Deutschen im Herbst 1944 abzogen.

In der Tschechoslowakei blieb die Partisanentätigkeit auf die slowakischen Karpaten beschränkt, wo der aus Widerstandsgruppen einschließlich der Kommunisten gebildete »Slowakische Nationalrat« (SNR), der mit der Exilregierung Edvard Beneš Verbindung unterhielt, bei Annäherung der Sowjets im August 1944 zum bewaffneten Aufstand aufrief. Nach heftigen Kämpfen im Raum Neusohl (Banská Bystrica) – Sillein (Žilina) brach der Aufstand Ende Oktober zusammen, da die sowjetische Offensive zur Überschreitung der Karpaten am Dukla-Paß scheiterte. Im dichtbesiedelten und verkehrsmäßig erschlossenen tschechischen Raum beschränkte sich die Tätigkeit der Widerstandsgruppen unter der von Beneš anerkannten »Zentralen Führung des Widerstandes in der Heimat« (ÚVOD) – die neben der illegalen kommunistischen Partei (KSČ) bestanden – auf die Organisierung passiven Widerstandes, auf Propaganda, Nachrichtendienst, Fluchthilfe und einzelne Sabotageakte. Wegen seiner Schlüsselstellung im Widerstand wurde der erste Premier der Protektoratsregierung, Alois Eliáš, 1941 vom Volksgerichtshof zum Tode verurteilt. Das tödliche Attentat auf den stellvertretenden Reichsprotektor, den Sicherheitspolizeichef Heydrich im Mai 1942 durch in England ausgebildete tschechische Fallschirmspringer nahmen die Deutschen zum Anlaß, am 10. Juni das Dorf Lidice niederzubrennen und seine männlichen Bewohner zu erschießen. Bewaffnete Aktionen unternahm die aus ehemaligen Armeeangehörigen gebildete »Nationale Abwehr« (ON) erst beim unmittelbaren Einrücken der Alliierten: am 5. Mai 1945 kam es unter dem »Tschechischen Nationalrat« (ČNR), dem auch die kommunistischen Widerstandskämpfer angehörten, in Prag zum Aufstand.

Auch in Nord- und Westeuropa wurden bewaffnete Gruppen außer in den Bergen Norwegens und Südfrankreichs erst nach der Landung bzw. bei der Annäherung der Alliierten aktiv. Vor diesem Zeitpunkt sah hier die Résistance ihre Aufgabe in der Aufrechterhaltung des Widerstandswillens, der Herausgabe von Untergrundzeitungen, dem Nachrichtendienst für die Alliierten, der Versorgung von Untergetauchten, der Fluchthilfe für Verfolgte und abgeschossene alliierte Piloten sowie in der Organisierung gezielter Sabotage und – in einigen Ländern – von zeitweiligen Massenstreiks. Zu den deutschen Reaktionen gehörte Hitlers für diesen Raum (außer Dänemark) gültiger »Nacht-und-Nebel-Erlaß« vom Dezember 1941, wonach des Widerstands Verdächtige heimlich in deutsche Konzentrationslager gebracht werden sollten, soweit gegen sie kein wehrmachtgerichtliches Todesurteil gefällt werden konnte. Als die Aktivität der Résistance zunahm, schaltete Hitler wie in Rußland auch hier die Wehrmachtgerichtsbarkeit aus: Nach seinem »Terror- und Sabotage-Erlaß« vom Juli 1944 waren Widerstandskämpfer an Ort und Stelle niederzumachen oder Himmlers Sicherheitspolizei auszuliefern.

In Norwegen und den Niederlanden, wo der kommunistische Widerstand keine große Rolle spielte, arbeitete die Résistance reibungslos mit den Exilregierungen zusammen. Bis auf die starke »Front de l'Indépendance« (F.I.) unter kommunistischer Führung und ihre militanten Gruppen traf das auch für Belgien zu. Die norwegische »Heimatfront«, die vom Präsidenten des zurückgetretenen Obersten Gerichtshofs Paal Berg geführt und von der protestantischen Kirche unter Bischof Berggrav unterstützt wurde, organisierte 1943 die Massenflucht von Norwegern, die vor der Zwangsrekrutierung von Arbeitskräften untertauchten, und von Studenten, die nach der Schließung der Osloer Universität verfolgt wurden, nach Schweden. Ihre militärische Abteilung »Milorg« bekam starken Zulauf, als die Deutschen 1943 die aus der Kriegsgefangenschaft entlassenen norwegischen Offiziere wieder internierten und Quisling im Mai 1944 drei Jahrgänge junger Norweger zum Arbeitseinsatz einberief. Von der SOE bewaffnet, behinderte die »Milorg« ab Oktober den Transport der deutschen Finnlandtruppen ins Reich durch Aktionen gegen Verkehrslinien, Schiffe und Treibstofflager. In den Niederlanden lösten die ersten Deportationen von Juden im Februar 1941 und die erneute Internierung der entlassenen Kriegsgefangenen im April 1943 Streikbewegungen aus, die vom Reichskommissar durch Verhaftungen und Erschießungen unterdrückt wurden. Im September 1944 wurden die wichtigsten Gruppen der holländischen Résistance zur »Binnenlandse Strijdkrachten« (B.S.) zusammengefaßt und dem Oberbefehl von Prinz Bernhard unterstellt. Der im selben Monat von der Exilregierung zur Unterstützung der alliierten Operationen angeordnete Eisenbahnerstreik wurde bis zur Befreiung des Landes durchgehalten. Das von den Deutschen als Repressalie gegen die großen Städte verhängte Lebensmittelembargo forderte im »Hungerwinter« 1944/45 über 10000 Opfer. Auch in Belgien verursachte die Zwangsrekrutierung von Arbeitern nach Deutschland 1943 Streiks in den Industriezentren. Einzelaktionen, die sich vor allem gegen die eigenen Kollaborateure richteten, steigerten die deutschen Repressalien auch hier bis zu Geiselerschießungen. Die Exilregierung faßte die aus ehemaligen Offizieren bestehende »Légion Belge« und andere militärische Widerstandsgruppen schon Anfang 1943 zur »Armée Secrète« zusammen, um die Alliierten nach einer Landung zu unterstützen, aber auch bei der Befreiung einen Staatsstreich von links zu verhindern. Bei der Besetzung des Hafens von Antwerpen am 4. September 1944, der bis zum Eintreffen der Alliierten gehalten wurde, um die Anlagen vor deutscher Zerstörung zu schützen, wirkte die »Armée Secrète« mit der kommunistisch beherrschten F.I. zusammen.

Die dänische Résistance war insofern in einer besonderen Situation, als sich ihre Aktionen zugleich gegen die eigene »neutrale« Regierung richteten, die die Lage des Landes gegenüber der Besatzungsmacht durch Provokationen nicht erschwert sehen wollte.

Dennoch mehrten sich auch hier seit der Kriegswende im Winter 1942/43 durch die SOE geförderte Sabotageakte gegen Eisenbahnen und kriegswichtige Anlagen. Mit der Übernahme der Regierungsgewalt durch die Besatzungsmacht am 29. August 1943 bildete sich ein geheimer »Frihedsraad«, der die Tätigkeit der Résistance koordinierte und auf dessen Initiative 1943/44 mehrere Streiks gegen verschiedene deutsche Maßnahmen durchgeführt wurden. Im Oktober 1943 gelang es, die dänischen Juden fast vollständig der Verhaftung durch die Deutschen zu entziehen und nach Schweden zu bringen.

In Frankreich wurden nach dem Ausbruch des deutsch-sowjetischen Krieges zunächst die kommunistischen Gruppen um die »Franc-Tireurs et Partisans« (F.T.P.) aktiv, die auch von den Organen der Vichy-Regierung verfolgt wurden. Überfälle auf deutsche Besatzungsangehörige lösten Geiselerschießungen aus, die neben anderen Maßnahmen des seit Juni 1942 dafür zuständigen Höheren SS- und Polizeiführers Carl-Albrecht Oberg die Bevölkerung zunehmend gegen die Besatzungsmacht aufbrachten. Die verschiedenen Gruppen der Résistance – »Combat« der Christdemokraten und Militärs, »Libération« der Sozialisten und Gewerkschaften u. a. – wurden einschließlich der F.T.P. im Mai 1943 im Auftrag von de Gaulles Nationalkomitee im Pariser »Conseil National de la Résistance«, ihre militärischen Gruppen im Februar 1944 zu den »Forces Françaises de l'Intérieur« (F.F.I.) zusammengeschlossen und durch die SOE aus der Luft bewaffnet. Während der »Maquis« – die im Buschwald kämpfenden Partisanen –, der durch die deutsche Zwangseinziehung von Arbeitskräften starken Zulauf erhielt, im bergigen Zentralmassiv schon im Frühjahr 1944 regelrechten Guerillakrieg führte, wurde das Gros der militärischen Résistance erst bei der alliierten Landung durch Unterbrechung deutscher Nachrichten- und Nachschubverbindungen, in Paris durch eine Erhebung wenige Tage vor dem Einmarsch der Befreier aktiv. Im Verlauf der Vergeltungsmaßnahmen vernichtete eine Einheit der Waffen-SS am 10. Juni 1944 das Dorf Oradour und tötete sämtliche Einwohner.

Nach der Besetzung Italiens sahen sich die Deutschen auch hier einer Resistenza gegenüber, die sich auf die unter Pietro Badoglio wiedererstandenen politischen Parteien stützte. In den größeren Städten gründeten Vertreter aller Parteien gemeinsame Befreiungskomitees, von denen das »Nationale Befreiungskomitee für Oberitalien« (C.L.N.A.I.) in Mailand die Aktivitäten zentral koordinierte, mehrere Streiks in den Großstädten organisierte, die mit Deportationen und Exekutionen beantwortet wurden, und im Sommer 1944 von der Regierung Bonomi als provisorische Regierung im deutschbesetzten Gebiet anerkannt wurde. Aus entwaffneten italienischen Wehrmachtsangehörigen, die als Arbeiter nach Deutschland gebracht werden sollten, bildeten sich Partisanengruppen, die die Gebirge in Ligurien und entlang der Schweizer Grenze beherrschten und im Herbst 1944 im »Corpo Volontari della Libertà« zusammengefaßt wurden. Die erste bewaffnete Großaktion war der Aufstand der »vier Tage« Ende September 1943 in Neapel vor dem Einrücken der Alliierten, die letzte die Erhebung von Mailand im April 1945, die mit der Übernahme der Stadt durch das C.L.N.A.I. am 27. April endete. Am nächsten Tag setzten Partisanen mit der Gefangennahme und Erschießung Mussolinis am Comer See den Schlußpunkt unter die faschistische Herrschaft in Italien.

Obwohl die Résistance als Gegenbewegung gegen das nationalsozialistische Regime und seine Ideologie alle besetzten Gebiete Europas erfaßte, gab es keine »europäische Résistance«. Dafür besaßen die verschiedenen Widerstandsgruppen zu unterschiedliche Vorstellungen über die Gestaltung ihrer Länder nach der Befreiung: sie reichten von der Erhaltung der angestammten Monarchien bis zur Errichtung sozialistischer Volksrepubliken. Die Hoffnung der Résistance, auch die politische und gesellschaftliche Nachkriegsordnung maßgeblich mitgestalten zu können, sollte sich nur zum Teil erfüllen.

Hermann Graml
Die Kapitulation und ihre Folgen

In Reims, wo sich General Eisenhowers Hauptquartier der in Westeuropa fechtenden alliierten Truppen befand, unterzeichnete Generaloberst Jodl, Chef des Wehrmachtführungsstabes, am 7. Mai 1945, 2.41 Uhr, die bedingungslose Kapitulation der deutschen Wehrmacht. Obwohl in Reims durch einen General vertreten, bestand die Sowjetunion darauf, daß in ihrem Machtbereich eine »formale Ratifizierung« der deutschen Waffenstreckung zu erfolgen habe, was in Berlin-Karlshorst, wo der Oberbefehlshaber der sowjetischen Armeen in Deutschland residierte, am 9. Mai, 0.16 Uhr, geschah – eine Stunde und fünfzehn Minuten zuvor war die Reimser Kapitulation in Kraft getreten. Nachdem die Verbündeten Deutschlands schon früher aufgegeben und dabei oder kurz danach meist die Seite gewechselt hatten (Italien, 8. Sept. 1943; Rumänien, 25. Aug. 1944; Finnland, 19. Sept. 1944; Bulgarien, 28. Okt. 1944; Ungarn, 20. Jan. 1945), nachdem ferner etliche größere Teilkapitulationen deutscher Streitkräfte vorangegangen waren (so ergaben sich die deutschen Truppen in Italien am 29. April 1945, die in Berlin am 2. Mai und die in Nordwestdeutschland, Holland und Dänemark am 5. Mai), komplettierten und besiegelten die Reimser und Karlshorster Zeremonien das Ende des Zweiten Weltkriegs in Europa. Der vom faschistischen Italien Mussolinis helfend begleitete Anlauf des nationalsozialistischen Deutschland unter Hitler, vorerst Europa seiner Herrschaft zu unterwerfen und ein auf die Landmasse zwischen Atlantik und Ural gestütztes Imperium zu errichten, war definitiv gescheitert – damit auch der nationalsozialistische Versuch, Liberalismus und Parlamentarismus in Europa zu beseitigen, alle Erscheinungsformen eines Sozialismus oder Kommunismus marxistischer Observanz zu vernichten und an ihre Stelle einen Totalitarismus biologistisch-rassistischer Prägung zu setzen; zugleich machte die Kapitulation jede Fortsetzung des mit den beiden ersten Zielen aufs engste zusammenhängenden nationalsozialistischen Ausrottungsfeldzugs gegen die in Hitlers Machtbereich lebenden Juden unmöglich. Nach langen Jahren der politischen und dann zunächst auch militärischen Defensive hatten die parlamentarischen Demokratien des Westens und die stalinistische UdSSR nicht nur ihre Existenz behauptet, sondern einen totalen Sieg errungen. Wenige Monate später, am 2. September 1945, konnten die Alliierten den dritten Partner des Kartells expansionistischer Großmächte, Japan, ebenfalls zur Kapitulation zwingen.

Der Weg zur Erholung von den Leiden eines furchtbaren Krieges schien frei zu sein, ebenso der Weg zum Aufbau einer friedenstiftenden oder doch kriegverhütenden Organisation der Staatengesellschaft, namentlich durch die Schaffung einer effektiveren Nachfolge-Institution für den zwischen den Weltkriegen so kläglich versagenden Genfer Völkerbund. Seit der amerikanische Präsident Roosevelt und der britische Premier Churchill am 14. August 1941 in der »Atlantik-Charta« und in einer Deklaration vom 1. Januar 1942 als ihr wichtigstes Kriegsziel einen allgemeinen Gewaltverzicht und ein funktionsfähiges System der kollektiven Sicherheit proklamiert hatten, durfte ja der Krieg gegen Deutschland, Italien und Japan als eine Aktion der entstehenden Vereinten Nationen verstanden werden, zumal sich alle anderen Staaten, die zwischen 1939 und 1945 am Krieg gegen die Achse Berlin–Rom–Tokio teilnahmen, ebenfalls ausdrücklich zu den Grundsätzen der Atlantik-Charta bekannten. Der Begriff »Vereinte Nationen« war in der Charta verwendet worden, und die Deklaration vom 1. Januar 1942 hatte bereits die offizielle Bezeichnung »Erklärung der Vereinten Nationen« getragen. Im Herbst 1944 hatten die Vertreter der USA, der UdSSR, Großbritanniens und Chinas auf einer Konferenz in Dumbarton Oaks Vorschläge für die Satzung der neuen internationalen Organisation ausgearbeitet, und als Generaloberst Jodl in Reims seine Unterschrift unter die Kapitulation der deutschen Armee setzte, war die am 25. April 1945 eröffnete Gründungskonferenz der Vereinten Nationen schon in vollem Gange; am 26. Juni ging sie mit der einstimmigen Annahme der UN-Satzung durch 50 Staaten erfolgreich zu Ende. Der Völkerbund, der de jure noch immer existierte, erklärte am 18. April 1946 seine Selbstauflösung.

Für die Deutschen bestand eine erste und simple Konsequenz der Kapitulation darin, daß sich nun – von individuellen Fällen abgesehen – praktisch alle Angehörigen der Streitkräfte des Dritten Reiches in Gefangenschaft befanden, eine in der Geschichte der europäischen Nationalstaaten höchst ungewöhnliche Situation. Selbst bei den meisten Opfern der Blitzkriege Hitlers hatten sich nicht nur politische Führer, sondern auch Teile der jeweiligen Armee, Luftwaffe oder Marine dem deutschen Zugriff entziehen können: durch Flucht auf alliiertes Territorium, Übertritt in noch neutrale Staaten und Rückzug in schwer zugängliche Regionen des eigenen Landes, wo der Widerstand gegen die deutsche Okkupation als Partisanenkrieg fortgesetzt wurde. Frankreich hatte noch nach der militärischen Katastrophe von 1940 über eine Flotte und eine intakte Kolonialarmee verfügt. Nichts war besser geeignet, einer Mehrheit der waffenfähigen männlichen Bevölkerung Deutschlands die militärische Niederlage und ihre Totalität ins Bewußtsein zu brennen, als die bestenfalls trübselige, oft aber elende Existenz in alliierter Gefangenschaft, die häufig jahrelang dauerte und durch Hunger und Krankheit noch zahlreiche Todesopfer forderte. Parolen wie »im Felde unbesiegt«, mit denen die deutsche Nation nach dem Ersten Weltkrieg die Realität der Niederlage geleugnet und verdrängt hatte, fanden also nicht mehr den geringsten Ansatzpunkt, zumal auf deutscher Seite Erscheinungen der Auflösung oder gar der Auflehnung gegen das NS-Regime bis in die allerletzte Kriegsphase ausgeblieben waren; daß vereinzelte und überdies gescheiterte Aktionen des Widerstands, so das Attentat vom 20. Juli 1944, den Verlauf des Krieges nicht beeinflußt hatten, lag klar zutage. Die gegebenen Umstände machten jedoch nicht allein eine neue »Dolchstoßlegende« unmöglich. Die Eindeutigkeit des militärischen Urteils über das Dritte Reich förderte notwendigerweise auch eine negative Einstellung der Deutschen zum NS-Regime und zur nationalsozialistischen »Weltanschauung«.

Als sofortige politische Folge der Kapitulation erlosch aber zunächst einmal sogar die staatliche Existenz Deutschlands. Zwar gab es zur Zeit der Reimser und Karlshorster Vorgänge noch eine deutsche Regierung, die in Mürwik amtierte. Kurz vor seinem Selbstmord hatte Hitler Großadmiral Dönitz, der die Kriegsmarine befehligte, zu seinem Nachfolger als Reichspräsident und Oberbefehlshaber der Wehrmacht eingesetzt. Die Alliierten haben sich der Regierung in Mürwik auch bedient, freilich nur zur Herbeiführung und zur reibungslosen Abwicklung der deutschen Gesamtkapitulation. Bereits am 23. Mai 1945 erklärten sie Dönitz und seine Reichsregierung für abgesetzt, den Großadmiral und die Mitglieder des Kabinetts zu Kriegsgefangenen. Die Regierungsgewalt in Deutschland übernahmen nun die in Europa dominierenden Mächte der Alliierten: Großbritannien, Sowjetunion, USA und Frankreich. Mit einer am 5. Juni 1945 veröffentlichten Proklamation stellten die vier Mächte die Übernahme offiziell fest. Mit diesem Akt setzten die Alliierten, wie schon am 24. Januar 1943 in der von Roosevelt und Churchill in Casablanca erhobenen Forderung nach »unconditional surrender« angekündigt, ihre Entschlossenheit in die Tat um, neben der militärischen zugleich die unumschränkte politische Verfügungsgewalt über Deutschland zu beanspruchen. Der Anspruch wiederum folgte aus einem Sicherheitsbedürfnis, das durch den erneuten deutschen »Griff nach der Weltmacht« aufs äußerste gereizt worden war und jetzt nach totaler Befriedigung verlangte. Erbittert durch die außerhalb der deutschen Grenzen nirgends ernstlich bezweifelte Verantwortung Deutschlands sowohl für den Ersten wie für den Zweiten Weltkrieg und tief erschreckt durch die Kraftentfaltung, zu der sich die deutsche Gesellschaft in beiden Kriegen fähig gezeigt hatte, stimmten in allen Siegerstaaten öffentliche Meinung und Politiker vorerst darin überein, daß brutaler Expansionismus ein Wesensmerkmal deutscher Politik sei und daß gegen eine Aggressivität, der ein so bedeutendes Potential zur Verfügung stehe, außergewöhnliche Vorkehrungen getroffen werden müßten. Die Verbrechen, die von den Organen des NS-Regimes in sämtlichen besetzten Ländern verübt worden waren, und der Haß, den die Verbrechen geweckt hatten, wirkten als zusätzliche Stimulantien des Sicherheitsbedürfnisses und lieferten der Anwendung nahezu jeglicher Befriedigungsmittel das erforderliche gute Gewissen. Die Atlantik-Charta sollte jedenfalls für Deutschland keine Geltung haben. Auf den Konferenzen in Teheran und Jalta hatten die Regierungschefs der drei Führungsmächte der Alliierten die Grundsätze und Grundzüge eines deutschlandpolitischen Programms skizziert, das auf Grund seiner Härte in der Tat die absolute politische Verfügungsgewalt über Deutschland voraussetzte. Die Konferenz von Potsdam, auf der sich vom 17. Juli bis 2. August 1945 die »Großen Drei« ein drittes Mal trafen, hat das Programm im wesentlichen bestätigt und das Signal zu seiner Verwirklichung gegeben.

Gewiß war die nun exekutierte alliierte Deutschlandpolitik nicht mit jenen Plänen zur totalen Agrarisierung des deutschen Territoriums identisch, wie sie während des Krieges der amerikanische Finanzminister Henry Morgenthau konzipiert hatte. Auch den Gedanken, Deutschland in mehrere Kleinstaaten aufzuteilen, hatten die Alliierten, nachdem er in Teheran bereits grundsätzlich akzeptiert gewesen war, gegen Ende der Konferenz von Jalta im wohlverstandenen eigenen Interesse wieder aufgegeben und in den Wochen nach Jalta endgültig begraben. In Potsdam kamen die »Großen Drei« dann überein, das in vier Besatzungszonen geteilte und seiner politischen Souveränität zunächst beraubte Deutschland als wirtschaftliche Einheit zu behandeln, möglichst bald mit deutschen Zentralbehörden auszustatten und in absehbarer Zeit auch als politische Einheit zu restaurieren. Ein Alliierter Kontrollrat, der sich aus den Militärgouverneuren der vier Besatzungszonen zusammensetzte, sollte bis zu einer definitiven Friedensregelung als Ersatzregierung fungieren, die Wahrung der wirtschaftlich-administrativen Einheit garantieren und die Wiederherstellung eines deutschen Staates vorbereiten. Abgesehen davon aber, daß die von Deutschland und Italien annektierten oder zerrissenen Staaten – Österreich, Albanien, Tschechoslowakei, Jugoslawien, Abessinien – selbstverständlich restauriert und die von den Achsenmächten geraubten Teilgebiete – z.B. Elsaß-Lothringen – selbstverständlich wieder in ihren alten Staatsverband eingegliedert wurden, nahmen die Alliierten doch eine drastische Amputation am deutschen Staatskörper vor. Während sich sonst, anders als 1918/20, die politische Landkarte Europas im Vergleich zur Vorkriegszeit kaum änderte, mußte nämlich Polen nach Westen wandern. Da Stalin darauf beharrte, daß die Sowjetunion ihre Beute aus der deutsch-sowjetischen Teilung Polens von 1939 behielt, verlor Warschau auf Geheiß der Großmächte, die das in Teheran und Jalta vereinbart hatten, die ostpolnischen Territorien an die UdSSR und erhielt als Entschädigung von Deutschland das südliche Ostpreußen mit Allenstein – das nördliche mit Königsberg und Insterburg ging an die Sowjetunion –, dazu Pommern und Schlesien bis zur Oder und Neiße. Die Potsdamer Konferenz hat die Verschiebung, die naturgemäß auch die politische Machtbasis des künftigen Deutschland beschränken sollte, grundsätzlich sanktioniert, wenngleich eine endgültige Regelung der deutsch-polnischen Grenze einem Friedensvertrag mit Deutschland vorbehalten wurde. Daß der Vorbehalt allenfalls die Möglichkeit von Detailkorrekturen offenhalten und nicht etwa die Oder-Neiße-Grenze an sich zum Provisorium stempeln wollte, kam im Potsdamer Protokoll auch insofern zum Ausdruck, als es sowohl der Tschechoslowakei und Ungarn wie auch Polen das Recht zugestand, die in diesen Ländern lebenden Deutschen – einschließlich der Ostpreußen, Pommern und Schlesier – zu vertreiben und in das reduzierte Gebiet des künftigen deutschen Staates abzuschieben. Eine Praxis, die das NS-Regime an der Bevölkerung besetzter Staaten, namentlich Polens, aber auch an den 1939/40 in annektierten polnischen Territorien angesiedelten Deutschen der baltischen Länder, Wolhyniens und Bessarabiens vorexerziert hatte, schlug mit gnadenloser Härte auf die Deutschen zurück. Nachdem der Herrschaftsanspruch und die Herrschaftsmethoden des nationalsozialistischen Deutschland die deutsche Stellung in Osteuropa, von der jahrhundertelang auch wohltätige wirtschaftliche und kulturelle Wirkungen ausgegangen waren, gründlich diskreditiert hatten, folgte nun die nicht weniger grausame Liquidierung dieser Position. Außerdem sah es zunächst so aus, als werde das Saargebiet schließlich an Frankreich fallen, und die Pariser Regierung erhob zusätzlich die Forderung nach der Abtrennung der übrigen linksrheinischen deutschen Territorien und nach der Internationalisierung des Ruhrgebiets. Zwar trafen die französischen Wünsche in London, Washington und Moskau aus mancherlei Gründen auf Widerstreben und Ablehnung, was die Erfüllung lange genug verhinderte, um sie am Ende unmöglich zu machen. Vorerst drohte Deutschland jedoch auch im Westen ein gefährlicher Schrumpfungsprozeß.

Auf der anderen Seite erklärten die Alliierten das deutsche Okkupationsgebiet gleichsam zum politischen Entwicklungsland, dessen Bevölkerung für eine gewisse Zeit unter Vormundschaft gestellt werden müsse. Die Vormünder setzten sich dabei negative und positive Aufgaben. Ein umfassendes Säuberungsprogramm verfolgte das Ziel, die führenden Nationalsozialisten und jene Deutsche, die sich Kriegsverbrechen schuldig gemacht hatten, vor Gericht zu bringen und alle Nationalsozialisten aus dem öffentlichen Leben zu entfernen. In den folgenden Jahren haben denn auch ein alliiertes Tribunal im Nürnberger Hauptkriegsverbrecherprozeß, in Deutschland amtierende Militärgerichte einzelner Siegermächte und die Justizorgane der zuvor von deutschen Truppen besetzten Länder zahlreiche Funktionäre nationalsozialistischer Organisationen, hohe Offiziere, Diplomaten, Industrielle und Beamte zum Tode oder zu Freiheitsstrafen verurteilt, während man in der sog. »Entnazifizierung« tatsächlich bei allen erwachsenen Deutschen das genaue Maß nationalsozialistischer Vergangenheit zu ermitteln und gegebenenfalls mit Haft, Berufsverbot oder Geldbußen zu ahnden suchte. Daß Deutschland keine Streitkräfte mehr unterhalten dürfe und seine Rüstungsindustrie zu demontieren habe, verstand sich vorerst von selbst; auch verfügten die Alliierten weitere Demontagen für Reparationszwecke und zur Reduzierung der industriellen Kapazität, dazu die Auflösung der Kartelle, Syndikate und Trusts. Ob und wann ein wiederhergestellter deutscher Staat Mitglied der Vereinten Nationen werden könne, war noch völlig offen. Gleichzeitig gedachten die Siegermächte aber ein ebenso umfassendes Programm in Angriff zu nehmen, das der geistigen Überwindung von Nationalsozialismus und Militarismus galt und die deutsche Bevölkerung mit allen Mitteln politischer Pädagogik zur Demokratie erziehen sollte. Wenn es gelinge, so glaubte man, die politisch-militärische Ohnmacht Deutschlands für lange Zeit zu fixieren und inzwischen die politisch-ideologische Bekehrung der Deutschen zu erreichen, sei eine friedliche Zukunft Europas gesichert.

Überraschenderweise machte die Kapitulation sichtbar, daß die Voraussetzungen für einen Erfolg der politischen Erziehungsarbeit der Alliierten besser waren, als angesichts der bis zum Frühjahr 1945 zu konstatierenden Regimetreue der Deutschen vermutet werden mußte. Mit der Kapitulation verschwand gleichsam eine Decke, unter der sich bemerkenswerte Entwicklungen vollzogen hatten. Während der Eroberung Deutschlands war ein seltsames Phänomen zu beobachten. Wo immer alliierte Truppen eine Stadt oder eine ländliche Region besetzten, zerfiel die NS-Herrschaft, die eben noch die Bevölkerung unter straffer Kontrolle zu halten und sogar Widerstand gegen die Besetzung zu organisieren vermocht hatte, zu Staub, den der Wind der Okkupation so fein in der politischen Landschaft verteilte, daß er nahezu unsichtbar wurde. Nicht daß es keine nationalsozialistische Gesinnung und keine einzelnen Nationalsozialisten mehr gegeben hätte. Aber der NS-Machtapparat und das Organisationsnetz des Regimes, das jede Gruppe und jeden Lebensbereich der Nation umschlossen gehalten hatte, waren so plötzlich verschwunden, als seien sie nie gewesen. Dieser Zerfall ging nicht allein auf das Konto der militärischen, auch nicht allein auf das Konto der mit der vollen Wahrheit über Konzentrationslager und Massenmord an den Juden jetzt erkennbar werdenden moralischen Katastrophe. Die Masse der Bevölkerung verspürte angesichts der Liquidierung der NS-Herrschaft kein besonderes Verlustgefühl. Eine Mehrheit empfand die Eroberung Deutschlands wohl als »Zusammenbruch«, gleichzeitig jedoch auch vage als »Befreiung« und deshalb – zumindest in den von den Truppen der Westmächte besetzten Gebieten – als einen Vorgang, der Gemeinsamkeiten mit den Siegern schaffe oder eigentlich an die Oberfläche treten lasse. Sicherlich begriff ein Teil des im westlich kontrollierten Deutschland lebenden Bürgertums instinktiv, daß die Westmächte den Schutz gegen den nun in Mitteleuropa sogar durch sowjetische Präsenz gestützten Kommunismus übernehmen und folglich den Nationalsozialismus in einer seiner nach bürgerlicher Meinung wichtigsten Funktionen gewissermaßen ersetzen könnten. Indes ist auch damit jener Zerfallsprozeß nicht hinreichend zu begründen. Eine Majorität der deutschen Bevölkerung fand offensichtlich, daß eine politische Beziehung zu den Siegern bestehe, die auch ohne solche Zwänge eine Annäherung erlaube oder sogar fordere.

NS-Bewegung und NS-Regime hatten in einer permanenten Auseinandersetzung mit konservativen Bundesgenossen und Rivalen eine beträchtliche Abbruch- und Nivellierungsarbeit verrichtet. Im Laufe der Jahre nach 1933 traten positive Aspekte dieser Arbeit, trat etwa ihre tatsächlich demokratisierende Wirkung deutlicher hervor, wenn auch zunächst nur in pervertierter Form. So ist der »Sozialismus« im selbstgewählten Namen der NS-Bewegung im wesentlichen zur Täuschung und Verführung der Arbeiter verwendet worden, das Schlagwort »Volksgemeinschaft« im wesentlichen als geradezu betrügerischer Ersatz für eine tatsächlich ausbleibende wirkliche Demokratisierung zu verstehen gewesen; die praktische Wirtschafts-, Finanz- und Lohnpolitik des Regimes war keineswegs arbeiterfreundlich. Aber in beiden Begriffen drückte sich doch ein gehöriger Rest von Egalisierungswillen aus, die ständige propagandistische Verherrlichung der Arbeit und der Arbeiter sorgte sowohl beim Bürgertum wie bei der Arbeiterschaft selbst für eine genügend große Bewußtseinsveränderung, um – im Verein mit den bewußten und den zwangsläufigen antikonservativen Tendenzen – eine schleichende Revolutionierung der Gesellschaft zu bewirken, die nach ähnlichen Entwicklungen in anderen europäischen Staaten nun auch in Deutschland der Arbeiterschaft zum ersten Mal in der Geschichte zur Aufnahme in die politische Nation verhalf. Nachdem die NS-Herrschaft und die unter ihr unvermeidliche Pervertierung fortgefallen war, konnte offenkundig werden, daß der Nationalsozialismus für eine von der Arbeiterschaft mitbestimmte Politik ungewollt eine Basis geschaffen hatte, die jedenfalls besser war als die ebenso schmale wie brüchige Plattform der Jahre 1918/19. Unter dem Eindruck der nationalsozialistischen Herrschaftspraxis, der NS-Außenpolitik und Hitlers Kriegführung hatten zudem die liberalen und demokratischen Gegenideen in den Augen des Bürgertums den früher so oft gesehenen Makel der Minderwertigkeit verloren; statt Verachtung begannen sie zögernde Zustimmung, da und dort sogar Sehnsucht zu wecken. Selbst pazifistische Vorstellungen oder doch Überlegungen zur Schaffung einer friedensichernden Organisation der Staatengesellschaft, die das Bürgertum nach dem ersten Krieg höhnisch und empört zurückgewiesen hatte, gewannen durch die Nöte und Leiden des zweiten Krieges allmählich einen verlockenden Glanz. Von einigen Widerstandsgruppen abgesehen, in deren Plänen zur Nachkriegsordnung jene Tendenzwende schon einen klarer formulierten Ausdruck fand, hat die Mehrheit der deutschen Bevölkerung die Abkehr von Werten, die entweder nationalsozialistisch waren oder die Entstehung und langjährige Stabilität des NS-Regimes begünstigen mußten, anfänglich halb unbewußt vollzogen und die neuen Ideen bis 1945 eher unbestimmt und naturgemäß auch furchtsam empfunden. Nach dem Sturz der NS-Herrschaft konnten sich jedoch solche Reaktionen auf die Erfahrung mit dem Nationalsozialismus kecker hervorwagen und schärfere Umrisse annehmen. Es stellte sich heraus, daß auch in dieser Hinsicht für die Verankerung von Liberalismus und die Begründung von Demokratie ein besserer Boden als 1918/19 bereit war.

Nicht zuletzt war zu entdecken, daß sich in Deutschland der Nationalismus, wichtigste Voraussetzung für die Errichtung des NS-Regimes, merklich abgeschliffen hatte. In allen europäischen Ländern vermittelte der Zweite Weltkrieg einige Lehren mit solcher Wucht, daß eine simple Rückkehr zum naiven Nationalismus und einzelstaatlichen Egoismus der Zwischenkriegszeit nicht mehr angängig schien. Die beiläufige Leichtigkeit, mit der die stärkste Macht des Kontinents, Deutschland, die Souveränität der schwächeren Staaten liquidiert hatte, und die totale Unfähigkeit dieser stärksten Macht, aus ihrer Hegemonie mehr als bloße Gewaltherrschaft zu machen, demonstrierten eindringlich, daß die traditionellen Sicherheits- und Hegemonialstreitigkeiten im dafür inzwischen zu kleinen Europa unsinnig geworden waren: die Sicherheit der einzelnen Staaten konnte mit den gewohnten bündnispolitischen und militärischen Rezepten nicht länger geschützt werden, der lediglich auf Kraft gestützte Führungsanspruch einer einzigen Macht mußte unfruchtbar bleiben. Der globale Charakter des Krieges, dazu die sichtbare und schon frühzeitig auch für den europäischen Konflikt offenkundig entscheidende Entfaltung der sowjetischen wie der amerikanischen Weltmachtqualität zeigten auf der anderen Seite nicht weniger eindringlich, daß die Epoche der Weltpolitik einzelner europäischer Großmächte vorbei war, ja daß sogar der ganze Kontinent seine wirtschaftliche und politische Konkurrenzfähigkeit verlieren würde, wenn es nicht gelang, die zu schwach gewordenen Einzelstaaten für institutionalisierte Formen gemeinsamen Handelns zu gewinnen. Erwiesen sich aber gerade jetzt, da sich die Unmöglichkeit der Ordnung Europas durch eine Hegemonialmacht ergab, europäische Zusammenschlüsse als bare Notwendigkeit, so blieb als Weg nur irgendeine Art der freiwilligen Fusion. Vermutlich hätte diese rationale Empfindung, wenn man so sagen darf, zur Reduzierung der diversen Nationalismen und zur Fundierung der Bereitschaft, Souveränitätsrechte zu opfern, nicht ausgereicht, wenngleich sie weite Verbreitung fand und sich durchaus zur Wurzel gesamteuropäischer Pläne kräftigte. Die von Hitler provozierten unmittelbaren Interventionen der östlichen Randmacht UdSSR und der überseeischen Weltmacht USA weckten jedoch erste Ansätze eines europäischen Solidaritätsgefühls, die sich mit der Einsicht in die Notwendigkeit großräumiger wirtschaftlicher und politischer Organisation zu einer schon stärkeren Strömung verbanden. Im übrigen hatte das europäische Solidaritätsgefühl noch eine andere Quelle. Die Widerstandsgruppen in den von den Achsenmächten besetzten Ländern repräsentierten zwar nationale Aufstände gegen deutsche oder italienische Fremdherrschaft, verstanden sich aber zugleich als Teile einer gesamteuropäischen Befreiungsbewegung gegen Faschismus und Nationalsozialismus: Die nationale Aufgabe verschmolz mit einer übernationalen Mission. Daß die meisten Gruppen ihren Antifaschismus aus klar formulierten gesellschafts- und verfassungspolitischen Zukunftsentwürfen herleiteten oder doch mit solchen Entwürfen verknüpften, daß die Vorbereitung der künftigen Ordnung nicht allein den Kampf gegen den Landesfeind erforderte, sondern auch den oft bürgerkriegsähnlichen Konflikt mit häufig an die Besatzungsmächte angelehnten konservativen Zirkeln der eigenen Nation, hat ein rein nationales Verständnis des Widerstands vollends unmöglich und eine Wendung zum Denken in europäischen Kategorien unvermeidlich gemacht.

Die Bevölkerung Deutschlands ist von derartigen Prozessen keineswegs unberührt geblieben, in mancher Hinsicht sogar noch stärker betroffen worden. Erst aus der Perspektive temporärer Herrschaft über den Kontinent, dann aus der Perspektive der mit den überlegenen Mitteln zweier Weltmächte auf den Schlachtfeldern Geschlagenen und im eigenen Land Zusammengebombten entwickelten die Angehörigen der expansionistischsten Nation ein besonderes Verständnis für jene wirtschaftlichen, politischen und militärischen Faktoren, die zur Erhaltung der europäischen Konkurrenzfähigkeit für europäische Zusammenschlüsse sprachen. Sobald sie auf die Vorstellung verzichteten, die Organisation Europas müsse von der eigenen Nation gewaltsam besorgt werden und zur Fundierung der Herrschaft der eigenen Nation geschehen, ergab sich daraus ein durchaus brauchbarer Ansatz für ein positives europäisches Denken. Und dieser Verzicht wurde spätestens mit der Niederlage, total wie sie war, unvermeidlich; ein europäischer Zusammenschluß, der die deutsche Beteiligung in absehbarer Zeit nach sich ziehen mußte, konnte den Besiegten sogar als lockender Ausweg aus der zunächst unabwendbaren Isolierung und als Vehikel des Wiederaufstiegs erscheinen. Jedoch war schon während des Krieges zu spüren, wie sich der Verzicht vorbereitete. Ständige Überstrapazierung verschliß den Nationalismus in einem Maße, daß zunächst der Herrschaftsanspruch weithin als arrogant, schließlich jede Art nationalistischer Emotion von vielen als fragwürdig empfunden wurde, und wenn zu Beginn der nationalsozialistischen Periode keine europäische Nation nationalistischer gewesen war als die deutsche, so fühlte 1945 vielleicht keine europäische Nation weniger nationalistisch als die deutsche. An der Entwicklung des deutschen Widerstands, der die allgemeine Tendenz nur früher, bewußter und präziser vertrat, ist der Schwund des Nationalismus deutlich abzulesen. Linke Gruppen und etwa der »Kreisauer Kreis« um den Grafen Moltke haben stets auch international und europäisch gedacht. Aber auch Repräsentanten konservativ-nationaler Zirkel haben den deutschen Führungsanspruch, den sie zeitweilig ebenfalls verfochten hatten, unter dem Eindruck der nationalsozialistischen Schreckensherrschaft ausdrücklich und aufrichtig zurückgezogen. Im Namen übernationaler Werte und im Interesse einer übernationalen Ordnung Europas formulierten sie endlich in ihren Aufzeichnungen und Gesprächen die Bereitschaft, Abschied vom Deutschen Reich zu nehmen und den deutschen Staat in die größere Einheit der organisierten europäischen Staatengesellschaft einzubringen. Daß die Erfahrung mit dem Nationalsozialismus inzwischen auch ihr verfassungs- und gesellschaftspolitisches Denken der außerdeutschen Vorstellungswelt genähert hatte, erleichterte den Abschied und ließ den Weg in ein neues Europa glatter erscheinen. Die Kapitulation gab immerhin den Blick auf diesen Weg frei.

Es macht die eigentliche Tragik der deutschen Nachkriegsgeschichte aus, daß nur die bedingungslose Kapitulation die 1945 keimenden liberalen und demokratischen Ansätze wie die Bereitschaft zur Überwindung des Nationalismus freizusetzen vermochte, andererseits aber eben diese Kapitulation zum Ausgangspunkt eines Prozesses wurde, der zur Teilung Deutschlands führte, und zwar zu einer Teilung, die den bei Kriegsende befreiten positiven Impulsen doch nur in einer Hälfte des gespaltenen Landes eine Chance der partiellen Verwirklichung beließ. Nachdem der Anspruch der Alliierten auf absolute politische Verfügungsgewalt über Deutschland Realität geworden war, hingen vorerst alle Entscheidungen über die deutsche Frage, also die Festlegung der äußeren Gestalt, die Bestimmung der internationalen Orientierung und die Formulierung der grundlegenden wirtschafts-, gesellschafts- und verfassungspolitischen Ordnungsprinzipien eines deutschen Staates, in erster Linie vom Willen und von den Interessen der Siegermächte ab. Der politische Wille der Deutschen und gar deutsche Interessen konnten allenfalls bestätigend oder passiv ablehnend und damit beschleunigend oder bremsend wirken. Da aber die Verfügungsgewalt über Deutschland vier Mächten zugefallen war, ergab sich als weitere Konsequenz, daß alliierte Entscheidungen über Aspekte der deutschen Frage in engstem Zusammenhang mit der Entwicklung der interalliierten Beziehungen stehen mußten, ja daß das Nachkriegsschicksal Deutschlands in strikte Abhängigkeit vom Verhältnis zwischen den Siegermächten geriet. Nachdem die deutsche Kapitulation den Kitt der gegen die Achsenmächte entstandenen Allianz beseitigt hatte, traten indes die im Hinblick auf die Neuordnung Europas und Deutschlands namentlich zwischen der Sowjetunion und den Westmächten höchst unterschiedlichen Interessen, Ambitionen und Ideologien immer schärfer hervor. Schon in Potsdam konnten sich die Alliierten nicht mehr auf eine gemeinsame Deutschlandpolitik verständigen. Der daher gefaßte Beschluß, die Siegermächte sollten ihre Reparationsansprüche im wesentlichen aus der eigenen Besatzungszone befriedigen, lief bereits – wenn auch ungewollt – auf einen Beschluß zur Teilung Deutschlands hinaus, weil er die ebenfalls vereinbarte Behandlung des Okkupationsgebiets als wirtschaftliche Einheit konterkarierte. Der Kontrollrat verlor so die Fähigkeit, als Ersatzregierung zu amtieren, und die Militärgouverneure exekutierten nun die vagen Aufträge des Potsdamer Protokolls in ihren Zonen zwangsläufig selbstherrlich, folgten dabei den ihnen vertrauten Interessen und Prinzipien des eigenen Landes und leiteten so eine Sonderentwicklung der Regionen ein, die wiederum namentlich zwischen der sowjetischen Zone und dem westlichen Besatzungsgebiet einen tiefen Graben aufriß. Als sich der Konflikt zwischen Moskau und den Westmächten bis zur offenen Erklärung eines »kalten Krieges« verschärfte, schwand die letzte Chance, den bereits weit fortgeschrittenen Spaltungsprozeß rückgängig zu machen. Im Zeichen des kalten Krieges trachteten die Westmächte wie die UdSSR nur noch danach, den westlichen bzw. östlichen Besatzungsraum im eigenen Lager festzuhalten und dort zu integrieren; als völlig undenkbar erschien es, den eigenen Besatzungsraum womöglich der gegnerischen Seite zu überlassen. Die Etablierung zweier deutscher Staaten wurde unabwendbar. Die politisch entmündigten und nach fast einem halben Jahrhundert ständiger Krisen auch politisch erschöpften Deutschen sind den Weg, der zur Gründung von Bundesrepublik und DDR führte, mitgegangen – im Westen, wo die 1945 sichtbar gewordene geistige und politische Annäherung zwischen Siegern und Besiegten fortwirkte, mehrheitlich in widerstrebender Freiwilligkeit, im Osten mehrheitlich in ohnmächtiger Ablehnung.

Chronik

Die NSDAP in der Weimarer Republik

Lebensdaten Adolf Hitlers bis 1919

1889 20. April	Hitler wird als viertes Kind aus der dritten Ehe des Zollbeamten Alois Hitler (1837 als A. Schicklgruber unehelich geboren, 1887 legitimiert, † 1903) und seiner Frau Klara, geb. Poelzl (*1860, † 1907), in Braunau (Oberösterreich) geboren.
1905	Wegen unbefriedigender Leistungen verläßt er die Realschule nach der vierten Klasse.
1907–1913	Nach zweimaligem Scheitern bei der Aufnahme in die Kunstakademie lebt er berufslos in *Wien*, der Metropole des von wachsenden nationalen und sozialen Konflikten erschütterten Vielvölkerstaats, von Waisenrente (bis 1911), Erbschaft und dem Erlös für Bilder und Werbeplakate.
1913	Hitler entzieht sich dem Militärdienst durch Übersiedlung nach *München* (Ende Mai).
1914	Als Kriegsfreiwilliger wird Hitler *Meldegänger* an der Westfront; 1915 Gefreiter, ausgezeichnet mit dem Eisernen Kreuz II. (1914) und I. Klasse (1918).
1918	Lazarettaufenthalt in Pasewalk (Pommern; 14. Okt. bis 19. Nov.) wegen vorübergehender Erblindung (Gas), anschließend wieder als Soldat in München.
7./8. Nov.	Revolution in München. Provisorische Regierung unter Kurt Eisner (USPD).
9. Nov.	Ausrufung der Deutschen Republik in Berlin, Kaiser Wilhelm II. dankt ab.
11. Nov.	Unterzeichnung des Waffenstillstandes.
1919 1./2. Mai	Reichswehr und Bayerisches Schützenkorps unter Oberst Franz von Epp werfen die am 6./7. April ausgerufene Räterepublik blutig nieder.
28. Juni	Unterzeichnung des Versailler Friedensvertrages.
Juni	Im Auftrag des Münchener Reichswehrgruppenkommandos nimmt Hitler an Propagandakursen (Redner u. a. Dipl.-Ing. Gottfried Feder) teil und wird anschließend als antimarxistischer Agitator bei Soldaten eingesetzt, die auf ihre Entlassung warten.
1920	Entlassung Hitlers aus der Reichswehr (31. März).

Die Frühzeit der NSDAP 1919–1924

Die DAP/NSDAP ist eine von vielen nationalistisch-antisemitischen, antimarxistischen und antiliberalen Gruppen, die, zum Teil anknüpfend an »völkische« Vorläufer der Vorkriegszeit, im Gefolge der politischen und gesellschaftlichen Erschütterungen (Krieg, Niederlage, »Novemberrevolution«, »Versailles«, bayerische Sonderentwicklung zur Räterepublik) in München und andernorts entstehen. Durch ihre Aktivität und die Radikalität ihrer gegenrevolutionären Propaganda hebt sich die NSDAP seit 1921 von ihren Konkurrenten ab, wächst und gewinnt 1923 auch für die etablierten konservativ-nationalen Kräfte in Bayern einen gewissen instrumentellen Wert.

1919

5. Jan. Der Schlosser Anton Drexler und der Sportjournalist Karl Harrer (Mitglied der logenartigen völkischen Thule-Gesellschaft) gründen in München die *Deutsche Arbeiterpartei* (DAP) mit zunächst 20–40 Mitgliedern.

12. Sept. Hitler besucht im Auftrag seiner Dienststelle eine Versammlung der DAP, tritt ihr kurz darauf bei und wird Werbeobmann. Er drängt auf aktive völkische »Massenaufklärung«.

1920

24. Febr. Erste Großversammlung der in **Nationalsozialistische Deutsche Arbeiterpartei** (NSDAP) umbenannten Partei mit 2000 Besuchern. Hitler gibt das von Drexler und ihm zusammengestellte **25-Punkte-Programm** bekannt, das den Akzent auf die Interessen des unteren Mittelstandes legt, aus dem von Anfang an ein Großteil der Anhänger stammt. Es fordert u. a. ein den Volkstumsgrenzen entsprechendes Großdeutschland, Kolonien, eine starke zentrale Reichsgewalt, Bodenreform, »Brechung der Zinsknechtschaft«, Verstaatlichung von Trusts, Gewinnbeteiligung der Arbeiter an Großbetrieben, Kommunalisierung der großen Warenhäuser, Hebung der Volksbildung als Voraussetzung für den sozialen Aufstieg der unteren Volksschichten, Verweigerung der Staatsbürgerrechte für Juden, Gesetzgebung und Kulturpolitik nach Rassekriterien sowie ein »positives« Christentum »auf der Grundlage des Sittlichkeits- und Moralgefühls der germanischen Rasse«.

13.–17. März Kapp-Lüttwitz-Putsch; Flucht der Reichsregierung aus Berlin.

7./8. Aug. Tagung nationalsozialistischer Parteien in Salzburg mit DNSAP der Sudetenländer, DNSAP Österreichs, Deutschsozialistische Partei (Düsseldorf, Kiel, Nürnberg, München u. a.), NSDAP u. a.

17. Dez. Die NSDAP kauft mit finanzieller Unterstützung von Privatleuten und aus Kreisen der Reichswehr (von Epp) den *Völkischen Beobachter* (ab 8. Febr. 1923 Tageszeitung).

1921 Die NSDAP hat seit dem 24. Febr. 1920 in Mün-
21. Jan. chen 46 öffentliche Versammlungen abgehalten, davon mehr als 30 mit Hitler. Unter ihren rund 2000 Mitgliedern sind Reichswehr-Hauptmann Ernst Röhm, Hermann Esser, Rudolf Heß, Alfred Rosenberg, wenig später auch Gregor Straßer.

11. Juli Hitler tritt aus der NSDAP aus, weil die Führung mit verwandten Gruppen über einen Zusammenschluß verhandelt, durch den sich das Schwergewicht von der Massenagitation auf eine interne
29. Juli Programmdiskussion zu verlagern droht. Daraufhin wählt eine außerordentliche Mitgliederversammlung Hitler zum Vorsitzenden der NSDAP. Eine neue Satzung erklärt das 25-Punkte-Programm für unabänderlich und macht Hitler unabhängig von Mehrheitsbeschlüssen des Vorstands.

3. Aug. Reorganisation der Saalschutz- und Propagandatruppe der Partei als *SA (Sturmabteilung)*, die Anfang 1923 zum weitgehend selbständigen Wehrverband umgestaltet wird.

11. Aug. Dietrich Eckart, völkischer Dichter und Förderer

	Hitlers mit vielfältigen gesellschaftlichen Beziehungen, wird Chefredakteur des *Völkischen Beobachters*.
26. Aug.	Rechtsextremisten ermorden den ehemaligen Reichsfinanzminister Matthias Erzberger.
1922	Hitler wegen Sprengung einer gegnerischen Versammlung im Gefängnis (24. Juni–27. Juli).
24. Juni	Rechtsextremisten ermorden den Reichsaußenminister Walter Rathenau. Daraufhin wird in Preußen am 15. Nov. u. a. die dort nur schwach vertretene NSDAP verboten.
18. Juli	Der Reichstag verabschiedet das Republikschutzgesetz.
Aug.	Beginn des raschen Verfalls der deutschen Währung (Hyper-Inflation).
10. Okt.	Julius Streicher schließt seine Nürnberger Deutsche Werkgemeinschaft der NSDAP an.
14./15. Okt.	»Deutscher Tag« nationaler Verbände in Coburg; heftige Straßenkämpfe zwischen 650 SA-Leuten und sozialistischen Gegnern.
28. Okt.	Mussolinis »Marsch auf Rom« stimuliert in der »Ordnungszelle Bayern« die Hoffnungen auf einen Marsch auf Berlin.
1923 **ab 11. Jan.**	Französische und belgische Truppen besetzen zur Sicherung ihrer Reparationen das Ruhrgebiet. Die Reichsregierung fordert zum passiven Widerstand auf **(Ruhrkampf)**.
27.–29. Jan.	Erster Reichsparteitag der NSDAP in München. Die Partei hat jetzt 20000 Mitglieder.
Anfang Febr.	Röhm veranlaßt den Zusammenschluß der SA und anderer bayerischer Wehrverbände zur Arbeitsgemeinschaft der Vaterländischen Kampfverbände; wachsende Putschstimmung.
1. März	Flieger-Hauptmann a. D. Hermann Göring wird SA-Kommandant.
1./2. Sept.	»Deutscher Tag« der Vaterländischen Verbände in Nürnberg mit über 50000 Teilnehmern.

Antidemokratisch-nationalistisches und antisemitisches Schrifttum bis 1933 (Auswahl)

Oswald Spengler: Der Untergang des Abendlandes. Bd. 1: Gestalt und Wirklichkeit. Wien 1918. Bd. 2: Welthistorische Perspektiven. München 1922.
Hans F. K. Günther: Rassenkunde des deutschen Volkes. München 1922.
Ernst Jünger: Der Kampf als inneres Erlebnis. Berlin 1922.
Arthur Moeller van den Bruck: Das dritte Reich. Berlin 1923.
Hans Grimm: Volk ohne Raum. 2 Bde. München 1926.
Wilhelm Stapel: Volksbürgerliche Erziehung. 3. Aufl. Hamburg 1928.
Edgar Julius Jung: Die Herrschaft der Minderwertigen. Ihr Zerfall und ihre Ablösung durch ein neues Reich. 2. erw. Aufl. Berlin 1929.
Ernst von Salomon: Die Geächteten. Berlin 1929.
Ernst Niekisch: Entscheidung. Berlin 1930.
August Winnig: Vom Proletariat zum Arbeitertum. Hamburg 1930.
Hans Freyer: Revolution von rechts. Jena 1931.
Ernst Jünger: Der Arbeiter. Herrschaft und Gestalt. Hamburg 1932.
Carl Schmitt: Der Begriff des Politischen. 3. Ausg. München 1932.

Schriften führender Nationalsozialisten (Auswahl)

Anton Drexler: Mein politisches Erwachen. Aus dem Tagebuch eines deutschen sozialistischen Arbeiters. München 1919.
Gottfried Feder: Das Manifest zur Brechung der Zinsknechtschaft des Geldes. München 1919.
Alfred Rosenberg: Pest in Rußland. Der Bolschewismus, seine Häupter, Handlanger und Opfer. München 1922.
Alfred Rosenberg: Die Protokolle der Weisen von Zion und die jüdische Weltpolitik. München 1923.
Dietrich Eckart: Der Bolschewismus von Moses bis Lenin. Zwiegespräch zwischen Adolf Hitler und mir. München 1924.
Hermann Esser: Die jüdische Weltpest. Kann ein Jude Staatsbürger sein? München 1927.
Joseph Goebbels: Wege ins dritte Reich. Briefe und Aufsätze für Zeitgenossen. München 1927.
Ernst Röhm: Die Geschichte eines Hochverräters. München 1928.
Richard Walther Darré: Neuadel aus Blut und Boden. München 1928.
Alfred Rosenberg: Der Mythus des 20. Jahrhunderts. Eine Wertung der seelisch-geistigen Gestaltenkämpfe unserer Zeit. München 1930.
Heinrich Himmler: Der Reichstag 1930. Das sterbende System und der Nationalsozialismus. München 1931.
Joseph Goebbels: Kampf um Berlin. Der Anfang. Berlin 1932.
Gregor Straßer: Kampf um Deutschland. Reden und Aufsätze eines Nationalsozialisten. München 1932.

2. Sept. Zusammenschluß der aktivsten bayerischen Wehrverbände zum Deutschen Kampfbund, dessen politischer Leiter Hitler am 25. Sept. wird.

21. Sept. 1 Liter Milch kostet 5,4 Mill. Mark. – Die Reichsregierung bricht wegen völliger Zerrüttung der Wirtschaft den Ruhrkampf ab. Um Putschaktionen vorzubeugen, verhängt die bayerische Regierung
26. Sept den Ausnahmezustand und überträgt Gustav von Kahr als Generalstaatskommissar die vollziehende Gewalt.

27. Sept. Die Reichsregierung, gleichzeitig mit separatistischen Unruhen im Rheinland konfrontiert, erklärt daraufhin reichsweit den *Ausnahmezustand*. Reichswehrminister Geßler delegiert die vollziehende Gewalt an die Wehrkreisbefehlshaber. Der bayerische Wehrkreiskommandant Generalleutnant Otto von Lossow unterstellt sich jedoch rechtswidrig Kahr. Beide bauen auf die Diktaturpläne der Reichswehrführung (besonders des Chefs der Heeresleitung, Hans von Seeckt) und konservativ-nationaler norddeutscher Wirtschaftskreise.

Okt./Nov. Die Reichswehr greift gegen die SPD/KPD-Regierungen in Sachsen und Thüringen ein.

22.–24. Okt. Aufstandsversuch der KPD in Hamburg.

21./22. Okt.–
Febr. 1924 Blutige Kämpfe um die von der französischen und belgischen Besatzung geförderte separatistische »Rheinische Republik« in Rheinprovinz und Pfalz.

24. Okt.–
6. Nov. München schwirrt von Putschgerüchten. Kahr und Lossow sind grundsätzlich zum Marsch auf Berlin bereit, zögern aber, da sie sich der norddeutschen Verschwörer nicht sicher sind, und fordern von den seit Wochen im Putschfieber lebenden Kampfbundführern
7. Nov. Unterordnung. Diese entschließen sich ihrerseits dazu, die eigentlichen Machthaber zum Losschlagen zu zwingen.

8. Nov. **Hitler-Putsch** in München: Hitler dringt mit Kampfbundverbänden in eine von Kahr, Lossow und anderen Verschwörern besuchte Versammlung ein, ruft die *»nationale Revolution«* aus und erklärt die Regierungen des Reichs und Bayerns für abgesetzt. Der Weltkriegs-»Held« General a. D. Erich Ludendorff, Hitler, Lossow u. a. sollen die provisorische Nationalregierung führen. Kaum Hitlers Kontrolle entronnen, ersticken Kahr und Lossow den Putschversuch rasch. Der

9. Nov. ziellose Demonstrationszug der Putschisten wird von der Polizei vor der *Feldherrnhalle* gewaltsam zerstreut (14 Tote). Hitler u. a. werden verhaftet, NSDAP (rund 50000 Mitglieder), *Völkischer Beobachter*, SA und Kampfbund verboten.

15. Nov. **Ende der Inflation:** Eine Billion Mark gleich eine Rentenmark.

1924

ab 26. Febr. Im **Hochverratsprozeß gegen Hitler**, Ludendorff u. a. vor dem Volksgericht in München bleibt der Hintergrund des 8./9. November unausgeleuchtet. Die Verstrickung von Reichswehr und Verschwörern in höchsten Staatsämtern wird dadurch verschleiert. Hitler stilisiert sich vor der Öffentlichkeit zum alleinverantwortlichen politischen Führer der nationalen Bewegung.

1. April Freispruch für Ludendorff, je fünf Jahre Festungshaft für Hitler und drei weitere Angeklagte; Röhm, Polizei-Oberamtmann Wilhelm Frick u. a. werden zu je 15 Monaten mit Bewährung verurteilt.

7. Dez. Als »Nationalsozialistische Freiheitsbewegung« erhalten die inzwischen zerstrittenen Völkischen bei den Reichstagswahlen nur noch 14 Mandate gegenüber 32 bei der Reichstagswahl am 4. Mai (3 bzw. 6,5%).

20. Dez. Vorzeitige Entlassung Hitlers aus der Festungshaftanstalt Landsberg. Dort ist der erste Band

(»Eine Abrechnung«) seiner Rechtfertigungs- und Programmschrift **Mein Kampf** entstanden, der im Juli 1925 in München erscheint (Bd. 2: »Die nationalsozialistische Bewegung«, im Dez. 1926; Auflage bis Jan. 1933: 300000 Exemplare).

Der Neuaufbau der NSDAP 1925–1928

In den Konsolidierungsjahren der Republik bleiben die äußeren Erfolge der NSDAP beschränkt. Sie verdrängt allerdings sämtliche verwandten Konkurrenten (v. a. die Deutschvölkische Freiheitspartei) und stabilisiert ihre Organisation. 1929 ist die NSDAP über das ganze Reich verbreitet und besitzt einen ziemlich verläßlichen, Hitler ergebenen Kader. Erneut weckt sie das Interesse konservativ-nationaler Gegner der Republik.

1925
26. Febr. Hitler, der sich 1924 vom völkischen Führerstreit bewußt distanziert hielt, gibt im *Völkischen Beobachter* (ab 1. April Tageszeitung unter Chefredakteur Rosenberg) die **Neugründung der NSDAP** bekannt, der sich viele Völkische anschließen. Dennoch verfügt die NSDAP nur über vier, ab 1927 über sieben Reichstagsabgeordnete. Die Münchener Reichsleitung ernennt ihre regionalen Führer zu *Gauleitern*, darunter Gregor Straßer, Martin Mutschmann, Hinrich Lohse, Bernhard Rust, Robert Wagner, Robert Ley, Joseph Goebbels.

9. März Die bayerische Regierung verhängt ein öffentliches Redeverbot gegen Hitler (bis 5. März 1927), dem sich mehrere Länder anschließen (Preußen bis Sept. 1928).

26. April Als Nachfolger des verstorbenen Friedrich Ebert (SPD) wird Generalfeldmarschall Paul von Hindenburg zum Reichspräsidenten gewählt.

1. Mai Meinungsverschiedenheiten über die Rolle der SA, die nach Hitler eine reine Parteigliederung,

	nach Röhm wehrverbandsähnlich organisiert sein soll, enden mit Röhms Verzicht auf die Leitung (1928–1930 Militärberater in Bolivien).
9. Nov.	Gründung der SS *(Schutzstaffel)* zum Schutz der Parteiführerschaft.

Von der NSDAP-Reichsleitung anerkannte Sonderorganisationen

Febr. 1926	Nationalsozialistischer Deutscher Studentenbund (NSDStB)
Aug. 1927	Kampfbund für Deutsche Kultur (ab Ende 1928 nicht mehr Gliederung der NSDAP)
Jan. 1928	Deutscher Frauenorden »Rotes Hakenkreuz«
Sept. 1928	Bund Nationalsozialistischer Deutscher Juristen (BNSDJ), ab 1936 NS-Rechtswahrerbund (NSRB)
Aug. 1929	Nationalsozialistischer Lehrerbund (NSLB)
Aug. 1929	Nationalsozialistischer Deutscher Ärztebund (NSDÄB)
Nov. 1929	Nationalsozialistischer Schülerbund (NSSB), im Juni 1932 der HJ eingegliedert.

1926 14. Febr.	Führertagung in Bamberg. Hitler unterbindet einen von G. Straßer, Goebbels u. a. im Sept. 1925 eingeleiteten Versuch, durch eine Arbeitsgemeinschaft nord- und westdeutscher Gaue das Parteiprogramm um ein detailliertes Aktionsprogramm zu ergänzen.
22. Mai	Die NSDAP-Generalmitgliederversammlung in München wählt (letztmalig 1930) Hitler einstimmig zum Vorsitzenden.
3./4. Juli	Zweiter Reichsparteitag in Weimar; Vorbeimarsch von 3500 uniformierten SA-Leuten vor Hitler.
1. Nov.	Hauptmann a. D. Franz von Pfeffer wird Leiter der neugeschaffenen Obersten SA-Führung (OSAF), der auch SS und Hitlerjugend (HJ) unterstehen.
9. Nov.	Goebbels wird Gauleiter in Berlin; ab 4. Juli 1927 erscheint seine Zeitung *Der Angriff*.
1927 5. Mai	Nach mehreren Gewalttaten der SA wird die NSDAP in Berlin verboten (bis 31. März 1928).
4. Juli	Unterredung Hitlers mit dem Ruhr-Industriellen

	Emil Kirdorf, der Parteimitglied wird (Austritt 1928, Wiedereintritt 1934).
19./21. Aug.	Dritter Reichsparteitag der NSDAP in Nürnberg; Aufmarsch von 10000 SA-Leuten.
1928 2. Jan.	Umbesetzungen in der Reichsleitung: G. Straßer (seit Sept. 1926 Reichspropagandaleiter) wird Reichsorganisationsleiter, Hitler Reichspropagandaleiter (Stellvertreter: Himmler).
20. Mai	Unter den zwölf NSDAP-Abgeordneten im neugewählten Reichstag sind Frick, Feder, G. Straßer (alle seit 1924), Epp, Göring, Goebbels; im Preußischen Landtag sitzen u. a. Ley, Karl Kaufmann, Hanns Kerrl.
1. Okt.	Die NSDAP-Gaue (25 außerhalb Bayerns) werden den Reichstagswahlkreisen angeglichen.

Die Wirtschafts- und Staatskrise 1929–1932/33 und der Aufstieg der NSDAP

Seit 1928/29 verstärken sich auch in Deutschland die Anzeichen (Jan. 1929: 2 Mill. Erwerbslose) der Weltwirtschaftskrise, die 1931/32 ihren Höhepunkt erreicht (März 1932: 6,13 Mill., über 30% der abhängig Erwerbstätigen arbeitslos). Einkommen und Verbrauch sinken, während die industriellen Produktionskapazitäten noch wachsen (Auslastung 1929: 75%, 1932: 45%). Der weltweite Charakter der Krise erlaubt keine Erhöhung der Exporte. Der Abzug der zur Hälfte kurzfristigen ausländischen, vor allem aus den USA stammenden Kredite durch selbst in Schwierigkeiten befindliche und an der wirtschaftlichen und politischen Stabilität Deutschlands zweifelnde Gläubiger verschärft 1930/31 die Lage erheblich.

Mit der Wirtschaftskrise geht die Krise des Parteienstaates einher. Während sich der Druck der antiparlamentarischen Kräfte von rechts innerhalb und außerhalb des Reichstags (DNVP, Stahlhelm, NSDAP) verstärkt, erweist der Sturz von Reichskanzler Hermann Müller (SPD) am 27. März 1930 mangelnden Willen der demokratischen Parteien zur Kooperation. Reichspräsident von Hindenburg, umgeben von konservativen Beratern, erstrebt eine autoritäre **Präsidialregierung** und ernennt Heinrich Brüning (Zentrum) zum Reichskanzler, der sich auf das Notverordnungsrecht des Reichspräsidenten nach Artikel 48 der Reichsverfassung stützt. Anders als seine Nachfolger Papen und Schleicher wird Brüning bei dem Versuch, durch Beseitigung der Reparationen und rigorose (aber prozyklische und damit krisenverschärfend wirkende) Sparpolitik den Haushalt zu sanieren, ab Okt. 1930 in der Regel von der SPD toleriert, die damit »Schlimmeres verhindern« will.

Die häufigen Reichs- und Landtagswahlen erweisen immer mehr den Vertrauensverlust der konservativen und liberalen Parteien und die Tendenz ihrer bisherigen Wähler, zu den Nationalsozialisten als den radikalsten antimarxistischen Gegnern des versagenden »Weimarer Systems« zu wechseln. Jedoch erreicht die NSDAP bei keiner Reichstagswahl die absolute Mehrheit. Hitler braucht die Unterstützung etablierter Kräfte, um die Distanz zum Reichspräsidenten zu überwinden, dem angesichts der Selbstausschaltung des Reichstags eine Schlüsselrolle zufällt. An den Versuchen, die NSDAP in die Verantwortung einzubeziehen und dadurch zu »zähmen«, beteiligen sich seit 1930/31 DNVP, der Frontsoldatenbund Stahlhelm, Zentrum, Reichswehrführung sowie Teile der Großwirtschaft und der hohen Bürokratie in unterschiedlicher Intensität und aus verschiedenen Motiven.

1929

7. Juni — Unterzeichnung des Young-Plans zur Regelung des Reparationsproblems (fester Zahlungsplan über 59 Jahre). Außenminister Gustav Stresemann erreicht im Aug. Frankreichs Zustimmung zur Rheinlandräumung (am 30. Juni 1930).

23. Juni — Erste kommunale NSDAP-Mehrheit bei den Stadtratswahlen in Coburg.

9. Juli — Der Reichsausschuß für das Volksbegehren gegen den Young-Plan aus DNVP (Vorsitzender seit 1928: der alldeutsche Großverleger Alfred Hugenberg), Stahlhelm (Bundesführer Franz Seldte), Landbund, Landvolkpartei, NSDAP u. a. bildet einen Arbeitsausschuß.

22. Dez.	Nur 13,8% (5,8 Mill.) der Stimmberechtigten stimmen für das vom Reichsausschuß zum Volksentscheid vorgelegte »Gesetz gegen die Versklavung des deutschen Volkes«.
1930 23. Jan.	In Thüringen wird Frick (NSDAP) Innen- und Volksbildungsminister einer rechtsbürgerlichen Fünf-Parteien-Koalition; nach Konflikten mit dem Reich (Polizei, Schulgebete) Rücktritt am 1. April 1931.
11./12. März	Annahme des Young-Plans durch den Reichstag.
18. März	Der Reichstag verabschiedet ein neues Republikschutzgesetz.
27. März	Rücktritt der Reichsregierung Hermann Müller (SPD, DDP, Zentrum, BVP, DVP). Äußerer Anlaß ist die von der DVP geforderte, von der SPD verweigerte Erhöhung der Beiträge zur Arbeitslosenversicherung.
30. März	Brüning bildet Minderheitskabinett (DDP, Zentrum, BVP, Wirtschaftspartei, Volkskonservative).
16.–18. Juli	SPD, KPD, DNVP und NSDAP lehnen Brünings Programm zur Haushaltsdeckung ab und veranlassen die Aufhebung der entsprechenden Notverordnung.
18. Juli	Daraufhin löst Brüning den Reichstag auf. 1930 stehen 52 vom Reichstag verabschiedeten Gesetzen fünf, 1932 fünf Gesetzen 60 **Notverordnungen** gegenüber.
14. Sept.	Bei der Reichstagswahl verneunfacht die NSDAP die Zahl ihrer Mandate gegenüber 1928 auf 107; im Reichstag keine Mehrheitsbildung möglich.
25. Sept.	Als Zeuge im Leipziger Reichsgerichtsprozeß wegen nationalsozialistischer Zellenbildung in der Reichswehr schwört *Hitler Legalitätseid*: die NSDAP kämpfe nur mit legalen Mitteln um die Macht, werde dann aber den Staat in die richtige Form gießen.

1. Okt. In Braunschweig wird Anton Franzen (NSDAP) Innen- und Volksbildungsminister einer bürgerlich-nationalsozialistischen Koalition (ab 15. Sept. 1931 Dietrich Klagges).

5. Okt. Ergebnislose Unterredung Brüning–Hitler über Tolerierung des Kabinetts.

1. Dez. Notverordnung Brünings zur Sicherung von Wirtschaft und Finanzen (u. a. Kürzung der Beamtengehälter um 6%).

5.–9. Dez. Goebbels läßt in Berlin den Antikriegsfilm »Im Westen nichts Neues« (nach Erich Maria Remarque) stören, der wegen »Schädigung des deutschen Ansehens« schließlich verboten wird.

1931

10. Febr. Erklärung der bayerischen Bischöfe gegen den Nationalsozialismus; im März ähnliche Warnungen auch in anderen Kirchenprovinzen.

21. März Die Reichsregierung gibt den Plan einer Zollunion mit Österreich bekannt; nach Protesten Frankreichs verzichten beide Länder (3. Sept.).

13. Juli 14. Juli Nach dem Zusammenbruch der Österreichischen Credit-Anstalt (11. Mai) führen starke Kreditabflüsse aus Deutschland zum Zusammenbruch der Darmstädter und Nationalbank; die deutschen Banken und Sparkassen werden bis zum 5. Aug. geschlossen.

15. Juli Wahl Walter Lienaus (NSDAP) zum Vorsitzenden der Deutschen Studentenschaft.

24. Juli Unterzeichnung des Hoover-Moratoriums, das alle deutschen Reparationsverpflichtungen auf Vorschlag der USA unterbricht.

9. Aug. Der vom Stahlhelm beantragte, von der NSDAP unterstützte Volksentscheid über die Auflösung des Preußischen Landtags scheitert mit 36,8% der Stimmen (9,79 Mill.).

6. Okt. Dritte Notverordnung der Reichsregierung zur Sicherung von Wirtschaft und Finanzen und zur Bekämpfung politischer Ausschreitungen.

10. Okt.	Hitler und Göring bei Hindenburg, der die Tolerierung des umgebildeten Kabinetts Brüning erhofft.
11. Okt.	In Bad Harzburg tagt die »Nationale Opposition« aus NSDAP, DNVP, Stahlhelm u. a. Die *Harzburger Front* ist jedoch brüchig. Hitler unter-
18. Okt.	streicht seine Eigenständigkeit mit einem SA-Großaufmarsch in Braunschweig.
16. Nov.	Der Reichstag lehnt, wie am 7. Febr., den Antrag der »Nationalen Opposition« auf Auflösung sowie Mißtrauensanträge gegen die Regierung Brüning ab.
25. Nov.	Bei einer Haussuchung werden Umsturzpläne hessischer Nationalsozialisten, die sogenannten *Boxheimer Dokumente*, gefunden; das Verfahren vor dem Reichsgericht wird am 12. Okt. 1932 eingestellt.
8. Dez.	Vierte Notverordnung zur Sicherung von Wirtschaft und Finanzen und zum Schutz des inneren Friedens (u. a. Gehaltskürzung um 9%, Reichsfluchtsteuer von 20% des Vermögens bei Auswanderung, Uniformverbot für politische Vereinigungen).
16. Dez.	ADGB, SPD, Reichsbanner u. a. gründen gegen den Nationalsozialismus die Kampforganisation »Eiserne Front«.
18. Dez.	Werner Willikens, stellvertretender Leiter des agrarpolitischen Apparats der NSDAP, wird einer von vier Präsidenten des Reichslandbunds.
1932	Ergebnislose Verhandlungen der Reichsregierung
6.–12. Jan.	mit Hitler, Hugenberg u. a. über eine Verlängerung der Amtszeit Hindenburgs durch Verfassungsänderung.
26. Jan.	Vortrag Hitlers vor dem Industrieklub in Düsseldorf.
22. Febr.	Harzburger Front uneins über Präsidentschaftskandidatur: Stahlhelm und DNVP nominieren

Theodor Duesterberg. Goebbels gibt die Kandidatur Hitlers bekannt.

25. Febr. Durch Ernennung zum Regierungsrat bei der braunschweigischen Gesandtschaft in Berlin wird *Hitler deutscher Staatsbürger*.

13. März Bei der Reichspräsidentenwahl verfehlt der vor allem von den demokratischen Parteien unterstützte Hindenburg die notwendige absolute Mehrheit nur knapp (49,6%). Hitler erhält 30,1%, Duesterberg 6,8%, Ernst Thälmann (KPD) 13,2% der Stimmen.

10. April Zweiter Wahlgang: Hindenburg 53,0%, Hitler 36,8%, Thälmann 10,2%.

13. April Notverordnung zur Sicherung der Staatsautorität verbietet »Privatheer« SA und SS.

24. April Bei den Landtagswahlen in Preußen, Württemberg, Anhalt und Hamburg wird die NSDAP stärkste, in Bayern zweitstärkste Partei.

28. April und 7. Mai General von Schleicher, Chef des Ministeramts im Reichswehrministerium, spricht mit Hitler über die Tolerierung eines neuen Kabinetts.

21. Mai Alfred Freyberg (NSDAP) wird Ministerpräsident in Anhalt.

30. Mai Brüning tritt zurück, da Hindenburg ihm u. a. wegen des SA-Verbots und Plänen zur Zwangsenteignung von nicht entschuldungsfähigem ostelbischem Grundbesitz das Vertrauen entzieht.

1. Juni Hindenburg ernennt auf Vorschlag Schleichers Franz von Papen (bis 3. Juni Zentrum) zum Reichskanzler eines »Kabinetts der nationalen Konzentration« mit rechtskonservativ-autoritärem, unternehmerfreundlichem Programm; Schleicher wird Wehrminister. Beide bemühen sich um Tolerierung durch Hitler, dessen Bedingungen (Reichtstagsneuwahl, Aufhebung des SA- und Uniformverbots) am 4. bzw. ab 17. Juni praktisch ohne Gegenleistung erfüllt werden.

16. Juni– 19. Juli Reparationskonferenz in Lausanne vereinbart endgültige Streichung der deutschen Reparationsschuld.

16. Juni Nach Landtagswahlen wird Gauleiter Carl Röver Ministerpräsident einer rein nationalsozialistischen Regierung in Oldenburg, ebenso Walter Granzow in Mecklenburg-Schwerin.

17. Juli *Altonaer Blutsonntag* (18 Tote): Höhepunkt bürgerkriegsähnlicher Straßenkämpfe zwischen SA und KPD vor allem in Großstädten (11. Jan.–23. Sept. insgesamt 155 Tote).

20. Juli **Preußenputsch:** Durch Notverordnung enthebt Reichskanzler Papen die geschäftsführende preußische Regierung Braun ihres Amtes und wird selbst Reichskommissar für Preußen: Beseitigung des sozialdemokratischen Einflusses in Verwaltung und Polizei.

31. Juli Bei der Reichstagswahl wird die *NSDAP stärkste Partei* (vgl. Tabelle S. 196f.). Mit seinem aufsehenerregenden dritten »Deutschlandflug« hatte Hitler 50 Wahlversammlungen in zwei Wochen absolviert.

10. Aug. In Potempa (Oberschlesien) trampeln fünf Nationalsozialisten einen Kommunisten in seiner Wohnung zu Tode. Hitler rechtfertigt die Tat in einem Telegramm. Die am 9. Aug. eingeführte Todesstrafe für politischen Mord wird verhängt; am 2. Sept. werden die Täter zu lebenslanger Haft begnadigt, im März 1933 amnestiert.

13. Aug. Nach Vorbesprechung mit Schleicher und Papen lehnt Hitler auch gegenüber Hindenburg den Vizekanzlerposten ab und fordert statt dessen vergeblich die »volle Regierungsverantwortung«.

26. Aug. Gauleiter Fritz Sauckel (NSDAP) wird Ministerpräsident in Thüringen.

12. Sept. Papen löst den Reichstag auf, nachdem dieser mit 512:42 Stimmen die Aufhebung seiner Notverord-

nung zur Belebung der Wirtschaft vom 4. Sept. verlangt.

6. Nov. Beträchtliche Verluste bei der Reichstagswahl (vgl. Tabelle S. 196f.) rufen Katastrophenstimmung in der NSDAP hervor.

17. Nov. Rücktritt Papens, da die Basis für eine Präsidialregierung der »nationalen Konzentration« unter seiner Führung zu schmal ist.

19. Nov. Eingabe von Großagrariern und Industriellen an Hindenburg zugunsten einer Kanzlerschaft Hitlers.

2. Dez. Hindenburg ernennt widerstrebend Schleicher zum Kanzler, der die sozialen Probleme durch direkte staatliche Arbeitsbeschaffung bekämpfen will und dazu die Unterstützung von Gewerkschaften, Reichsbanner und NSDAP (oder Teilen von ihr) sucht. In der NSDAP treten seit dem Sommer führende Kräfte um G. Straßer für eine Beteiligung an einer handlungsfähigen autoritären Regierung ein, die vor allem Arbeit schaffen soll.

8. Dez. G. Straßer kann sich gegen die kompromißlose Haltung Hitlers, Goebbels' und Görings, die auf Hitlers Kanzlerschaft und weitgehenden Vollmachten beharren, nicht durchsetzen und legt alle Parteiämter nieder.

1933

4. Jan. Papen führt im Haus des Kölner Bankiers Kurt von Schröder das von ihm seit Mitte Dez. angestrebte Gespräch mit Hitler über eine gemeinsame Regierung.

15. Jan. Erfolg der NSDAP bei Landtagswahlen in Lippe (39,5 %), den die Partei als Zeichen ihrer Stabilisierung darstellt.

17.–29. Jan. Verhandlungen zwischen Hitler, Göring, Papen, Hugenberg (der 1932 in Distanz zur NSDAP gestanden hat), Seldte, Hindenburgs Sohn Oskar, Staatssekretär Otto Meißner u. a. isolieren Schleicher und führen schließlich zum Plan eines Kabinetts, in dem die konservativen Kräfte den Kanzler Hitler »einrahmen« und zähmen sollen.

28. Jan. Schleicher tritt zurück.

Die innere Entwicklung der NSDAP 1929–1932/33

Die Nationalsozialisten lehnen jede konstruktive Mitarbeit im demokratischen Staat ab. Ihre Taktik ist darauf gerichtet, durch Propaganda und Einschüchterung die Stellungen ihrer Gegner zu unterminieren und durch deren Ausschaltung oder Lähmung die Voraussetzungen dafür zu schaffen, daß eigene Funktionäre, und vor allem der die unterschiedlichen Programmerwartungen integrierende »Führer« Hitler, zentrale Machtpositionen besetzen können. Der angestrebte Wiederaufstieg Deutschlands zum Mitteleuropa dominierenden Machtstaat soll auch die wirtschaftlichen und sozialen Probleme lösen. Tatsächlich entwickelt sich die NSDAP zu einer – Einflußnahmen von außen verschlossenen – eigenen Machtbasis für Hitler. Das ermöglicht dem »Führer«, den Zugang zur politischen Macht auf allen ihm Erfolg versprechenden Wegen zu suchen und Zweckbündnisse mit anderen Gegnern der Republik einzugehen, ohne ihnen und ihren besonderen Interessen ausgeliefert zu sein. Mit diesem Vorgehen kann zugleich verschleiert werden, daß die NSDAP 1932/33 noch kaum detaillierte (wirtschafts-)politische Sachprogramme und Fachleute besitzt; außer für den Bereich der Landwirtschaft bleibt der Ausbau der Reichsorganisationsleitung in dieser Hinsicht weitgehend fruchtlos.

1929
Juni Gründung der Reichsorganisationsabteilung II unter Oberst a. D. Konstantin Hierl zur Ausarbeitung politischer Sachprogramme.

1930
23. Febr. Der Berliner SA-Sturmführer Horst Wessel stirbt nach einer eher privaten Auseinandersetzung mit einem Kommunisten; Goebbels stilisiert den Verfasser des »Horst-Wessel-Liedes« (1929, Parteihymne 1930) zum politischen Märtyrer.

Soziale Struktur der NSDAP vor 1933
(Erwerbstätige im Reich und in der NSDAP nach sozialen und Berufs-Gruppen)

Erwerbstätige	Im Reichsgebiet (Volkszählung von 1925)	v. H.	In der NSDAP vor dem 14. 9. 1930	v. H.	Unter den neuen NSDAP-Mitgliedern (zwischen 14. 9. 1930 und 30. 1. 1933)	v. H.	v. H. der NSDAP-Mitglieder unter den Erwerbstätigen (vor dem 30. 1. 1933)
Arbeiter	14443000	*45,1*	34000	*28,1*	233000	*33,5*	1,9
Selbständige							
a) Land- und Forstwirtschaft (Landwirte)	2203000	*6,7*	17100	*14,1*	90000	*13,4*	4,9
b) Industrie und Handwerk (Handwerker und Gewerbetreibende)	1785000	*5,5*	11000	*9,1*	56000	*8,4*	3,9
c) Handel und Verkehr (Kaufleute)	1193000	*3,7*	9900	*8,2*	49000	*7,5*	4,9
d) Freie Berufe	477000	*1,5*	3600	*3,0*	20000	*3,0*	4,9
Beamte							
a) Lehrer	334000	*1,0*	2000	*1,7*	11000	*1,7*	4,0 (a und b)
b) Andere	1050000	*3,3*	8000	*6,6*	36000	*5,5*	
Angestellte	5087000	*15,9*	31000	*25,6*	148000	*22,1*	3,4
Mithelfende Familienangehörige (meist weibliche)	5437000	*17,3*	4400	*3,6*	27000	*4,9*	0,6
Insgesamt	32009000	*100*	121000	*100*	670000	*100*	2,5

Nach: Martin Broszat: Der Staat Hitlers. München 1969, S. 51.

Die Mitgliederentwicklung der NSDAP

Ende 1925	27000	1939	5300000
Sept. 1930	130000	1942	7100000
Jan. 1933	850000	1945	8500000
Mai* 1933	2500000	* Aufnahmesperre	

6. März Parteiamtliche Kundgebung über die Stellung der NSDAP zu Landvolk und Landwirtschaft.

27. April Führertagung in München; Goebbels zum Reichspropagandaleiter ernannt.

Ergebnisse der Reichstagswahlen 1928–1933 und der Landtagswahlen 1929–1932/33
(Zahl der Mandate, Prozentanteil der Stimmen)

		Stimm-berechtigte	Wahl-beteili-gung	Mandate gesamt	NSDAP	DNVP	DVP	Zentrum/BVP	DDP (ab 1930 DStP)	SPD	KPD
1928 20. 5.	*Reichstag*	41,2 Mill.	75,6%	491	12 2,6%	73 14,3%	45 8,7%	78 15,2%	25 4,8%	153 29,8%	54 10,6%
1929 12. 5.	Sachsen	3,48 Mill.	78,4%	96	5 5,0%	8 8,1%	13 13,4%	0 0,9%	4 4,3%	34 34,1%	12 12,8%
23. 6.	Mecklenburg-Schwerin	0,42 Mill.	74,9%	51	2 4,0%	(u.a.) 23 44,6%		–	1 2,9%	20 38,3%	3 5,2%
27. 10.	Baden	1,54 Mill.	61,4%	88	6 7,0%	3 3,7%	7 8,0%	34 36,6%	6 6,7%	18 20,1%	5 5,9%
10. 11.	Lübeck	0,09 Mill.	85,0%	80	6 8,2%	(u.a.) 29 35,5%		0 1,1%	2 3,3%	34 42,4%	7 8,6%
8. 12.	Thüringen	1,08 Mill.	74,9%	53	6 11,3%	2 4,0%	5 8,8%	0 1,2%	1 2,9%	18 32,3%	6 10,7%
1930 22. 6.	Sachsen	3,58 Mill.	73,7%	96	14 14,4%	5 4,8%	8 8,7%	–	3 3,2%	32 33,4%	13 13,6%
14. 9.	*Reichstag*	43,0 Mill.	82,0%	577	107 18,3%	41 7,0%	30 4,5%	87 14,8%	20 3,8%	143 24,5%	77 13,1%
14. 9.	Braunschweig	0,35 Mill.	91,1%	40	9 22,2%	(u.a.) 11 26,0%			1 3,0%	17 41,0%	2 6,8%
30. 11.	Bremen	0,26 Mill.	78,5%	120	32 25,4%	6 5,7%	15 12,5%	2 2,1%	5 4,1%	40 31,0%	12 10,7%
1931 3. 5.	Schaumburg-Lippe	0,03 Mill.	87,1%	15	4 27,0%	1 10,1%	1 5,5%	–	1 5,1%	7 44,6%	1 6,4%
17. 5.	Oldenburg	0,35 Mill.	74,9%	48	19 37,2%	2 4,8%	2 4,1%	9 17,6%	1 3,3%	11 20,9%	3 7,2%
27. 9.	Hamburg	0,93 Mill.	83,8%	160	43 26,3%	9 5,6%	7 4,8%	2 1,4%	14 8,7%	46 27,8%	35 21,9%
15. 11.	Hessen	0,96 Mill.	82,4%	70	27 37,1%	1 1,4%	1 2,3%	10 14,3%	1 1,4%	15 21,4%	(u.a.) 10 15,5%

1932	13. 3.	Mecklenburg- Strelitz	0,07 Mill.	86,4%	35	9 23,9%	11 31,0%	1 5,1%	–	–	10 26,9%	3 9,1%
	24. 4.	Preußen	27,0 Mill.	82,1%	423	162 36,3%	31 6,9%	7 1,5%	67 15,3%	2 1,5%	94 21,2%	57 12,8%
	24. 4.	Bayern	5,96 Mill.	79,0%	128	43 32,5%	3 3,3%	0 1,7%	45 32,6%	–	20 15,4%	8 6,6%
	24. 4.	Württemberg	1,78 Mill.	70,4%	80	23 26,4%	3 4,3%	0 1,5%	17 20,5%	4 4,8%	14 16,6%	7 9,4%
	24. 4.	Anhalt	0,25 Mill.	89,9%	36	15 40,9%	2 5,8%	2 3,7%	0 1,2%	1 1,5%	12 34,3%	3 9,3%
	24. 4.	Hamburg	0,94 Mill.	80,5%	160	51 31,2%	7 4,3%	5 3,2%	2 1,3%	18 11,3%	49 30,2%	26 16,0%
	29. 5.	Oldenburg	0,36 Mill.	75,6%	46	24 48,4%	2 5,8%	0 0,8%	7 15,5%	1 2,3%	9 18,8%	2 5,7%
	5. 6.	Mecklenburg- Schwerin	0,45 Mill.	80,3%	59	30 49,0%	5 9,1%	–	–	–	18 30,0%	4 7,4%
	19. 6.	Hessen	0,98 Mill.	77,2%	70	32 44,0%	1 1,5%	2 3,4	10 14,5%	–	17 23,1%	7 11,0%
	31. 7.	*Reichstag*	44,2 Mill.	84,0%	608	230 37,3%	37 5,9%	7 1,2%	97 15,7%	4 1,0%	133 21,6%	89 14,3%
	31. 7.	Thüringen	1,13 Mill.	84,3%	61	26 42,5%	2 3,2%	1 1,8%	1 1,9%		15 24,3%	10 16,1%
	6. 11.	*Reichstag*	44,4 Mill.	80,6%	584	196 33,1%	52 8,9%	11 1,9%	90 15,0%	2 1,0%	121 20,4%	100 16,9%
	13. 11.	Lübeck	0,10 Mill.	86,6%	80	27 33,1%	4 4,5%	(u. a.) 5 6,0%	1 0,9%	1 1,6%	29 36,3%	9 11,9%
1933	15. 1.	Lippe	0,12 Mill.	85,1%	21	9 39,5%	1 6,1%	1 4,4%	–	0 0,8%	7 30,2%	2 11,2%
	5. 3.	*Reichstag*	44,7 Mill.	88,7%	647	288 43,9%	(u. a.) 52 8,0%	2 1,1%	92 13,9%	5 0,9%	120 18,3%	81 12,3%
	5. 3.	Preußen	27,3 Mill.	88,7%	474	211 43,2%	(u. a.) 43 8,8%	3 1,0%	68 14,1%	3 0,7%	80 16,6%	63 13,2%

1. Juni	Richard Walther Darré wird Leiter der agrarpolitischen Abteilung der Reichsleitung.
4. Juli	Otto Straßer, Leiter des Berliner Kampf-Verlags seit 1926, ruft mit einem Kreis »sozialistisch-revolutionärer« Anhänger aus Protest gegen Hitlers Bündnistaktik mit bürgerlich-kapitalistischen Parteien zum Verlassen der NSDAP auf.
29. Aug.	Rücktritt des Obersten SA-Führers von Pfeffer; am 2. Sept. übernimmt Hitler selbst das Amt.
1931 1. Jan.	Neuerworbenes Barlow-Palais in München als »Braunes Haus« Sitz der NSDAP-Reichsleitung, bei der gleichzeitig eine wirtschaftspolitische Abteilung eingerichtet wird.
5. Jan.	Röhm wird Stabschef der SA (Gesamtstärke 77000).
15. Jan.	Gründung der Reichsbetriebszellen-Abteilung (ab 8. März: NSBO) bei der NSDAP-Reichsleitung.
1. April	Anläßlich der Absetzung des OSAF-Stellvertreters Ost, Walther Stennes (Berlin), rebellieren dessen Unterführer gegen den Legalitätskurs der NSDAP-Führung. Stennes' NS-Kampfbewegung Deutschlands vereinigt sich zeitweilig mit O. Straßers Kampfgemeinschaft revolutionärer Nationalsozialisten; beide werden bald bedeutungslos.
1. Okt.	Gründung der NS-Frauenschaft als Abteilung der Reichsleitung.
30. Okt.	Baldur von Schirach (1928–1932 Reichsführer des NSDStB) wird Reichsjugendführer (HJ, NSSB, NSDStB); bis Juni 1932 der SA-Führung unterstellt.
2. Nov.	Gründung des Reichswirtschaftsrats der NSDAP unter Feder.
Dez.	Die Gesamtstärke der SA beträgt nun 260000 Mann; sie steigt bis Aug. 1932 auf 471000, die der SS auf 24000 Mann.
1932 10. Juni	Umbildung der Reichsorganisationsabteilung unter G. Straßer (sechs, ab Okt. neun Hauptabtei-

lungen); Hierl wird Beauftragter Hitlers für den Arbeitsdienst.

9. Dez. Nach G. Straßers Rücktritt übernimmt Hitler selbst die oberste Leitung der Politischen Organisation der NSDAP und ernennt Ley zu seinem Stabsleiter.

Das Dritte Reich

Von der Machtübernahme bis zur Märzwahl 1933

Die NSDAP ist als »Junior«-Partner einer Koalitionsregierung mit DNVP und Stahlhelm in ihrem Machtstreben eingeengt. Sie verfolgt bis zur Reichstagswahl eine Taktik scheinbarer Legalität. Machteroberung und Einschüchterung der Gegner werden nur vorsichtig eskaliert. Nach dem Reichstagsbrand wird die »gesetzliche« Handhabe zur ungehemmten Machteroberung geschaffen, jedoch bis zur Wahl nur begrenzt, vor allem gegen die KPD, eingesetzt.

Die Vorstellung der rechtskonservativen Kräfte, Hitler – dessen seit langem geforderte Kanzlerschaft sie zu einem Zeitpunkt ermöglichen, als die NSDAP den Zenit ihres Erfolges bei den Wählern offenbar schon überschritten hat – »einrahmen« zu können, soll sich bald als irrig erweisen. Zunächst allerdings gilt die Kampfansage der NSDAP den Parteien der Linken. Dafür kann sie sich der Zustimmung weiter Teile des bürgerlich-konservativen Lagers sowie der Reichswehr sicher sein.

1933
30. Jan. Reichspräsident Hindenburg ernennt **Adolf Hitler** zum **Reichskanzler**. Kurz nach 11 Uhr Vereidigung des Kabinetts:
Reichskanzler: Adolf Hitler (NSDAP), Vizekanzler und Reichskommissar für Preußen: Franz von Papen (bis 1932 Zentrum), Auswärtiges: Konstantin Frhr. von Neurath (parteilos), Inneres: Wilhelm Frick (NSDAP), Reichswehr: Werner von Blomberg (parteilos), Finanzen: Johann Ludwig Graf Schwerin von Krosigk (parteilos), Wirt-

schaft, Ernährung und Landwirtschaft (ab 4. Febr. 1933 auch Kommissar für Landwirtschaft sowie Wirtschaft und Arbeit in Preußen): Alfred Hugenberg (DNVP), Justiz: Franz Gürtner (ab 1. Febr.; DNVP), Arbeit: Franz Seldte (Stahlhelm), Verkehr und Post: Paul Frhr. Eltz von Rübenach, Reichsminister ohne Geschäftsbereich, Reichskommissar für den Luftverkehr, mit der Wahrnehmung der Geschäfte des preußischen Innenministers beauftragt: Hermann Göring (NSDAP).

Erste Kabinettssitzung; mit zunehmender Konzentrierung der Führergewalt auf Hitler nimmt die Sitzungsfrequenz bald ab: Febr.–März 1933: 31, April–Mai 1933: 16, Juni 1933–März 1934: 29, April–Dez. 1934: 13, 1935: zwölf, 1936: vier, 1937: sechs; letzte Sitzung des Reichskabinetts am 5. Febr. 1938.

31. Jan. Verhandlungen Hitlers mit dem Vorsitzenden des Zentrums, Prälat Ludwig Kaas, über eventuelle Regierungsbeteiligung; nach Abbruch durch Hitler Kabinettsempfehlung an Hindenburg für Reichstagsauflösung. SPD-Parteiausschuß, SPD-Reichstagsfraktion und Eiserne Front erklären Legalitätskurs, der – trotz SA-Terror und Unterdrückungsmaßnahmen – gegen innerparteiliche Opposition durchgehalten wird.

1. Febr. Verordnung des Reichspräsidenten: Reichstagsauflösung, Neuwahlen am 5. März.

2. Febr. Beginn der zweiten Genfer Abrüstungskonferenz.

3. Febr. Geheime Rede Hitlers vor den Befehlshabern der Reichswehr zur – mit Blomberg abgesprochenen – Aufgabenabgrenzung zwischen SA (bleibt auf innenpolitische Aufgaben beschränkt) und Reichswehr (Einsatz nur gegen äußere Gegner, keine Einmischung in innenpolitische Auseinan-

dersetzungen) sowie über die Gewinnung von »Lebensraum« im Osten.

4. Febr. *Verordnung* des Reichspräsidenten *»Zum Schutze des deutschen Volkes«*: Eingriffsrecht in Presse- und Versammlungsfreiheit, Handhabe für erste Verfolgungen politischer Gegner.

6. Febr. Verordnung des Reichspräsidenten zur Herstellung geordneter Regierungsverhältnisse in Preußen: Verfassungsmanipulation zur Landtags-Auflösung (Neuwahlen am 5. März).

7. Febr. Göring ernennt Kurt Daluege zum Kommissar z. b. V. im Preußischen Innenministerium: ab 12. Febr. politische *»Säuberung« der höheren Beamtenschaft*, besonders der Polizei.

8. Febr. Die noch vom Kabinett Schleicher beschlossenen Arbeitsbeschaffungsmaßnahmen (600 Mio. RM) müssen laut Hitler vor allem der Aufrüstung zugute kommen. Kapazität der Beschaffungsplanung der Reichswehr ist aber beschränkt.

11. Febr. »Höherer Polizeiführer-West« als Sonderkommissar Görings für Rheinland und Westfalen erhält Vollmachten für politische Polizeiaktionen.

15. Febr. Heinrich Mann und Käthe Kollwitz verlassen als erste die Preußische Akademie der Künste.

17. Febr. »Schießerlaß« des Preußischen Innenministers verspricht Straffreiheit für Waffengebrauch gegen »Staatsfeinde« und droht »lauen« Beamten; Neutralität ist aufzugeben.

21. Febr. Ersuchen Görings an die preußischen Regierungspräsidenten, alle SPD-Mitglieder in den Polizeiverwaltungen durch »national« eingestellte Beamte zu ersetzen.

22. Febr. Aufstellung von *Hilfspolizei aus SA, SS und Stahlhelm* in Preußen, insgesamt etwa 50000 Mann; nach der Gleichschaltung auch in den übrigen Ländern.

27. Febr. Der ehemalige holländische Kommunist Marinus

van der Lubbe setzt am Abend Teile des *Reichstagsgebäudes in Brand*, er wird am Tatort festgenommen. Noch in der Nacht verbreiten Göring und Goebbels, es habe sich um ein Fanal der KPD für einen lange vorbereiteten Aufstand gehandelt; die SPD sei mindestens Mitwisser. In Preußen folgen die sofortige Verhaftung aller KPD-Abgeordneten und wichtigen Funktionäre, die Schließung der Parteibüros und das Verbot der KPD-Presse. Die SPD-Presse wird für zunächst 14 Tage verboten.

28. Febr. Verordnung des Reichspräsidenten »Zum Schutz von Volk und Staat« **(»Reichstagsbrandverordnung«)** setzt Grundrechte außer Kraft: Freiheit der Person, Meinungs-, Presse-, Vereins-, Versammlungsfreiheit, Post- und Fernsprechgeheimnis, Unverletzlichkeit von Eigentum und Wohnung; § 2 ermächtigt die Reichsregierung, »Befugnisse der obersten Landesbehörden vorübergehend wahrzunehmen«. Die nun beginnende **»Schutzhaft«**-Willkür (ohne gerichtliche Kontrolle) setzt zunächst in Preußen ein; nach den Reichstagswahlen auch in den übrigen Ländern Massenverhaftungen von Kommunisten nach vorbereiteten Listen sowie von exponierten SPD- und Reichsbanner-Funktionären und von als NS-Gegner bekannten Einzelpersonen anderer Parteien. Mitte März sind in Preußen rund 10000 Personen (überwiegend Kommunisten) in Schutzhaft. Die Verordnung, bis 1945 in Kraft, wird Grundlage der außernormativen Gewalt von SS und Geheimer Staatspolizei.

Verordnung des Reichspräsidenten »gegen Verrat am deutschen Volke und hochverräterische Umtriebe«: Strafverschärfung bei weiter gefaßtem Hoch- und Landesverrat.

3. März Verhaftung von KPD-Führer Ernst Thälmann und

zahlreicher, zunächst untergetauchter Spitzenfunktionäre; die KPD stellt sich auf Arbeit im Untergrund ein.

4. März Der ehemalige preußische Ministerpräsident Otto Braun flüchtet in die Schweiz. Der frühere Reichskanzler Joseph Wirth emigriert im April 1933, Reichskanzler a. D. Brüning im Mai 1934. Insgesamt gehen 27 ehemalige Reichs- und Länderminister sowie 264 Reichs- und Landtagsabgeordnete ins Exil.

5. März **Reichstagswahl:** Trotz NS-Terrors im Wahlkampf und verfassungswidriger Behinderung besonders von KPD, SPD und Zentrum erreicht die NSDAP nur 43,9 % der Stimmen, die Regierungskoalition nur eine knappe absolute Mehrheit (vgl. Tabelle S. 196f., dort auch das kaum abweichende Ergebnis der Landtagswahl in Preußen).

Gleichschaltung und Machtmonopolisierung März–August 1933

Nach dem als Plebiszit für die »Erneuerung« Deutschlands ausgelegten Wahlgewinn geben die Nationalsozialisten ihre relative Zurückhaltung auf. Vermittels schrankenlosen Terrors schalten sie die Organisationen der Regimegegner (Parteien, Gewerkschaften) aus, degradieren den Reichstag zum Akklamationsinstrument, erobern die Macht in den Ländern und unterwerfen die gesellschaftlichen Gruppen, Verbände und Vereine der sogenannten Gleichschaltung. Alle Parteien außer der NSDAP werden verboten bzw. lösen sich unter Druck selbst auf. Demokratische Führungs- und Entscheidungsstrukturen werden, wo immer möglich, beseitigt.

1933
5.–9. März Noch am Tag der Reichstagswahl setzt in Hamburg die *Eroberung der nicht nationalsozialistisch regierten Länder* ein. Der Reichsinnenminister, unterstützt von SA- und SS-Provokationen, setzt

	Nationalsozialisten als Polizeikommissare ein: Auf Hamburg folgen am 6. März Hessen, Lübeck und Bremen, am 7. März Württemberg, Baden und Sachsen; in Schaumburg-Lippe tritt die Landesregierung zurück; am 9. März wird Ritter von Epp zum Reichskommissar für Bayern ernannt, der seinerseits sofort Ressort-Kommissare beruft (für das Innenministerium Gauleiter Adolf Wagner).
8. März	Reichsinnenminister Frick kündigt Errichtung von Konzentrationslagern an.
11. März	Besetzung der Zentrale des republikanischen Reichsbanners Schwarz-Rot-Gold in Magdeburg, dessen Formationen schon vorher scharf verfolgt werden.
13. März	Goebbels wird Chef des neugegründeten Reichsministeriums für Volksaufklärung und Propaganda.
16./17. März	Hjalmar Schacht löst Hans Luther wegen dessen restriktiver Kreditpolitik, die der Aufrüstung hinderlich ist, als Reichsbankpräsident ab.
20. März	Himmler gibt die Errichtung eines ständigen *Konzentrationslagers* (KL) in *Dachau* bekannt (Kommandant: Hilmar Wäckerle, ab Juni Theodor Eicke).
20./22. März	Hitler erreicht durch kultur- und kirchenpolitische Versprechungen die Zustimmungsbereitschaft der Mehrheit des Zentrums für das Ermächtigungsgesetz.
21. März	*»Tag von Potsdam«:* feierlich-suggestive Konstituierung des neuen Reichstags in der Garnisonskirche mit Hitler und Hindenburg.
	Verordnung zur Abwehr heimtückischer Angriffe gegen die Regierung ermöglicht Bestrafung selbst mündlicher Kritik an Regime und NSDAP. Einrichtung von *Sondergerichten* für »Straftaten« nach Reichstagsbrand-Verordnung und Heimtücke-Gesetz in jedem Oberlandesgerichtsbezirk:

Entwicklung von SS, SD und zentraler Sicherheitspolizei des Deutschen Reiches

1925	
16. April	Erstes Auftreten der »Stabswache« Hitlers; Gründung als »Schutzstaffeln« (SS) in der SA am 9. Nov.
1929	
6. Jan.	Heinrich Himmler wird Reichsführer SS (RFSS).
1931	
Herbst	Sicherheitsdienst (SD) des RFSS gegründet; ab Juli 1932 unter Reinhard Heydrich.
1933	
Januar	Die SS umfaßt nun rund 56000 Mann.
9. März	Himmler wird Kommissarischer Polizeipräsident Münchens, Heydrich Leiter des politischen Referats.
17. März	Gründung der »Leibstandarte Adolf Hitler« (120 Mann; Führer: Sepp Dietrich).
1. April	Himmler wird »Politischer Polizeikommandeur» Bayerns, zuständig auch für KL.
26. April	Gesetz zur Errichtung des Geheimen Staatspolizeiamtes (Gestapa) in Berlin.
9. Nov.	SD wird eigenes SS-Amt mit zehn »Oberabschnitten«.
30. Nov.	Geheime Staatspolizei (Gestapo) in Preußen wird per Gesetz selbständiger Zweig der Inneren Verwaltung und erlangt ab 14. März 1934 Verfügungsgewalt über die Stapo-Stellen.
Nov.–Jan.	Himmler wird Kommandeur der verselbständigten Politischen Polizeien der Länder (außer in Preußen und Schaumburg-Lippe).
1934	
20. April	Ministerpräsident Göring als Chef der Preußischen Geheimen Staatspolizei ernennt Himmler zum Inspekteur der Gestapo; Heydrich wird ab 22. April Leiter des Gestapa (inoffizielle Zentrale des Kommandeurs der Politischen Polizeien der Länder).
30. Juni	Unterstellung der Konzentrationslager unter RFSS (vgl. Tabelle S. 248ff.).
4. Juli	Theodor Eicke wird Inspekteur der Konzentrationslager und Führer der SS-Wachtruppen.
	Verfügung Himmlers als RFSS *und* Chef der Politischen Polizeien über Trennung der Arbeitsgebiete von Gestapo und Sicherheitsdienst der SS (SD): Aufgabe der Gestapo ist die Gegnerbekämpfung, Aufgabe des SD die Gegnerermittlung. Kompetenzverquickungen sind aber, wie die Personalunion Heydrichs zeigt, weitgehend beabsichtigt.
20. Juli	Die SS wird selbständige Gliederung der NSDAP und ist da-

	mit nicht mehr der Obersten SA-Führung unterstellt. Der RFSS wird Hitler »persönlich und unmittelbar« unterstellt.
1935	
30. Jan.	Bildung der SS-Hauptämter: SS-Sicherheitshauptamt unter Heydrich zuständig für Gegnerbeobachtung, Spionage- und Sabotage-Abwehr.
1936	
10. Febr.	Neues Gesetz über die Geheime Staatspolizei verankert die Praxis der Verwaltungsgerichte, wonach Gestapo-Angelegenheiten nicht der richterlichen Nachprüfung unterliegen.
29. März	SS-Wachverbände in »SS-Totenkopf-Verbände« umbenannt (3500 Mann).
17. Juni	Ernennung Himmlers zum »RFSS und Chef der Deutschen Polizei im Reichsministerium des Innern« bewirkt die institutionelle Verknüpfung von Partei- und Staatsamt. Errichtung von Hauptämtern für Ordnungspolizei (Kurt Daluege) und Sicherheitspolizei (Heydrich).
1937	
10. Mai	Beginn der Verschmelzung von SS und Ordnungspolizei.
13. Nov.	Einsetzung »Höherer SS- und Polizei-Führer« für den Mobilmachungsfall.
1938	
17. Aug.	Verfassungsrechtliche Sonderstellung der bewaffneten SS (Verfügungstruppen, Totenkopf-Verbände) neben Wehrmacht und Polizei.
11. Nov.	Sicherheitsdienst der SS wird staatlich sanktioniert: er unterstützt die Sicherheitspolizei.
1939	
20. April	Errichtung des SS-Hauptamts Verwaltung und Wirtschaft unter Oswald Pohl.
1. Juni	Hauptamt SS-Gericht und SS-Personalhauptamt errichtet.
1. Sept.	Einheiten der SS-Verfügungstruppe (Gesamtstärke 8000 bis 9000 Mann) und der SS-Totenkopf-Verbände (6500 Mann) nehmen am Polenfeldzug als Einsatzgruppen teil.
27. Sept.	Zusammenlegung der SD (SS-Sicherheitshauptamt) mit Hauptamt Sicherheitspolizei (Gestapo und Kriminalpolizei) zum neuen *Reichssicherheitshauptamt* unter Heydrich.
Okt.	Bildung der SS-Verfügungsdivision »Das Reich« und der SS-Totenkopf-Division.
7. Okt.	RFFS Himmler wird »Reichskommissar für die Festigung deutschen Volkstums«.
17. Okt.	Einführung der Sondergerichtsbarkeit für SS- und Polizeiangehörige.
1940	
Jan.	Bezeichnung »Waffen-SS» eingeführt (Stärke im Juni: 100000 Mann, Ende 1940: 150000).

15. Aug.	Errichtung des SS-Führungshauptamts als Kommandozentrale der Waffen-SS.
1941	
ab 22. Juni	Im Rußland-Feldzug ermorden die Einsatztruppen (unterstützt von heimischen Hilfstruppen) über eine Million Menschen.
1942	
16. März	Verwaltung der Konzentrationslager durch das am 1. Febr. 1942 umgebildete SS-Wirtschafts- und Verwaltungshauptamt, dem auch die SS-eigenen, überwiegend mit KL-Häftlingen betriebenen Wirtschaftsunternehmen (Baustoffe, Rüstungsproduktion, Mineralwasserfirmen u. a.) unterstehen.
1943	
24. Aug.	Himmler wird Reichsminister des Innern.
1944	
30. Juni	Gesamtstärke der Waffen-SS 595443 Mann, der allgemeinen SS 200498 Mann, der Konzentrationslager-Wachmannschaften ca. 24000 Mann.
21. Juli	Himmler wird Befehlshaber des Ersatzheeres.
Herbst	Höchster Mannschaftsstand der Waffen-SS: 910000 Mann in 38 motorisierten und Panzer-Divisionen, davon 310000 »Volksdeutsche«, 50000 »germanische Freiwillige«, 150000 Angehörige anderer Völker.
1945	
23. Mai	Selbstmord Himmlers.

keine gerichtliche Voruntersuchung, kein Eröffnungsbeschluß, keine Rechtsmittel.

Einlieferung der ersten Gefangenen in das *Konzentrationslager Oranienburg*. Danach **rascher Ausbau des KL-Systems**. SA-Trupps, weniger SS, halten Tausende in etwa 50 Lagern und zahllosen »Bunkern« (allein 50 in Berlin) gefangen. Bis Ende April insgesamt rund 30000 Festnahmen allein in Preußen, zumeist noch für »nur« wenige Tage oder Wochen. Bunker wie KL bleiben bis zum Frühjahr 1934 (staatlich betriebene Auflösung der »wilden« Lager gelingt nur zögernd) Stätten ungehemmten Terrors; bis Ende Okt. 1933 lauten die Schätzungen auf 500–600 Tote und rund 100000 Inhaftierungen. Seit 5. März auch umfangreiche Razzien in den Arbeitervierteln der Großstädte; Einrichtungen von KPD und SPD, sozialistischen Vereinen usw. werden beschlagnahmt. Lokale SA-Ausschreitungen gegen Juden.

22. März Bildung des Referats »Rassenhygiene« im Reichsinnenministerium.

23. März Reichstagssitzung in der von SA und SS abgeriegelten Krolloper; alle 81 KPD- und 26 SPD-Abgeordnete fehlen (in »Schutzhaft« oder geflohen). Nach Hitlers Regierungserklärung und der mutigen Rede des SPD-Vorsitzenden Otto Wels Annahme des **Ermächtigungsgesetzes** »zur Behebung der Not von Volk und Reich« mit mehr als der notwendigen Zweidrittel-Mehrheit, nur gegen 94 Stimmen der SPD. Die Reichsregierung kann nun Gesetze verfassungsändernden Inhalts, soweit sie nicht die Einrichtung des Reichstags und Rechte des Reichspräsidenten berühren, erlassen.

28. März Kundgebung der deutschen katholischen Bischöfe nimmt früher gegen die NSDAP gerichtete Warnungen und Verbote zurück. Grund dafür sind kulturpolitische Zusicherungen Hitlers, wahrscheinlich auch Hinweise auf seine Verhandlungsabsichten für ein Konkordat.

29. März »Lex van der Lubbe« legt rückwirkende Geltung der durch die Reichstagsbrandverordnung eingeführten Todesstrafe für Brandstiftung fest und durchbricht damit den zentralen Rechtsgrundsatz »nulla poena sine lege«.

31. März Vorläufiges Gesetz zur *Gleichschaltung der Länder* mit dem Reich: Länderparlamente (Preußen ausgenommen) sind gemäß dem Ergebnis der Reichstagswahlen – ohne KPD-Sitze – neu zu bilden; Landesgesetzgebung darf von Verfassung abweichen.

1. April Reichsweiter, von NSDAP und Propagandaministerium organisierter *Boykott jüdischer Geschäfte:*

Versuch, die angeblich gegen Hitler »hetzende« internationale Presse mit den deutschen Juden zu erpressen. Unter der Parole »Deutsche wehrt Euch! Kauft nicht bei Juden!« hindern SA- und SS-Trupps Passanten am Betreten jüdischer Geschäfte und Warenhäuser, die oft vorsorglich geschlossen halten. Gleichzeitig besetzt SA die Geschäftsstelle des Reichsverbandes der deutschen Industrie; der jüdische Geschäftsführer und jüdische Vorstandsmitglieder scheiden aus. Gustav Krupp von Bohlen und Halbach übernimmt, mit Hitler abgesprochen, autoritäre Verbandsführung und entzieht die Industrie damit einer direkten Parteikontrolle. Am 3. April wird der Boykott aus wirtschaftlichen und außenpolitischen Gründen abgebrochen.

Gründung des Außenpolitischen Amtes der NSDAP unter Alfred Rosenberg.

7. April *Gesetz zur Wiederherstellung des Berufsbeamtentums*, das politisch »unzuverlässige Elemente« und per **»Arierparagraph«** Juden vom Beamtenberuf ausschließen soll. Mehrere Durchführungsverordnungen gebieten Entlassung aller jüdischen Beamten (11. April), Arbeiter und Angestellten bei den Behörden (4. Mai) sowie aller jüdischen Honorarprofessoren, Privatdozenten und Notare. Außerdem werden Kommunisten nicht mehr, Juden nur noch beschränkt als Rechtsanwälte zugelassen (7. April). Ausschluß »nichtarischer« Patentanwälte und Kassenärzte ab 22. April, Kassenzahnärzte und -techniker ab 2. Juni.

Zweites Gesetz zur Gleichschaltung der Länder mit dem Reich: »Reichsstatthalter« sollen die »Beachtung der vom Reichskanzler aufgestellten Richtlinien der Politik« in den Ländern garantieren, bleiben aber trotz umfangreicher Befugnisse (die sich für Preußen Hitler vorbehält) bedeutungslos.

Rücktritt Papens als Reichskommissar für Preußen.

11. April Hitler ernennt Göring zum Stellvertretenden Reichsstatthalter und Ministerpräsidenten von Preußen.

21. April Hitler ernennt Rudolf Heß zum »Stellvertreter des Führers« mit Entscheidungsvollmacht »in allen Fragen der Parteiführung«. Heß nimmt an Kabinettssitzungen teil.

25. April Bayerns NSDAP-Justizminister Hans Frank wird Reichskommissar für die Gleichschaltung der Justiz in den Ländern und die Erneuerung der Rechtsordnung.

»Gesetz gegen die Überfüllung deutscher Schulen und Hochschulen« quotiert den Anteil der jüdischen Schüler und Studenten entsprechend dem Bevölkerungsanteil. Am 28. Dez. allgemeine Begrenzung des Hochschulzugangs auf jährlich 15000 Abiturienten, davon nicht mehr als 10% Frauen (Quote überschritten).

26. April SPD-Reichskonferenz billigt Legalitätskurs der Parteiführung.

April Frankreich lehnt polnischen Vorschlag einer »Faustpfand«-Politik gegen Deutschland (Besetzung deutscher Territorien zur Erzwingung der Einhaltung des Versailler Vertrages) ab; erneut im Dez.

Ende April Die Professoren Fritz Demuth, Philipp Schwartz und Moritz Bonn gründen die *Notgemeinschaft deutscher Wissenschaftler im Ausland* (Sitz: Zürich, ab 1936 London), die bis 1945 die Stellenvermittlung an etwa 2000 emigrierte deutsche und österreichische Akademiker, vor allem in den USA und in Großbritannien unterstützt.

28. April Errichtung eines Reichsministeriums für Luftfahrt, das Göring übernimmt.

29. April Bayerischer Landtag stimmt *Länder-Ermächtigungsgesetz* zu; gleiches geschieht in Preußen am 18. und in Sachsen am 23. Mai, in Württemberg am 8. und in Baden am 9. Juni.

1. Mai Als »Tag der nationalen Arbeit« erstmals gesetzlicher Feiertag. Mit Massenkundgebungen suggeriert das Regime »Volksgemeinschaft« und Arbeiterfreundlichkeit.

NSDAP-Aufnahmesperre. Seit 30. Jan. 1,6 Mill. neue Mitglieder (nunmehr 2,5 Mill., vgl. Tabelle S. 195).

2. Mai Um 10 Uhr vormittags besetzen Rollkommandos von NSBO und SA in ganz Deutschland Häuser und Betriebe der Freien Gewerkschaften sowie die Arbeiterbank; führende Funktionäre kommen in »Schutzhaft«. Trotz eines vorangegangenen Beschlusses des ADGB-Bundesvorstands, sich an den NS-Maifeiern zu beteiligen, **Zerschlagung der Gewerkschaften** und Zwangseingliederung ihrer Mitglieder in die am 10. Mai gegründete Deutsche Arbeitsfront (DAF), die der NSDAP angeschlossen ist.

Deutsche Arbeitsfront

Leiter der DAF: Robert Ley. *Organisation:* Gesamtverband der deutschen Arbeiter (Leiter: Walter Schumann) und der deutschen Angestellten (Leiter: Albert Forster); beide in Fachschaften gegliedert. Das Zentralbüro an der Spitze besteht aus dem »Kleinen Arbeitskonvent« (Leiter der DAF, Leiter der Verbände, elf Amtschefs) und dem beratenden »Großen Arbeitskonvent«, dem drei Vertreter der Christlichen Gewerkschaften bis zu deren Ausschaltung am 24. Juni angehören. *Mitglieder:* 1936 etwa 20 Millionen.

3./4. Mai NS-Zwangskartelle (»Reichsstände«) für Handwerk und Handel unter Adrian von Renteln gegründet.

5. Mai Ratifikation der Verlängerung des Berliner Vertrages mit der Sowjetunion von 1926.

Zeitungen und literarische Zeitschriften des deutschen Exils (Auswahl)

Neue Volks-Zeitung. Den Interessen des arbeitenden Volkes gewidmet. Chefredakteure u.a. Rudolf Katz, Gerhart Seger, Friedrich Stampfer. New York, [1932]–1949

Neuer Vorwärts. Sozialdemokratisches Wochenblatt. Chefredakteure Friedrich Stampfer, Curt Geyer (ab 1935). Karlsbad, 1933–1937, Paris, 1937–1940

Pariser Tageblatt (ab 1936: *Pariser Tageszeitung*). Chefredakteure Georg Bernhard, Carl Misch (ab 1938). Paris, 1933–1940

AIZ Arbeiter-Illustrierte-Zeitung (ab 1936: *V. I. Die Volks-Illustrierte*). Chefredakteur Franz Carl Weiskopf. Prag, 1933–1938, Straßburg, 1939

Die neue Weltbühne. Wochenschrift für Politik, Kunst, Wissenschaft. Chefredakteure Willi Schlamm, Hermann Budzislawski (ab 1934). Prag, 1933 –1938, Paris, 1938–1939

Die Zukunft. Organ der Deutsch-Französischen Union. Herausgeber Willi Münzenberg, Chefredakteure Arthur Koestler, Werner Thormann (ab 1938). Paris, 1938–1940

Freies Deutschland – Alemania Libre. Chefredakteure Bruno Frei, Alexander Abusch (ab 1942). Mexiko D.F., 1941–1946

Das Neue Tage-Buch. Herausgeber Leopold Schwarzschild. Paris, 1933 – 1940

Internationale Literatur. Deutsche Blätter. Zentralorgan der Internationalen Vereinigung Revolutionärer Schriftsteller. Chefredakteure u.a. Johannes R. Becher, Hans Günther, Hugo Huppert. Moskau, [1931]–1945

Die Sammlung. Literarische Monatsschrift. Unter dem Patronat von André Gide, Aldous Huxley, Heinrich Mann. Herausgeber Klaus Mann. Amsterdam, 1933–1935

Das Wort. Literarische Monatsschrift. Redakteure Bertolt Brecht, Lion Feuchtwanger, Willi Bredel, Fritz Erpenbeck. Moskau, 1936–1939

10. Mai *Bücherverbrennung* in Universitätsstädten: Kampfausschuß der Deutschen Studentenschaft verfemt »undeutsche« Autoren.
Beschlagnahme des Parteivermögens der SPD.

17. Mai SPD-Fraktion nimmt an der Reichstagssitzung teil und stimmt Hitlers außenpolitischer Erklärung *(»Friedensrede«)* entgegen der Aufforderung der emigrierten Mitglieder des Parteivorstands aus Furcht vor »Konsequenzen« der Machthaber und

in Hoffnung auf Honorierung zu. Der parteiinterne Konflikt führt am 19. Juni auf einer Reichskonferenz zur Wahl einer neuen innerdeutschen SPD-Führung. Der *Exil-Parteivorstand der SPD* (Sopade) konstituiert sich in Prag unter Otto Wels und Hans Vogel. Auf Verlangen der tschechoslowakischen Regierung im Mai 1938 Verlegung nach Paris, ab Jan. 1941 mit Vogel, Erich Ollenhauer und Fritz Heine bis Kriegsende in London. Etwa 6000 Sozialdemokraten gehen ins Exil. Auch linkssozialistische Parteien und Gruppen errichten 1933 Vertretungen im Exil: SAPD-Auslandsleitung unter Jakob Walcher in Paris, Auslands-Sekretariat Neu Beginnen unter Karl Frank in Prag. ISK-Auslandszentrale unter Willi Eichler in Paris. Die *politische Emigration* aus dem Deutschen Reich umfaßt insgesamt rund 20000 Menschen.

19. Mai Gesetz über *Treuhänder der Arbeit*, die Arbeitsverträge rechtsverbindlich regeln. Tarifautonomie gegen Ambitionen der DAF durch staatlichen Zwang ersetzt.

Die Entwicklung der Löhne und der Lohnquote von 1929–1939
(1932 = 100)

Jahr	nominale Stundenlöhne tarifl.	nominale Stundenlöhne effekt.	effekt. Stundenlöhne real	effekt. Wochenlöhne nominal	effekt. Wochenlöhne real	Anteil der Löhne am Volkseink. (%)
1929	122	133		149	118	56,6
1932	100	100	100	100	100	57,0
1933	97	97	99	102	104	56,0
1934	97	99	99	110	109	55,5
1935	97	101	99	112	110	54,6
1936	97	102	100	117	112	53,5
1937	97	105	101	121	115	52,7
1938	97	108	104	126	119	52,4
1939	98	111	107	131	123	51,8

Nach: Dieter Petzina, Autarkiepolitik im Dritten Reich. Stuttgart 1968, S. 167.

26. Mai Nachträgliche Legalisierung der Einziehung kommunistischen Vermögens. KPD-Auslandsleitung nun in Paris (Franz Dahlem, Wilhelm Florin, Wilhelm Pieck); Zentralkomitee und Politbüro ab Jan. 1935 in Moskau. Etwa 8000 KPD-Mitglieder flüchten ins Ausland.

1000-Reichsmark-Sperre für deutsche Touristen blockiert österreichischen Fremdenverkehr.

26./27. Mai Evangelische Landeskirchen »bestimmen« Friedrich von Bodelschwingh anstelle Ludwig Müllers (der den NS-freundlichen »Deutschen Christen« nahesteht) zum »Reichsbischof«. Folge: Einsetzung von Staats-Bevollmächtigten in Preußen, Rücktritt von Bodelschwinghs am 24. Juni.

28. Mai Walther Darré, Leiter des »Agrarpolitischen Apparates« der NSDAP, als »Reichsbauernführer« Chef der im März/April gleichgeschalteten landwirtschaftlichen Verbände.

NSDAP-Mehrheit bei Volkstags-Wahl im Freistaat Danzig; Hermann Rauschning (NSDAP) wird Senatspräsident.

1. Juni Errichtung der »Deutschen Rechtsfront« als Standesorganisation aller in der Rechtspflege Tätigen; Leitung: Hans Frank.

Gesetz zur Minderung der Arbeitslosigkeit (Reinhardt-Programm): 1 Mrd. Reichsmark für öffentliche Baumaßnahmen, Zuschüsse für private Bauten, Steuervergünstigungen für die Wirtschaft, Ehestandsdarlehen. Am 21. Sept. zweites Gesetz: 500 Mill. Reichsmark zur Förderung von Wohnungsbau und Landwirtschaft. Die Arbeitslosenzahl sinkt von 6 Mill. am 30. Jan. 1933 auf 3,7 Mill. am 30. Jan. 1934.

1. Juni »Adolf-Hitler-Spende der deutschen Wirtschaft«: Alle Betriebe spenden jährlich fünf Promill der Lohn- und Gehaltssumme des Vorjahres zugun-

Arbeitslose in Deutschland 1928–1940

Jahr	abhängige Erwerbspersonen[a] in Tsd.	Arbeitslosigkeit		
		Arbeitslose[d] in Tsd.	in % der Gewerkschaftsmitglieder	in % der abhängigen Erwerbspersonen
1928	21995	1391	8,4	6,3
1929	22418	1899	13,1	8,5
1930	21916	3076	22,2	14,0
1931	20616	4520	33,7	21,9
1932	18711	5603	43,7	29,9
1933	18540	4804	(46,3)[e]	25,9
1934	20090	2718		13,5
1935[b]	20886	2151		10,3
1936	21507	1593		7,4
1937	22347	912		4,1
1938	23222	429		1,9
1939	24372	119		0,5
1940	28592[c]	52		0,2

[a] Anhand der Statistik der gesamten Kassenversicherungsmitglieder der reichsgesetzlichen Krankenkassen, Knappschaftskassen und der Seekrankenkasse.
[b] Einschließlich Saargebiet, ohne Saarknappschaft.
[c] Ohne (annektierte) Ostgebiete.
[d] Für 1928 nicht amtliche, errechnete Zahlen der Vollarbeitslosen unter teilweiser Schätzung der Abzüge. Ab 1929 amtliche Zahlen der Reichsanstalt.
[e] Bezogen auf das 1. Halbjahr.

Nach: Sozialgeschichtliches Arbeitsbuch, Bd. 3, hrsg. von Dietmar Petzina u. a., München 1978, S. 119f.

sten der NSDAP (bis 1945 insgesamt über 700 Mill. RM).

9. Juni Wegen Devisenmangel gesetzliches Teil-Moratorium für Zinszahlungen ins Ausland; Einrichtung von Reichsmark-Guthaben-Konten.

17. Juni Baldur von Schirach (ab 2. Aug. 1940 Artur Axmann) »Jugendführer des Deutschen Reiches«: »revolutionäre« Kontrolle über sämtliche Jugendverbände.

21. Juni NS-Großaktion gegen »Kampfring Junger Deutschnationaler« (angeblich marxistisch unterwandert) als Teil des Kesseltreibens gegen Koalitionspartner Hugenberg.

22. Juni **Verbot der SPD** (Ausschluß aller Mandatsträger am 7. Juli »legalisiert«); danach rasche **Selbstauflösung der übrigen Parteien**: DNVP (Aufnahme der Abgeordneten in NSDAP-Fraktion) und DVP am 27., DDP am 28. Juni, BVP am 4., Zentrum am 5. Juli.

»Wahl« Adrian von Rentelns, Führer des »NS-Kampfbundes für den gewerblichen Mittelstand«, zum Präsidenten des Deutschen Industrie- und Handelstages.

23. Juni Gesetz über den Bau von Reichsautobahnen (ab 30. Juni Fritz Todt Generalinspekteur für das deutsche Straßenwesen). Baubeginn in Frankfurt/Main am 23. Sept.

26. Juni Neugegründete »Akademie für Deutsches Recht« soll neue Rechtsordnung vorbereiten.

27. Juni Hugenberg (DNVP) bittet auf Druck der NSDAP um seine Entlassung aus dem Kabinett. Nachfolger: Kurt Schmitt als Reichswirtschaftsminister, Darré als Reichslandwirtschaftsminister (29.).

1./2. Juli Hitler befiehlt Unterstellung des Stahlhelm unter Oberste SA-Führung.

6. Juli Hitler erklärt vor den Reichsstatthaltern, »Evolution« müsse »Revolution« ablösen. Hintergrund: Lähmungserscheinungen in Verwaltung und Wirtschaft infolge von SA-Willkür.

7. Juli Heß verbietet Aktionen gegen die großen (jüdischen) Warenhäuser wegen Gefährdung von Arbeitsplätzen.

14. Juli *Gesetz zur Verhütung erbkranken Nachwuchses* ermöglicht Sterilisierung, wenn mit großer Wahrscheinlichkeit Nachkommen mit schweren körperlichen oder geistigen Erbschäden zu erwarten sind.

Auf Antrag des Kranken, seines gesetzlichen Vertreters, des Amtsarztes oder Anstaltsleiters entscheiden Erbgesundheitsgerichte; 1934 bei 84525 Anträgen 56244, bis 1945 etwa 360000 Sterilisierungen (dabei zahlreiche Todesfälle).

Gesetz über die Verfassung der Evangelischen Kirche. Bei allgemeinen Kirchenwahlen am 23. Juli große Mehrheit für »Deutsche Christen«. Nationalsynode wählt am 27. Sept. Ludwig Müller zum »Reichsbischof«.

Gesetz über die Einziehung »volks- und staatsfeindlichen Vermögens« legalisiert nachträglich die Enteignung der SPD und droht »Staatsfeinden« Enteignung an.

Gesetz über Widerruf von Einbürgerungen und Aberkennung der deutschen Staatsangehörigkeit. Am 23. Aug. erste Anwendung auf 33 prominente Emigranten; bis 1939 rund 9000 namentliche Ausbürgerungen.

Gesetz gegen die Neubildung von Parteien: Monopol der NSDAP vollendet Gleichschaltung der Parlamente.

15. Juli Auf Vorschlag Mussolinis **Viererpakt** zwischen Großbritannien, Frankreich, Deutschland und Italien als Versuch, bei Anerkennung von Völkerbund, Locarno- und Kelloggpakt neue Grundlage der Politik in Europa zu schaffen.

20. Juli Abschluß des **Reichskonkordats** (Ratifizierung am 10. Sept.): Deutsches Reich sichert Bestand, Tätigkeit und Einrichtungen der – nie näher abgegrenzten – religiösen, kulturellen und karitativen katholischen Organisationen (Artikel 31); Vatikan verbietet im Gegenzug Priestern und Ordensleuten jede parteipolitische (Zentrum) Betätigung (Artikel 32).

Welche Bedeutung die Verhandlungsabsichten für ein Konkordat im Hinblick auf die Zustimmung von Zentrum und BVP zum Ermächtigungsgesetz hatten, ist bis heute umstritten.

8. Aug. Überführung des radikalen »NS-Kampfbundes für den gewerblichen Mittelstand« in die »Nationalsozialistische Handwerks-, Handels- und Gewerbe-Organisation« (NS-Hago).

15. Aug. Auflösung der Hilfspolizei in Preußen; in Bayern erst im Frühjahr 1934.

31. Aug.– 3. Sept. NSDAP-»Parteitag des Sieges« in Nürnberg (künftig »Stadt der Reichsparteitage«).

Krisenmonate Sommer 1933–Sommer 1934

Außenpolitisch befindet sich das Regime seit spätestens Juni/Juli 1933 in zunehmender selbstverschuldeter Isolierung. Das Vordringen der NSDAP in Österreich treibt selbst Mussolini an die Seite der Westmächte (Viererpakt vom 15. Juli). Innenpolitisch treten bei der noch kaum verbesserten wirtschaftlichen Lage und anhaltend hoher Arbeitslosigkeit die unterschiedlichen programmatisch-weltanschaulichen Zielsetzungen und Machtambitionen einzelner Teilorganisationen der Partei (SA, NSBO, NS-Hago u. a.) offen zutage. In manchen Bereichen (Staatsverwaltung, Reichswehr, Kirchen u. a.) scheint ihnen ihr bisher erreichter Einfluß noch ungenügend. Besonders in der SA wird die Forderung nach einer »zweiten Revolution« laut.

1933
11. Sept. Gründung des »Pfarrernotbundes«, **Beginn des evangelischen Kirchenkampfes**: Ein Drittel aller Pfarrer mit Martin Niemöller gegen Gleichschaltung durch »Deutsche Christen«, die »Arierparagraph« in der Kirche wollen. Wurzeln der »Bekennenden Kirche«.

13. Sept. Proklamation des »Winterhilfswerks« (Leitung: NS-Volkswohlfahrt).

Gesetz über den *»Reichsnährstand«*, dem alle in der Landwirtschaft sowie im landwirtschaftlichen Handel und in der Verarbeitung Tätigen angehören müssen, bringt umfassende Markt- und Preisregelung.

Jüdische Emigration aus dem Deutschen Reich
in Schätzzahlen (Grenzen von 1937)

Jüdische Bevölkerung 1933*	562000	Auswanderung insgesamt	330000
Auswanderung 1933–1938	220000	Sterbeüberschuß** 1933–1945	72000
Auswanderung 1939–1941	100000	Im Rahmen der »Endlösung« deportiert	135000
Auswanderung 1942–1945	10000	Jüdische Bevölkerung in Deutschland 1945	25000

* Juden im Sinne der Nürnberger Gesetze (Glaubensjuden: 503000).
** Bevölkerungsabnahme durch Überwiegen natürlicher Todesfälle gegenüber Geburten.

17. Sept. Gründung der **Reichsvertretung der deutschen Juden** (Präsident: Leo Baeck, Geschäftsführer: Otto Hirsch). Zusammen mit dem »Jüdischen Kulturbund« (seit Juni 1933) versucht die Selbsthilfeorganisation, die wirtschaftliche und soziale Not als Folge der gesellschaftlichen Ausgrenzung der Juden aus dem deutschen Alltag (»Dissimilierung«) zu lindern. Durch die zehnte Verordnung zum Reichsbürgergesetz wird die Reichsvertretung am 4. Juli 1939 in die »Reichsvereinigung der Juden in Deutschland« umgewandelt und direkt der »Reichszentrale für jüdische Auswanderung« (Gestapo) unterstellt; als Zwangszusammenschluß aller staatsangehörigen und staatenlosen Juden ist sie dann pflichtzuständig für jüdische Wohlfahrtspflege und Schulwesen. Ab Okt. 1941 wird die Reichsvereinigung, die seit 1933 Emigrationswillige unterstützt, von der Gestapo zur

Durchführung der Deportationen mißbraucht. Auf Befehl Himmlers wird sie im Juni 1943 aufgelöst, ihr Vermögen eingezogen.

21. Sept. Reichstagsbrandprozeß vor dem Reichsgericht. Angeklagt: van der Lubbe, Ernst Torgler (Vorsitzender der KPD-Reichstagsfraktion) und drei Bulgaren, darunter Georgi Dimitroff, Mitglied des Exekutivkomitees der Kommunistischen Internationale. Am 23. Dez. Todesurteil für van der Lubbe, Freisprüche für die übrigen.

22. Sept. *Reichskulturkammer-Gesetz* zur Errichtung einer Reichsschrifttumskammer (Präsident Hans Friedrich Blunck), Reichspressekammer (Max Amann), Reichsrundfunkkammer (Horst Dreßler-Andreß), Reichstheaterkammer (Otto Laubinger), Reichsmusikkammer (Richard Strauss), Reichskammer der bildenden Künste (Eugen Hönig); Reichsfilmkammer schon seit 14. Juli (Fritz Scheuermann). Die Reichskulturkammer (Präsident Goebbels, Vizepräsident Walther Funk) dient der ideologischen Überwachung. Entzug oder Verweigerung der Mitgliedschaft in den Einzelkammern aus politischen oder rassischen Gründen bedeutet Berufsverbot.

29. Sept. Reichserbhofgesetz: »Bauer kann nur sein, wer deutscher Staatsbürger, deutschen oder stammesgleichen Blutes und ehrbar ist. Der Erbhof (7,5–125 Hektar) geht ungeteilt auf den Anerben über« (Blut- und Boden-Ideologie, Erzeugungssteigerung).

Sept. Willi Münzenberg, Gründer des kommunistischen Medienkonzerns in der Weimarer Republik und Leiter des KPD-Propagandaapparats im Exil, organisiert in London internationalen Reichstagsbrand-Gegenprozeß; sein »Braunbuch« erregt weltweit Aufsehen.

1. Okt. Revirement in der Reichswehr. Blomberg ersetzt

gegen sein Bündnis mit Hitler opponierende Offiziere, darunter der Chef des Truppenamtes, General Wilhelm Adam, der durch Generalleutnant Ludwig Beck abgelöst wird; Nachfolger des Chefs der Heeresleitung, Kurt von Hammerstein, wird General Werner von Fritsch (zum 1. Febr. 1934).

4. Okt. Schriftleitergesetz regelt Ausbildung und Zulassung zu den Presseberufen (Arierparagraph): »Schriftleiter« sind nicht mehr dem Verleger, sondern dem Staat verantwortlich.

14. Okt. Austritt Deutschlands aus dem Völkerbund und aus der Abrüstungskonferenz in Genf (Volksabstimmung am 12. Nov.).

15. Okt. Hitler legt den Grundstein zum »Haus der Deutschen Kunst« in München.

12. Nov. Scheinwahlen zum Reichstag: Wahlbeteiligung 95,2%, ungültige Stimmen 7,8%, NSDAP-Einheitsliste 92,2%. Volksabstimmung über Völkerbund-Austritt: Wahlbeteiligung 96,3%, Nein-Stimmen 4,9%, Ja-Stimmen 95,1%.

24. Nov. Gesetz über Sicherungsverwahrung »ergänzt« Strafhaft für Rückfalltäter. Reichstierschutzgesetz.

Nov. Zerschlagung der SPD-Widerstandsorganisation »Roter Stoßtrupp« in Berlin. Gründung der illegalen Reichsleitung der verbotenen Gewerkschaften, die ab Anfang 1934 in Betrieben und Tarnorganisationen Widerstand zu koordinieren versucht.

29. Nov. Gesetzliche Einführung von Pflichtinnungen und Führerprinzip im Handwerk.

1. Dez. Gesetz zur Sicherung der Einheit von Partei und Staat sucht Einfluß der NSDAP in der öffentlichen Verwaltung zu begrenzen; der Stellvertreter des Führers, Heß, und der Stabschef der SA, Röhm, werden Reichsminister ohne Geschäftsbereich.

14. Dez. »Benzinvertrag« zwischen Reichsregierung und IG Farben sichert Ausbau der wehrwirtschaftlich wichtigen Produktion von Synthesetreibstoff. »Gesetz über die Übernahme von Garantien zum Ausbau der Rohstoffwirtschaft« vom 13. Dez. 1934 garantiert der Industrie rückwirkend ab 1. Dez. 1933 Preise und Absatz. Folge: Gründung der Braunkohle-Benzin A. G. im Herbst 1934, Aufbau der Zellwollindustrie u. a.

1934

20. Jan. *Gesetz zur Ordnung der nationalen Arbeit:* Die am 19. Mai 1933 eingeführten Treuhänder werden Reichsbeamte: »Betriebsgemeinschaft« als unternehmerfreundliches Führer-Gefolgschaftsverhältnis geht zu Lasten der künftig in 19 Reichsbetriebsgruppen gegliederten DAF, die in Tarif- und Arbeitsvertragsfragen nur beraten darf.

22. Jan. Heß warnt Röhm öffentlich, mit der SA militärisch-revolutionäre Ambitionen zu verfolgen.

26. Jan. Nichtangriffspakt zwischen Deutschland und Polen auf zehn Jahre.

30. Jan. *Gesetz über den Neuaufbau des Reiches* hebt Länderparlamente auf; Hoheitsrechte der Länder fallen an das Reich. Länderregierungen und Reichsstatthalter unterstehen der Reichsregierung; diese »kann neues Verfassungsrecht setzen«.

2. Febr. Verbot aller monarchistischen Verbände.

9. Febr. Louis Barthou französischer Außenminister; Versuche zur Kräftigung der zur Zähmung Deutschlands bestimmten französischen Allianzen (März Besuch in Belgien, April in Polen und ČSR, Juni in Rumänien und Jugoslawien); auch Werben um UdSSR und Italien.

27. Febr. Im noch nicht durchgehend gleichgeschalteten Verbandswesen der Wirtschaft gesetzliche Einführung des Führerprinzips und Bildung von 13 Wirtschaftsgruppen.

28. Febr. Harte Absage Hitlers an Röhms Miliz-Konzept für

die SA; Kriegspläne seien nur mit der Reichswehr durchführbar.

8. März Wirtschaftsvertrag zwischen Deutschland und Polen.

März/April »Vertrauensräte«-Wahlen in den Betrieben: rund die Hälfte der Arbeiter stimmt nicht für die NS-Einheitslisten, nach erneutem Mißerfolg 1935 keine betrieblichen Wahlen mehr.

17. März Italien, Österreich und Ungarn verpflichten sich in den »Römischen Protokollen« zu enger politischer Zusammenarbeit, Mussolini erklärt sich zum Protektor der österreichischen Unabhängigkeit.

24. April Gesetz zur Errichtung des **Volksgerichtshofes** für Delikte des Hoch- und Landesverrats (erste Sitzung am 1. Aug.).

24. April Joachim von Ribbentrop wird Beauftragter für Abrüstungsfragen (»Büro Ribbentrop«).

1. Mai Bernhard Rust Chef des neugegründeten Reichsministeriums für Wissenschaft, Erziehung und Volksbildung.

11. Mai Start der Propaganda-Kampagne »gegen Miesmacher und Kritikaster«, auch gegen SA.

29.–31. Mai Barmer Bekenntnissynode verkündet »Notrecht« gegen Kirchenleitung.

14./15. Juni Erstes Treffen Hitler–Mussolini in Venedig.

Juni Konstituierung des *Deutschen PEN-Clubs im Exil* (Präsident: Heinrich Mann), dem bald die führenden Vertreter der zeitgenössischen deutschen Literatur angehören. Bis Kriegsbeginn emigrieren über 2000 Schriftsteller, Publizisten und Journalisten; es entstehen über 400 deutschsprachige Exil-Zeitungen und -zeitschriften (vgl. Kasten S. 213).

17. Juni Rede Papens in Marburg (Verfasser Edgar Jung): scharfe Kritik der politischen Zustände aus rechtskonservativer Sicht.

Errichtung der Führerdiktatur: »Röhm-Revolte« und Tod Hindenburgs (1934)

Vorgeblich wegen eines unmittelbar drohenden Putsches der SA werden zwischen 30. Juni und 2. Juli 1934 in einer umfassenden Aktion zahlreiche höhere SA-Führer von Gestapo und SS (Leibstandarte Adolf Hitler) verhaftet und ohne Verfahren erschossen. In einem theatralischen Coup nimmt Hitler Röhm in Bad Wiessee persönlich fest; **Röhm** wird in München **erschossen**. Auch zahlreiche andere Personen, deren sich das Regime entledigen will (konservative Oppositionelle wie Jung, Erich Klausener; »Verräter« wie Gregor Straßer; frühere Gegner wie von Kahr, von Schleicher, Ferdinand von Bredow), werden ermordet (insgesamt wohl 85 Tote). So wenig Röhm nach dem 28. Febr. gewillt war, seine Milizpläne zu begraben, so wenig gab es, trotz vieler starker Worte, tatsächlich Vorbereitungen für eine SA-Revolte zur Durchsetzung einer »zweiten Revolution«. Die Reichswehr-Führung ist über die Aktion informiert und leistet technische Hilfe (Transportraum und Waffen). Mit der blutigen Ausschaltung der SA als politischem Faktor und vieler seiner konservativen Gegner beseitigt Hitler die letzten Hindernisse auf dem Weg zur Führerdiktatur.

1934

30. Juni — Hitler ernennt Viktor Lutze zum Stabschef der SA; die SS wird eigenständig (20. Juli).

3. Juli — Gesetz legalisiert »die zur Niederschlagung hoch- und landesverräterischer Angriffe am 30. Juni und 1. und 2. Juli 1934 vollzogenen Maßnahmen« als »Staatsnotwehr«.

25. Juli — Österreichs Bundeskanzler Engelbert Dollfuß bei gescheitertem nationalsozialistischen Putsch ermordet. Italien schickt Truppen an den Brenner: Hitler greift nicht ein.

30. Juli — Reichsbankpräsident Schacht löst Schmitt als Reichswirtschaftsminister ab.

1. Aug. — *Gesetz über das Oberhaupt des Deutschen Reiches* vereinigt das Amt des Reichspräsidenten mit dem des Reichskanzlers mit Wirkung ab Hindenburgs Tod.

2. Aug.	*Tod* des Reichspräsidenten *Hindenburg*. **Hitler »Führer und Reichskanzler«**; sofortige Vereidigung der Reichswehr auf Hitler (bisher Hindenburg Oberbefehlshaber).
10. Aug.	Verordnung über Arbeitskräfteverteilung beschränkt Recht auf freie Wahl des Arbeitsplatzes.
19. Aug.	Volksabstimmung über Zusammenlegung der Ämter des Reichspräsidenten und des Reichskanzlers: Wahlbeteiligung 95,7 %, ungültige Stimmen 2 %, Ja 89,9 %, Nein 10,1 %.

Ausbau des Führerstaates: Innere und äußere Stabilisierung (1934–1937)

Mit der nun erreichten Omnipotenz Hitlers als Staatsoberhaupt, Regierungschef und Oberster Parteiführer wird der »Führerstaat« zur offiziellen staatsrechtlichen Doktrin (Ernst Rudolf Huber, Ernst Forsthoff u. a.) des Dritten Reiches. Auf die plebiszitäre Rückbindung verweist der jetzt häufig gebrauchte Terminus »Führer des Deutschen Reiches und Volkes«. Die geheimen Stimmungsberichte zeigen, daß der »Führer-Mythos« in den folgenden Jahren der inneren und äußeren Stabilisierung höchste Massenwirksamkeit erlangt.

1934 5.–10. Sept.	Reichsparteitag »Triumph des Willens« in Nürnberg mit Frauenkongreß am 8. Sept.
18. Sept.	Sowjetunion tritt zur Erleichterung einer Allianz mit Frankreich dem Völkerbund bei.
24. Sept.	Schacht legt »Neuen Plan« zur Kontrolle von Außenhandel und Devisentransfer vor.
27. Sept.	Italien, Frankreich und Großbritannien verpflichten sich in einer Erklärung zum Schutz der Unabhängigkeit Österreichs.
30. Sept.	Erntedankfest auf dem Bückeberg. Hitler spricht vor 700 000 Bauern.
1. Okt.	Gesetzliche Kontrolle der Architekten durch die Reichskammer der bildenden Künste.

19./20. Okt.	Dahlemer Synode der Bekennenden Kirche diskutiert kirchliches Notrecht, protestiert gegen Reichsbischof Müller und legt Grundzüge ihrer Organisation fest.
Herbst	Gestapo zerschlägt den »Technik-Apparat« der KPD (der z. B. das Rheinland dreimal monatlich mit 15000 Exemplaren der »Roten Fahne« versorgt hatte) und viele Bezirksleitungen.
24. Okt.	Verordnung Hitlers über »Wesen und Ziel der Deutschen Arbeitsfront« (DAF).
11.–18. Nov.	Zweiter Reichsbauerntag in Goslar: Aufruf zur landwirtschaftlichen »Erzeugungsschlacht«.
23. Nov.	Rücktritt des Danziger NSDAP-Senatspräsidenten Hermann Rauschning, der 1936 emigriert; Nachfolger Arthur Greiser (28. Nov.).
27. Nov.	Einteilung der Wirtschaft in sechs »Reichsgruppen« der »Reichswirtschaftskammer«.
30. Nov.	Turn- und Sportjugend wird der Hitlerjugend eingegliedert.
5. Dez.	Gesetz über das Kreditwesen unterstellt Großbanken dem Reichsbankpräsidenten.

Nationalsozialistische Propagandafilme (Auswahl)

1933	»Hitlerjunge Quex«, Regie: Hans Steinhoff
	»SA-Mann Brand«, Regie: Franz Seitz
1934	»Triumph des Willens« (Reichsparteitagsfilm), Regie: Leni Riefenstahl
1935	»Der alte und der junge König«, Regie: Hans Steinhoff
1938	»Fest der Völker«, »Fest der Schönheit« (Olympia-Filme), Regie: Leni Riefenstahl
	»Pour le mérite«, Regie: Karl Ritter
1939	»Legion Condor«, Regie: Karl Ritter
1940	»Bismarck«, Regie: Wolfgang Liebeneiner
	»Der Ewige Jude« (Dokumentarfilm), Regie: Fritz Hippler
	»Jud Süß«, Regie: Veit Harlan
1941	»Ich klage an«, Regie: Wolfgang Liebeneiner
	»Ohm Krüger«, Regie: Hans Steinhoff
1945	»Kolberg«, Regie: Veit Harlan

13. Dez. Einführung der »freiwilligen« Vorlage aller Drehbücher beim Reichsfilmdramaturgen perfektioniert Kontrolle und Indoktrination.

1935

7. Jan. Französisch-italienische Vereinbarung zur militärischen Intervention bei deutschem Zugriff auf Österreich und Remilitarisierung des Rheinlands.

13. Jan. **Saarabstimmung** gemäß Versailler Vertrag: 90,8% der Saarländer stimmen für Rückgliederung an das Deutsche Reich, 8,8% für den besonders von KPD (Herbert Wehner) und Saar-SPD (Max Braun) propagierten Status quo, 0,4% für Frankreich; nach Völkerbundsbeschluß am 1. März Rückgliederung. 5000 NS-Gegner emigrieren aus dem Saargebiet.

27.–31. Jan. Göring nutzt Besuch in Polen zu massiver Agitation gegen die UdSSR.

30. Jan. Reichsstatthaltergesetz beseitigt Länderhoheit, neue Gemeindeordnung die gemeindliche Selbstverwaltung.

1. Febr. Ernennung und Entlassung von Reichs- und Landesbeamten vom Regierungsrat aufwärts bleibt künftig Hitler vorbehalten.

15. Febr. Eröffnung des fortan alljährlich stattfindenden Reichsberufswettkampfs.

26. Febr. Arbeitsbuch-Gesetz bindet Arbeitskräfte an die einzelnen Betriebe und ermöglicht Kontrolle der Arbeitsverhältnisse.

4./5. März Synode der Bekennenden Kirche beschließt Kanzelverkündigung gegen NS-Rassenideologie und »Neuheidentum«; 700 Pfarrer werden verhaftet.

10. März Erste Fahrt von Schiffen der DAF-Freizeit-Organisation »Kraft durch Freude« nach Madeira.

14. März Durch Erlaß Hitlers wird die Luftwaffe selbständiger Wehrmachtsteil.

16. März Einführung der *allgemeinen Wehrpflicht* durch Gesetz über den Aufbau der Wehrmacht. Ziel: Zwölf Armeekorps mit 36 Divisionen.

23. März	Handelsvertrag zwischen Deutschland und Rumänien.
27. März	Verhaftung der KPD-Inlandsleitung in Berlin.
1. April	Übernahme der Landesjustizverwaltungen (nach Gesetzen zur Überleitung der Rechtspflege auf das Reich vom 16. Febr., 5. Dez. 1934 und 24. Jan. 1935) durch Reichsjustizministerium abgeschlossen. Landesjustizministerium seit 1. Jan. aufgehoben.
11.–14. April	Konferenz der Regierungen Frankreichs, Italiens und Englands in Stresa beschließt, sich »jeder einseitigen Aufkündigung von Verträgen zu widersetzen«.
24. April	Amann-Anordnungen zur Presse-Konzentration: »Schließung von Zeitungsverlagen zwecks Beseitigung ungesunder Wettbewerbsverhältnisse«; »Beseitigung der Skandalpresse«; »Wahrung der Unabhängigkeit des Zeitungsverlagswesens«.
25. April	Anordnung der Reichsschrifttumskammer über »schädliches und unerwünschtes Schrifttum«.
25.–30. Mai	Internationaler Filmkongreß in Berlin.
2. Mai	Französisch-sowjetische Allianz; am 16. tschechoslowakisch-sowjetischer Beistandspakt. Beide Verträge gewinnen keine Effektivität.
17. Mai	Beginn einer Welle von Prozessen gegen Klosterangehörige wegen Devisenvergehen.
21. Mai	Außenpolitische Rede Hitlers vor dem Reichstag, in der er 13 Punkte zur Erhaltung des Friedens verkündet. Vorher beschließt das Kabinett ein neues Wehrgesetz, demzufolge der deutsche Soldat »rückhaltlos für den Führer und das nationalsozialistische Reich einzutreten« hat, sowie das geheime »Reichsverteidigungsgesetz«, das die Wirtschaft zur Rüstungsproduktion verpflichtet; Schacht wird »Generalbevollmächtigter für die Kriegswirtschaft«.
Mai/Juni	Zerschlagung des »Germania-Kreises« (größte sozialdemokratische Widerstandsgruppe am Nieder-

Romanliteratur des deutschsprachigen Exils (Auswahl)

Lion Feuchtwanger: Die Geschwister Oppermann. Amsterdam: Querido, 1933
Heinrich Mann: Die Jugend des Königs Henri Quatre. Amsterdam: Querido, 1935
Arnold Zweig: Erziehung vor Verdun. Amsterdam: Querido, 1935
Oskar Maria Graf: Der Abgrund. Moskau: Verlagsgenossenschaft ausländischer Arbeiter, 1936
Thomas Mann: Joseph in Ägypten. Wien: Bermann-Fischer, 1936
Joseph Roth: Die Kapuzinergruft. Bilthoven: De Gemeenschap, 1938
Stefan Zweig: Ungeduld des Herzens. Amsterdam: Allert de Lange, 1939
Thomas Mann: Lotte in Weimar. Stockholm: Bermann-Fischer, 1939
Johannes R. Becher: Abschied. Moskau: Meshdunarodnaja Kniga, 1940
Franz Werfel: Das Lied von Bernadette. Stockholm: Bermann-Fischer, 1941
Anna Seghers: Das siebte Kreuz. Mexico D.F.: El libro libre, 1942
Robert Musil: Der Mann ohne Eigenschaften (3. Teil). Lausanne: Selbstverlag, 1943
Hermann Broch: Der Tod des Vergil. New York: Pantheon Books, 1945

Bedeutende nicht-nationalsozialistische Literatur im Dritten Reich (Auswahl)

1934	Hans Fallada: Wer einmal aus dem Blechnapf frißt (Berlin)
	Wolfgang Koeppen: Die Mauer schwankt (Berlin)
1935	Werner Bergengruen: Der Großtyrann und das Gericht (Hamburg)
	Georg Britting: Der irdische Tag (Leipzig)
	Wolfgang Koeppen: Die Mauer schwankt (Berlin)
1936	Elisabeth Langgässer: Der Gang durch das Ried (Köln)
	Oskar Loerke: Der Wald der Welt (Berlin)
1937	Hans Fallada: Wolf unter Wölfen (Berlin)
	Marie Luise Kaschnitz: Elissa (Berlin)
	Jochen Klepper: Der Vater (Stuttgart)
1938	Oskar Loerke: Magische Verse
	Reinhold Schneider: Las Casas vor Karl V. (Leipzig)
1939	Ernst Jünger: Auf den Marmorklippen (Hamburg)
	Ernst Wiechert: Das einfache Leben (München)
1940	Heimito von Doderer: Ein Umweg (München/Berlin)
1942	Wilhelm Lehmann: Der grüne Gott (Berlin)
1943	Stefan Andres: Wir sind Utopia (Berlin)
	Hermann Kasack: Das ewige Dasein
	Ernst Schnabel: Nachtwind

rhein); kleinere Zirkel arbeiten in Amsterdam bis Febr. 1937 weiter.

Mai–Aug. *Verstärkte Boykottpropaganda gegen die Juden:* Kommunalbehörden, lokale Partei- und Propagandastellen sowie SA, DAF, NS-Hago, NS-Frauenschaft, HJ und BDM sollen die »nationale Aufgabe« des Wirtschaftsboykotts erfüllen helfen. Pogromartige Hetzkampagnen (»Stürmerkästen«) führen zu gewaltsamen Ausschreitungen in zahlreichen Städten, ausgenommen Berlin (wegen Auslandswirkung). Lokale Behörden verbieten Juden den Besuch von Kinos, Schwimmbädern, Erholungsanlagen und ganzen Kurorten. Zeitweilige Verbote jüdischer Zeitungen.

18. Juni *Deutsch-britisches Flottenabkommen:* Großbritannien erklärt sich mit einer Stärke der deutschen Kriegsmarine einverstanden, die bis zu 35% der britischen erreicht (bei U-Booten sogar 100%).

25. Juni–20. Aug. VII. Weltkongreß der Komintern verabschiedet »Dimitroff-Formel«: »Der Faschismus ist die offene terroristische Diktatur der am meisten reaktionären, chauvinistischen und imperialistischen Elemente des Finanzkapitals«; Wende zur Volksfrontpolitik.

26. Juni Gesetzliche Einführung einer allgemeinen sechsmonatigen Arbeitsdienstpflicht für junge Männer (für Frauen weiterhin freiwillig) im Rahmen des staatlichen Reichsarbeitsdienstes.

26. Juni Reichsluftschutzgesetz verpflichtet zu entsprechenden Sach- und Dienstleistungen.

8. Juli »Ariernachweis« wird Bedingung für die Aufnahme in die Reichsschaft der Studierenden.

13. Juli Rücktritt des Präsidenten der Reichsmusikkammer Richard Strauss.

20. Juli Erlaß schränkt Tätigkeit katholischer Jugendorganisationen ein.

24. Juli	Auflösung aller Verbände von Freikorpskämpfern und Traditionsvereine.
25. Juli	Wehrdienst-Ausschluß für »Nichtarier« (»Arierparagraph« für Offiziere seit 21. Mai).
26./27. Juli	Auslandsvertretung der deutschen (Freien) Gewerkschaften in Komotau/ČSR gegründet (Heinrich Schliestedt, ab Aug. 1938 Fritz Tarnow in Kopenhagen).
17. Aug.	Auflösung aller noch bestehenden Freimaurerlogen in Deutschland.
19. Aug.	Katholischer Hirtenbrief prangert staatliche Hetze gegen Kirche und Christentum an.
Aug./Sept.	Verhaftungswelle gegen Widerstandsgruppe Neu Beginnen in Berlin.
10.–16. Sept.	NSDAP-»Parteitag der Freiheit«, Verkündung der Nürnberger Gesetze (15.).
24. Sept.	»Gesetz zur Sicherung der ›deutschen Evangelischen Kirche‹« ermächtigt neuen Reichskirchenminister Hanns Kerrl (seit 16. Juli) zur »Wiederherstellung geordneter Zustände«.
Herbst	Kunstausstellung »Blut und Boden« in München.
3. Okt.	Italien beginnt *Abessinienfeldzug*. Völkerbund beschließt am 11. Waffenembargo, Kredit- und Rohstoffsperre. Hitler schließt sich zunächst an, unterstützt Italien später aber mit Rohstoffen.
3.–15. Okt.	»Brüsseler Konferenz« der KPD in Moskau beschließt Taktik der Einheits- und Volksfront mit Sozialdemokratie und »antifaschistischen« bürgerlichen Gruppen.
6. Okt.	Deutsche Burschenschaft löst sich auf; später Eingliederung in NS-Studentenbund.
18. Okt.	»Gesetz zum Schutze der Erbgesundheit des deutschen Volkes« (Eheverbot bei bestimmten Krankheiten). Verstärkte Propaganda gegen »lebensunwertes Leben«.
Okt.	Verhaftungswelle der Gestapo: Bis Mai 1936 über 7000 Festnahmen aus politischen Gründen.

Die Nürnberger Gesetze und ihre Folgen bis 1938

Terror und öffentliche Diskriminierung der jüdischen Bevölkerung, seit dem April-Boykott 1933 deutlich stärker geworden, haben vereinzelt bereits zu »Arisierungen« vor allem von mittelständischen jüdischen Unternehmen geführt. Die »Nürnberger Gesetze« dienen der »rechtlichen« Untermauerung: relativ allgemein gehalten, werden sie Basis aller folgenden Ausnahmeregelungen gegen die Juden. Das *»Reichsbürgergesetz«* unterscheidet zwischen Staats- und Reichsbürgern; letztere müssen »deutschen oder artverwandten Blutes«, Juden können nur Staatsangehörige sein. Das *»Gesetz zum Schutze des deutschen Blutes und der deutschen Ehre«* verbietet die »Mischehe« sowie außereheliche Beziehungen zwischen »Ariern« und Juden (»Rassenschande«). Die Beschäftigung »arischer« Dienstmädchen unter 45 Jahren in jüdischen Haushalten wird strafbar, ebenso das Hissen der Reichsflagge (nunmehr: Hakenkreuzfahne) durch Juden. Als »Volljude« gilt, wer von mindestens drei jüdischen Großeltern abstammt; »Mischlinge« mit zwei jüdischen Großeltern gelten als Juden. Die beiden ersten von 13 Durchführungsverordnungen aberkennen den Juden das Wahlrecht und schließen sie aus öffentlichen Ämtern aus (14. Nov. 1935) bzw. entfernen jüdische Ärzte, Professoren und Lehrer aus dem Staatsdienst (21. Dez. 1935). Bis Anfang 1938 zielt die Gesetzgebung auf die Verdrängung der Juden aus dem Wirtschaftsleben: Zulassungsverbot für »nichtarische« Ärzte (13. Dez. 1935) und jüdische Steuerberater (11. Jan. 1936); Verbot für Juden, Apotheken zu pachten (daraus folgt »Arisierung« ohne Kapitalaufwand, 26. März); Zulassungsverbot für jüdische Tierärzte (3. April); Zulassungsverbot für jüdische Devisenberater (29. Juni), Viehhändler (25. Jan. 1937), Notare (13. Febr.). Wegen Verstoßes gegen die Nürnberger Gesetze werden bis 1940 offiziell insgesamt 2090 Personen verurteilt.

3. Nov. Richtfest für die Parteibauten am Königsplatz in München; Architekt: Paul Ludwig Troost.

7. Nov. Öffentliche Vereidigungen des ersten Rekrutenjahrgangs auf Hitler.

13. Dez. Himmler gründet »Lebensborn e. V.« zur Förderung von Kinderreichtum in der SS.

1936

6. Jan. Mussolini zieht in einer Unterredung mit dem deutschen Botschafter – im Austausch für die deutsche Unterstützung seiner Abessinienpolitik – die Garantie der österreichischen Unabhängigkeit zurück; Italien verläßt die »Front von Stresa«.

17. Jan. Goebbels fordert Verständnis für Butter-Knappheit: »damit werden wir fertig. Aber wir werden nicht fertig ohne Kanonen!«

NS-Frauenschaft

Am 1. Febr. 1936 ordnet der Stellvertreter des Führers, Heß, eine Mitgliedersperre für die NS-Frauenschaft an, die als Gliederung der NSDAP der ideologischen Schulung und caritativen Aufgaben dient. Ab 1933 ist die Mitgliedschaft in der NSDAP nicht mehr erforderlich; Mitgliederzahl am 1. März 1939: 2294677 (Altreich). Daneben existiert das Deutsche Frauenwerk als Zusammenschluß der gleichgeschalteten Frauenverbände.

24. Jan. Völkerbundfest verhandelt »Danziger Frage« (Petition Danziger Oppositionspolitiker).

2. Febr. KPD-, SPD-, bürgerliche und linkssozialistische Exilpolitiker verabschieden in Paris unter Federführung von Heinrich Mann eine »Kundgebung an das deutsche Volk«.

6.–16. Febr. IV. Olympische Winterspiele in Garmisch-Partenkirchen.

22. Febr. Mussolini sagt Hitler für den Fall der Remilitarisierung des Rheinlands Passivität zu; Italien gibt Vertrag von Locarno preis.

7. März Deutsches Reich kündigt Locarnovertrag; **Wehrmacht besetzt** vertragswidrig das durch den Versailler Vertrag entmilitarisierte **Rheinland**. Der Völkerbund verurteilt dies am 19.

29. März »Reichstagswahl«: Plebiszit für Hitlers Politik mit 99% Ja-Stimmen.

18. April Gesetz erhebt Volksgerichtshof zum ordentlichen Gericht und stellt ihn als oberstes Strafgericht dem Reichsgericht gleich.

20. April Oberbefehlshaber von Heer und Kriegsmarine ranggleich mit Reichsministern.
SA richtet »Dankopfer der Nation« ein: Spendengelder zu Hitlers Verfügung.

24. April »Ordensburgen« zur Ausbildung von NS-Kadern

in Vogelsang, Crössinsee, Sonthofen eingeweiht.

26. Mai Erster von rund 250 Sittlichkeitsprozessen gegen katholische Ordensbrüder und Priester wegen homosexueller Vergehen; massive antikirchliche Propagandakampagnen.

28. Mai Pfingst-Denkschrift der Bekennenden Kirche verurteilt NS-Rassenpolitik.

1. Juli Beginn von zusätzlichen Unterstützungszahlungen an kinderreiche Minderbemittelte.

11. Juli Deutsch-österreichisches Abkommen verpflichtet Österreich – unter Zustimmung Italiens – zur Anlehnung an Deutschland. Ab 28. Aug. wieder freier Reiseverkehr.

17./18. Juli Beginn des Bürgerkrieges in Spanien. Deutschland und Italien intervenieren zugunsten der Falangisten. Aufstellung der deutschen »Legion Condor« (ca. 6000 Mann), mit der die Wehrmacht Kriegsmaterial erprobt. Ab Okt. kämpfen für die Republik rund 5000 deutsche Emigranten in den Internationalen Brigaden.

1. Aug. Hitler eröffnet XI. Olympische Sommerspiele in Berlin (Stadionbau von Albert Speer).

24. Aug. Einführung der zweijährigen Militärdienstzeit.

Aug. »Sozialistische Front« in Hannover, eine der größten norddeutschen Widerstandsgruppen um Werner Blumenberg, von der Gestapo weitgehend zerschlagen.

3. Okt. Stapellauf des Schlachtschiffes »Scharnhorst«; Beginn der Flottenaufrüstung.

25. Okt. Vertrag über deutsch-italienische Zusammenarbeit. Am 1. Nov. verkündet Mussolini »**Achse Berlin–Rom**«. Vereinbarte Anerkennung des spanischen Franco-Regimes am 18. Nov.

29. Okt. Vierjahresplangesetz: Göring verlangt Lohnstopp und Arbeitsfrieden.

10. Nov. Hirtenbrief der katholischen Bischöfe fordert Schutz der Bekenntnisschule.

Sommerkrise 1936 und Vierjahresplan

Trotz gewisser Erfolge von Schachts umfassender Außenwirtschaftskontrolle zeichnet sich schon 1935 eine neue Außenhandels- und Devisenkrise ab, als große zusätzliche Einfuhren notwendig werden, um den Zusammenbruch der Fettversorgung und die Einführung einer »Fettkarte« zu verhindern. Gestiegene Weltmarktpreise, schlechte Ernten und die neue »Marktordnungs«-Politik des Reichsnährstands haben die Krise ausgelöst. Als es darüber zwischen Schacht und Darré zum Konflikt kommt, beruft Hitler Göring zum »Schlichter«, im April 1936 zum Beauftragten für alle Devisen- und Rohstofffragen. Die Devisenknappheit verschärft sich indes noch. Im August fertigt Hitler selbst eine geheime Denkschrift an, die Grundlage des auf dem NSDAP-»Parteitag der Ehre« in Nürnberg (8.–14. Sept.) am 9. Sept. verkündeten und am 18. Okt. in Kraft getretenen Vierjahresplans wird. Danach soll die Wirtschaft in vier Jahren »kriegsfähig«, die Armee einsatzfähig sein.

Mit dem Ziel wirtschaftlicher Autarkie wird zunächst die Produktion von Ersatz- und Rohstoffen vorangetrieben, ab 12. Juli 1938 (»Wehrwirtschaftlicher Neuer Erzeugerplan») die Produktion weniger kriegswichtiger Güter; staatliche Rohstoff- und Preislenkung, aber Beibehaltung der privatwirtschaftlichen Grundstruktur. Göring, »Beauftragter für den Vierjahresplan«, finanziert das Programm zu 53% über Kredite. Reichswirtschaftsminister Schacht, der statt Aufrüstung stärkere Exportsteigerung beabsichtigt, tritt am 26. Nov. 1937 zurück (Nachfolger ab 4. Febr. 1938: Walther Funk). Während des Krieges zieht Speer, Minister für Bewaffnung und Munition, die Kompetenzen zunehmend auf sich.

Anteil der Wehrmachtsausgaben an öffentlichen Investitionen

	in %	in Mill. RM		in %	in Mill. RM
1933	23	720	1936	68	9000
1934	49	3300	1937	70	10850
1935	56	5150	1938	74	15500

Die Wehrmachtsausgaben 1938 entsprachen einem Anteil von fast 19% des Volkseinkommens.

Nach: Martin Broszat, Der Staat Hitlers. München 1969, S. 18.

20. Nov. Evangelische Kirchenleitung will »alle Kräfte« gegen »Bolschewismus« einsetzen.

23. Nov. Der Ex-Herausgeber der »Weltbühne«, Carl von Ossietzky, seit 1933 in KL-Haft, erhält den Frie-

Industrieproduktion im Deutschen Reich 1928–1944 (Index)

Jahr	Insgesamt	Verbrauchsgüter (insgesamt)	Produktionsgüter insgesamt[a]	Bergbau[b]
1928	100	100	100	100
1929	100	97	102	108
1930	87	91	84	94
1931	70	82	62	79
1932	58	74	47	70
1933	66	80	56	74
1934	83	93	81	83
1935	96	91	99	96
1936	107	98	114	107
1937	117	103	130	124
1938	125	108	144	126
1939	132	108	148	135
1940	128	102	144	165
1941	131	104	149	169
1942	132	93	157	177
1943	149	98	180	185
1944	146	93	178	163

[a] Ab 1938 zusammengesetzt aus Grundstoffen, Rüstungsgeräten, Bauten, übrige Investitionsgüter.
[b] 1933–1944 nur Kohlenbergbau.
(Alle Angaben für den jeweiligen Gebietsstand.)

Nach: Sozialgeschichtliches Arbeitsbuch, Bd. 3, hrsg. von Dietmar Petzina u. a. München 1978, S. 61.

densnobelpreis 1935; er stirbt am 4. Mai 1938 an den Folgen der Haft. Hitler verbietet »Reichsbürgern«, Nobelpreise anzunehmen, und verfügt am 30. Jan. 1937 Schaffung eines Deutschen Nationalpreises für Kunst und Wissenschaft.

25. Nov. **Antikominternpakt** Deutschland–Japan sieht gemeinsame antisowjetische Politik vor.

26. Nov. Goebbels verbietet der Presse die Kunstkritik, an deren Stelle »Kunstbetrachtung« treten soll.

Nov. Gestapo rollt überregionale linkssozialistische Organisation »Rote Kämpfer« auf.

Nov./Dez. Thomas Mann, seit 1933 in der Schweiz, tritt erstmals öffentlich gegen NS-Regime auf: Ausbürgerung, Entzug der Doktorwürde der Universität Bonn.

1937

26. Jan. Beamtengesetz fordert besonderes Treueverhältnis zu Führer und Reich.

30. Jan. Reichstag verlängert Ermächtigungsgesetz um weitere vier Jahre. Hitler zieht deutsche Unterschrift unter die Kriegsschulderklärung im Versailler Vertrag zurück.

Hitlerjugend

Am 1. Dez. wird die Hitlerjugend (HJ) zur Staatsjugend erklärt. Sie dient der Erziehung gegen Eltern und Kirche nach dem Befehlsprinzip (»Jugend führt Jugend«) zur vormilitärischen Ausbildung («Wehrertüchtigungslager«) und zur Freizeitgestaltung: Zuletzt Einsatz im »Volkssturm«.

Organisation: 14–18jährige als HJ bzw. »Bund deutscher Mädel« (BDM), 10–14jährige als »Jungvolk« bzw. »Jungmädel«, Mitglieder 1938: ca. 8,7 Mio.

10. Febr. Reichsbank und Reichsbahn per Gesetz der Reichsregierung unterstellt.

12. Febr. Reichskirchenausschuß tritt zurück: Verständigung Deutsche Christen – Bekennende Kirche. Kerrl bereitet Evangelische Generalsynode vor (15. Febr.).

9. März Kriminalpolizei verhaftet schlagartig mehrere Tausend Vorbestrafte (»Gewohnheitsverbrecher«), die in Konzentrationslager verschleppt werden.

14. März Enzyklika »Mit brennender Sorge«. Papst Pius XI. verurteilt darin scharf die NS-Kirchenpolitik. Beschlagnahmungsaktionen der Gestapo in kirchlichen Druckereien. Nach Kanzelverkündigung Verhaftung zahlreicher Geistlicher, Verlagsenteignungen.

23. März Göring und Darré propagieren Autarkiebestrebungen für Nahrungsmittel.

März	Die Gestapo zerschlägt die vor allem in Nürnberg und Berlin operierende nationalbolschewistische »Widerstandsbewegung« (Ernst Niekisch, Joseph Drexel).
19. April	Erste »Adolf-Hitler-Schule« der HJ auf der »Ordensburg« Crössinsee eröffnet.
20. April	»Adolf-Hitler-Dank«-Stiftung für notleidende Parteigenossen.
26. April	Neun Flugzeuge der deutschen Legion Condor zerstören Guernica, die »heilige Stadt« der Basken. Die Bombardierung von schutzlosen Zivilisten (etwa 200 Tote) ruft weltweit Proteste hervor.
1. Mai	Vorübergehende, am 1. Mai 1939 endgültige Aufhebung der Aufnahmesperre der NSDAP. Ley proklamiert »Leistungskampf deutscher Betriebe«.
3. Mai	Grundsteinlegung für 543 HJ-Heime durch den Reichsjugendführer Baldur von Schirach.
12. Juni	Geheimerlaß des Chefs der Sicherheitspolizei Heydrich: »jüdische Rassenschänder« sind nach Zuchthaus- oder Gefängnishaft in Konzentrationslager einzuweisen.
14.–24. Juni	Schauprozeß gegen Führer von Jungnationalem Bund und Pfadfindern in Essen.
18. Juni	Doppelmitgliedschaft in der HJ und in katholischen Jugendverbänden verboten.
24. Juni	Geheime Weisung von Kriegsminister Blomberg: Tschechoslowakei mögliches Kriegsziel.
26. Juni	NS-Kulturgemeinde, Amt »Feierabend« und Deutsches Volksbildungswerk werden in der DAF-Freizeitorganisation »Kraft durch Freude« zusammengeschlossen.
1. Juli	Pastor Niemöller (Bekennende Kirche) verhaftet; Konzentrationslager bis 1945.
4. Juli	Predigt Kardinal Faulhabers in München gegen die Verfolgung von Geistlichen.

15. Juli	»Reichswerke Hermann Göring« in Salzgitter gegründet (Stahlerzeugung).
18. Juli	Festzug und »Große Deutsche Kuntsausstellung« im neuen »Haus der Deutschen Kunst« in München; parallel dazu (ab 19.) Ausstellung »Entartete Kunst«.
6.–13. Sept.	NSDAP-»Parteitag der Arbeit« in Nürnberg.
20.–26. Sept.	Wehrmachtsmanöver in Pommern zur Erprobung der Blitzkriegstrategie.
25.–29. Sept.	Staatsbesuch Mussolinis in Deutschland: Bekräftigung der »Achse Berlin–Rom«.
4. Okt.	Rahmengesetz über gigantomanische Stadtneugestaltung in Berlin, München, Stuttgart, Nürnberg, Hamburg.
4. Nov.	Juden ist der »Deutsche Gruß« (»Heil Hitler«) verboten.

Expansionspolitik und Machtverschiebung im Innern (1937–1939)

Gegen Ende des »ruhigen« Jahres 1937 drängt Hitler ungeduldig auf expansionistische Aktivität. Die Rüstungswirtschaft läuft jetzt auf vollen Touren. Reibungen mit konservativen Führungskräften sind Anlaß zu personellen und organisatorischen Umstrukturierungen in der Führung von Wehrmacht, Wirtschaft und Außenpolitik. Unter dem starken Einfluß von Partei und Sicherheitspolizei wird in den 1938/39 neu annektierten Gebieten eine im Vergleich zum Altreich radikalere Form der NS-Herrschaft vorexerziert.

1937 5. Nov.	Hitler vor Oberbefehlshabern und Außenminister: die deutschen »Raumprobleme« seien mit Gewalt zu lösen; Nahziele: Österreich, ČSR (*Hoßbach-Niederschrift*).
6. Nov.	Italien tritt Antikominternpakt bei, der mit Entstehung des »weltpolitischen Dreiecks« Berlin–Rom–Tokio auch eine antibritische Tendenz erhält; am 11. Dez. verläßt Italien den Völkerbund.

8. Nov.	Goebbels eröffnet die Ausstellung »Der Ewige Jude« in München.
19. Nov.	Lordpräsident (ab Febr. 1938 Außenminister) Lord Halifax schließt gegenüber Hitler auf dem Obersalzberg britische Tolerierung einer *gewaltlosen* territorialen Erweiterung Deutschlands nicht aus.
25. Nov.	Verabschiedung des Reichsheimstättengesetzes (Bau weiterer Kleinsiedlungen).
Dez.	Beginn einer Verhaftungswelle (bis Sommer 1938) gegen illegale Gruppen des Internationalen Sozialistischen Kampfbundes (ISK) in vielen Großstädten. Damit werden aufgrund ständig verbesserter Überwachungs- und Fahndungsmethoden auch die gut organisierten linken Splittergruppen (SAPD, KPO usw.) weitgehend ausgeschaltet.

Erläuterungen zur Grafik auf der nächsten Doppelseite:

1 Die sogenannte Reichsleitung der NSDAP bildete kein Kollektivorgan. Sie bestand aus einzelnen Reichsleitern (der Korpsführer des NSKK trug diesen Titel nicht), von denen jeder dem »Führer« unmittelbar und ausschließlich verantwortlich war. Die Reichsleiter Bouhler, Hierl, Bormann und Fiehler gehörten wegen der Sonderstellung ihrer Dienststellen nicht zur Reichsleitung im engeren Sinne.

2 Der Stellvertreter des Führers zählte nicht zu den Reichsleitern und war diesen praktisch nebengeordnet. Das führte zu Kompetenzkonflikten, insbesondere mit dem Reichsorganisationsleiter.

3 Gliederungen der NSDAP ohne eigene Rechtspersönlichkeit und eigenes Vermögen.

4 Angeschlossene Verbände der NSDAP.

5 Der Reichsarbeitsdienst gehörte nicht zur NSDAP; er unterstand dem Reichsminister des Innern, die Befehlsgewalt übte der Reichsarbeitsführer aus.

6 Die NSDAP gliederte sich vertikal in 32 Gaue, dann weiter in Kreise, Ortsgruppen, Zellen, Blocks. Auf den verschiedenen Ebenen entsprach der Aufbau der Leitungen weitgehend dem der Reichsleitung. Die Gauleiter waren die wichtigsten regionalen Funktionäre der NSDAP. Sie unterstanden politisch und disziplinarisch unmittelbar dem Parteiführer, fachlich den Ressorts der Reichsleitung bzw. dem Stellvertreter des Führers.

7 Der Aufbau der SA: 21 Gruppen sowie Brigaden, Standarten, Sturmbanne, Stürme, Trupps, Scharen.

8 Der Aufbau der SS: 12 Oberabschnitte, 31 Abschnitte sowie Standarten, Sturmbanne, Stürme.

9 Unterstand »verwaltungsmäßig, personaltechnisch, organisatorisch und disziplinarisch« dem Reichsorganisationsleiter, »politisch« dem Stellvertreter des Führers.

Organisation und Führung der NSDAP
(Stand November 1936)

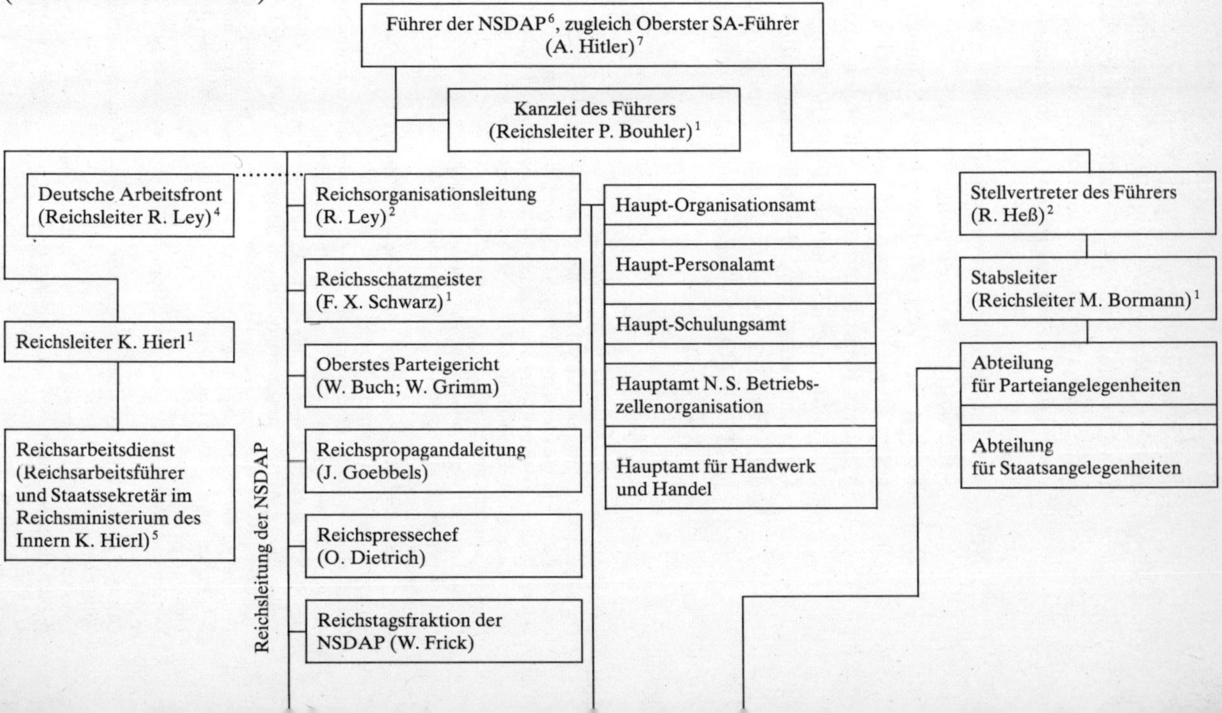

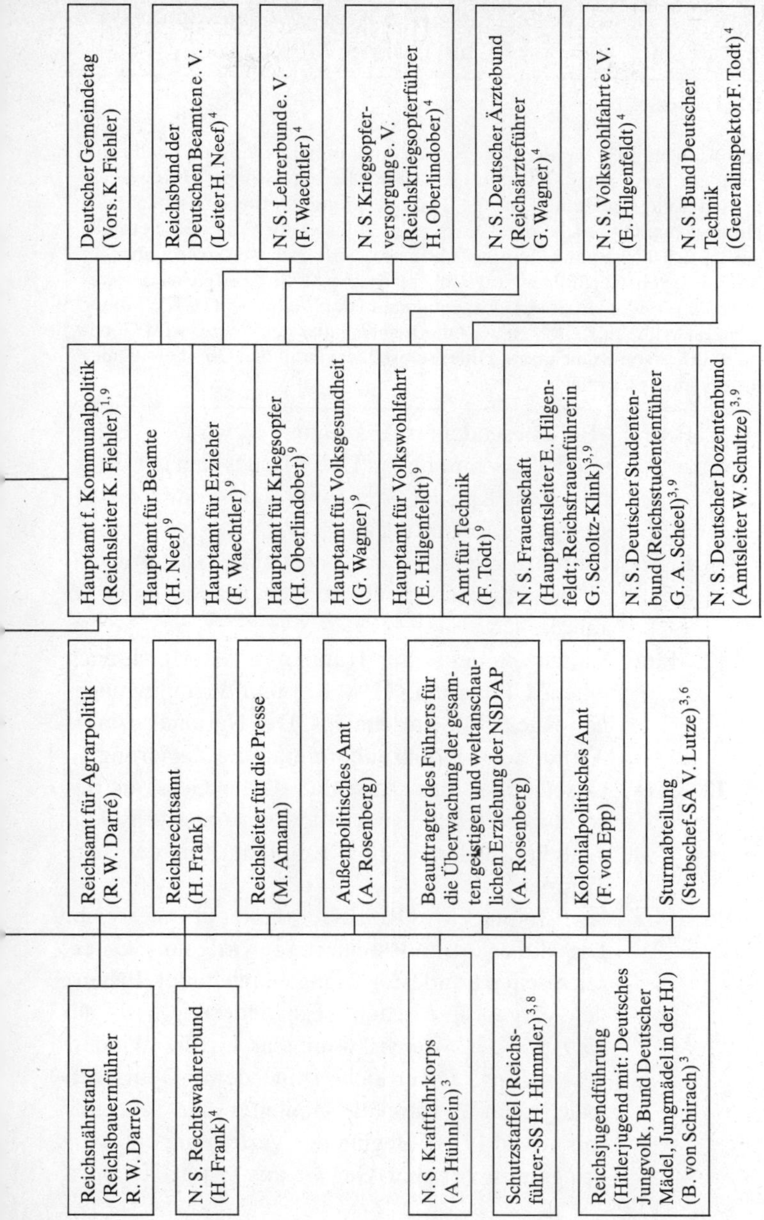
Deutscher Gemeindetag (Vors. K. Fiehler)
Reichsbund der Deutschen Beamten e. V. (Leiter H. Neef)4
N. S. Lehrerbund e. V. (F. Waechtler)4
N. S. Kriegsopferversorgung e. V. (Reichskriegsopferführer H. Oberlindober)4
N. S. Deutscher Ärztebund (Reichsärzteführer G. Wagner)4
N. S. Volkswohlfahrt e. V. (E. Hilgenfeldt)4
N. S. Bund Deutscher Technik (Generalinspektor F. Todt)4
Hauptamt f. Kommunalpolitik (Reichsleiter K. Fiehler)1,9
Hauptamt für Beamte (H. Neef)9
Hauptamt für Erzieher (F. Waechtler)9
Hauptamt für Kriegsopfer (H. Oberlindober)9
Hauptamt für Volksgesundheit (G. Wagner)9
Hauptamt für Volkswohlfahrt (E. Hilgenfeldt)9
Amt für Technik (F. Todt)9
N. S. Frauenschaft (Hauptamtsleiter E. Hilgenfeldt; Reichsfrauenführerin G. Scholtz-Klink)3,9
N. S. Deutscher Studentenbund (Reichsstudentenführer G. A. Scheel)3,9
N. S. Deutscher Dozentenbund (Amtsleiter W. Schultze)3,9
Reichsamt für Agrarpolitik (R. W. Darré)
Reichsrechtsamt (H. Frank)
Reichsleiter für die Presse (M. Amann)
Außenpolitisches Amt (A. Rosenberg)
Beauftragter des Führers für die Überwachung der gesamten geistigen und weltanschaulichen Erziehung der NSDAP (A. Rosenberg)
Kolonialpolitisches Amt (F. von Epp)
Sturmabteilung (Stabschef-SA V. Lutze)3,6
Reichsnährstand (Reichsbauernführer R. W. Darré)
N. S. Rechtswahrerbund (H. Frank)4
N. S. Kraftfahrkorps (A. Hühnlein)3
Schutzstaffel (Reichsführer-SS H. Himmler)3,8
Reichsjugendführung (Hitlerjugend mit: Deutsches Jungvolk, Bund Deutscher Mädel, Jungmädel in der HJ) (B. von Schirach)3

1938
19. Jan. Gründung des BDM-Werkes »Glaube und Schönheit« für 17- bis 21jährige Mädchen.

Die Fritsch-Krise

Am 4. Febr. 1935 werden Kriegsminister Blomberg (der eine übelbeleumundete Frau geheiratet hatte) und der Oberbefehlshaber des Heeres, Fritsch (aufgrund einer Intrige Himmlers und Görings fälschlich der Homosexualität beschuldigt), entlassen. Auch Außenminister Neurath, der ein Rücktrittsgesuch eingereicht hatte, wird entlassen, bleibt aber im Kabinett. Sein Nachfolger wird Ribbentrop. An Stelle des Reichskriegsministeriums bildet Hitler ein Oberkommando der Wehrmacht (OKW) unter General Wilhelm Keitel. Neuer Oberbefehlshaber des Heeres wird General Walther von Brauchitsch. Hitler selbst übernimmt den Oberbefehl über die gesamte Wehrmacht.

12. Febr. »Berchtesgadener Abkommen« zwischen Hitler und Kurt Schuschnigg: Unter Druck sagt der österreichische Kanzler Aufnahme von Nationalsozialisten in die Regierung zu.

15. Febr. Einführung eines land- und hauswirtschaftlichen »Pflichtjahres« für alle ledigen Frauen unter 25 Jahren.

12. März Einmarsch deutscher Truppen in Österreich nach einem Ultimatum (11. März) und dem erzwungenen Rücktritt Schuschniggs. Der Nationalsozialist Arthur Seyß-Inquart übernimmt die Regierung.

13. März **Gesetz über den Anschluß Österreichs an das Deutsche Reich.** Rücktritt von Bundespräsident Wilhelm Miklas. Jubel-Empfang für deutsche Truppen.

15. März Seyß-Inquart wird Reichsstatthalter in Österreich. Die dortige Bundesregierung wird zur »Österreichischen Landesregierung« umgebildet. Instanz der organisatorischen Eingliederung ist ab 23. April der »Reichskommissar für die Wiedervereinigung Österreichs mit dem Deutschen Reich«, Josef Bürckel, Gauleiter der Saarpfalz (bis 1. Mai 1939). Beginn der Verfolgung und Verbringung politischer Gegner aus Österreich nach

	Buchenwald und Dachau sowie der Massenauswanderung österreichischer Juden. Reichsrecht wird schrittweise eingeführt.
10. April	»Volksabstimmung« und »Wahl« des Großdeutschen Reichstags: über 99 % Ja-Stimmen.
30. April	Jugendschutzgesetz bringt Arbeitszeitregelung und Verbot der Kinderarbeit.
März/April	In der ČSR Provokationen der von Berlin gesteuerten Sudetendeutschen Partei Konrad Henleins.
April	Verordnungen gegen die »Tarnung jüdischer Betriebe« durch Proforma-Übergabe an »arische« Geschäftspartner (22.) und über die Anmeldung aller jüdischen Vermögen über 5000 RM (26.) leiten systematische *»Arisierung« jüdischer Wirtschaftsbetriebe* ein, die seit 14. Juni zu kennzeichnen sind. 147586 Juden in »Großdeutschland« melden 7,5 Mrd. RM an. Ab 6. Juli dürfen Juden Auskunfteien, Maklergeschäfte, Bewachungsbetriebe, Heiratsvermittlungen, Hausverwaltungen, Fremdenführung und Wandergewerbe nicht mehr betreiben.
3.–9. Mai	Staatsbesuch Hitlers in Italien.
20. Mai	Mobilmachung in der Tschechoslowakei.
25. Mai	Eröffnung der Ausstellung »Entartete Musik« in Düsseldorf.
30. Mai	Weisung Hitlers an die Wehrmacht kündigt Zerschlagung der ČSR an.
31. Mai	Gesetz zur entschädigungslosen Einziehung aller »entarteten Kunst«.
ab Juni	Entlang der deutschen Westgrenze bauen Mitglieder des Reichsarbeitsdienstes und der »Organisation Todt« (Kooperation staatlicher Bauverwaltung und privater Firmen mit 1944 1,36 Mill. Arbeitskräften, darunter etwa eine Mill. Fremdarbeiter, Kriegsgefangene und KL-Häftlinge) den 630 Kilometer langen, militärisch überschätzten »Westwall«.

9. Juni	Abbruch der jüdischen Synagoge in München, am 10. Aug. in Nürnberg.
13.–18. Juni	Gestapo nimmt schlagartig Tausende von angeblich »Asozialen« fest, die in Konzentrationslager verbracht werden.
22. Juni	»Verordnung zur Sicherstellung des Kräftebedarfs für Aufgaben von besonderer staatspolitischer Bedeutung« gestattet beliebige Dienstverpflichtung jedes Deutschen.
Sommer	Gestapo zerschlägt Vertriebsorganisationen der »Deutschen Freiheitsbriefe«, die sich als Organ der »Deutschen Freiheitspartei«, einer lockeren Gruppierung liberal-konservativer Emigranten in Paris um Carl Spiecker, seit Frühjahr 1937 an Kreise der Wehrmacht, Kirchen, Studentenschaft und Wirtschaft wenden.
25. Juli	Allgemeines Berufsverbot für jüdische Ärzte (für Zahnärzte, Zahntechniker, Tierärzte, Apotheker, Heilpraktiker und Krankenpfleger am 17. Jan. 1939).
17. Aug.	Alle Juden müssen den zusätzlichen Vornamen »Sara« bzw. »Israel« annehmen.
18. Aug.	Rücktrittsgesuch des Chefs des Generalstabs des Heeres Ludwig Beck wegen Hitlers Kriegsabsichten. Nachfolger ab 1. Nov. General Franz Halder.
19. Aug.	Hirtenbrief der Fuldaer Bischofskonferenz gegen Kirchenhetze und Priesterprozesse.
22.–27. Aug.	Ungarns Reichsverweser Nikolaus von Horthy auf Deutschlandbesuch.
28./29. Aug.	Militärische Inspektionsreise Hitlers, u. a. an die Westwallbauten.
Sept.	**»Sudetenkrise«**: Hitler veranlaßt Henlein zur Verschärfung seiner Forderungen gegenüber Prag und verlangt Abtretung des Sudetengebiets an das Reich. Seit Sommer beraten hohe Offiziere um Generaloberst Beck über Verhinderung eines Krieges. Die für 28. Sept. geplante Verhaftung

Hitlers wird durch Münchner Abkommen überholt. Gestapo berichtet über Kriegsfurcht und Regimekritik in der Bevölkerung.

5.–12. Sept. »Parteitag Großdeutschlands« in Nürnberg; Hitler attackiert ČSR-Staatspräsident Edvard Beneš und kündigt an, er werde »Unterdrückung« der Sudetendeutschen nicht »in endloser Ruhe« zusehen (12.).

15. Sept. Proklamation Henleins: »Wir wollen heim ins Reich«. Englands Premier Chamberlain bei Hitler in Berchtesgaden, am 22.–24. in Bad Godesberg. Chamberlain bietet Abtretung der Sudetengebiete an, nachdem er am 21. die Zustimmung Prags erzwungen hatte.

26. Sept. Hitler fordert im Berliner Sportpalast Sudetengebiet bis 1. Okt., »so oder so!« (angeblich letzter territorialer Revisionsanspruch).

27. Sept. Berufsverbot für jüdische Rechtsanwälte (für Patentanwälte am 31. Okt.); ab 30. Nov. eine beschränkte Anzahl als »Konsulenten« zur Vertretung von Juden zugelassen.

29.–30. Sept. **Münchner Konferenz** (Hitler, Mussolini, Chamberlain, Frankreichs Ministerpräsident Daladier) beschließt Abtretung des Sudetengebiets an Deutschland ab 1. Okt. (»Münchner Abkommen«).

1.–10. Okt. Einmarsch deutscher Truppen in die ČSR: *Besetzung des Sudetenlands*.

5. Okt. Die Reisepässe von Juden werden eingezogen; Neuausstellung nur mit Aufdruck »J«.

21. Okt. Hitler gibt Geheimbefehl, die »Erledigung der Rest-Tschechei« vorzubereiten.

28. Okt. Rund 17000 Juden polnischer Staatsangehörigkeit werden aus dem Deutschen Reich ausgewiesen und an die polnische Grenze transportiert.

7. Nov. Attentat Herschel Grynszpans auf einen deutschen Botschaftsangehörigen in Paris.

Nationalsozialistische Konzentrations- und Vernichtungslager

Konzentrationslager (KL)[1]	*errichtet*	*Konzentrations- und Vernichtungslager geschlossen*[2]	*Außenlager*[3]	*Besonderheiten*
Dachau	22. März 1933	29. April 1945 (b)	169	Experimentierfeld und Ausbildungsstätte für Organisation und Methoden des gesamten KL-Systems
Sachsenhausen	Aug. 1936	22. April 1945 (b)	61	
Buchenwald	15. Juli 1937	11. April 1945 (b)	134	
Flossenbürg	3. Mai 1938	23. April 1945 (b)	92	
Mauthausen	Juni 1938	5. Mai 1945 (b)	56	Besonders schwere Haftbedingungen (»Stufe III«)
Neuengamme	Herbst 1938	29./30. April 1945 (e)	73	Zunächst Kommando von KL Sachsenhausen, ab 4. Juni 1940 selbständig
Ravensbrück	15. Mai 1939	30. April 1945 (e)	42	Frauen-KL (Vorläufer: KL Moringen bzw. Lichtenburg)
Stutthof (Danzig)	1. Sept. 1939	ab 27. Jan. 1945 (e)	107	Erst »Zivilgefangenenlager«, dann »SS-Sonderlager«
Auschwitz (I)	20. Mai 1940	27. Jan. 1945 (b)	38	Hauptlager und Zentrale des dreiteiligen Komplexes
Groß-Rosen	2. Aug. 1940	Febr. 1945 (e)	99	Zunächst Kommando von KL Sachsenhausen, ab 1. Mai 1941 selbständig
Natzweiler-Struthof	1. Mai 1941	ab Sept. 1944 (v)	49	Häftlinge nach Süddeutschland verlegt
Lublin-Majdanek	Okt. 1941	22./24. Juli 1944 (b)	10	Ab Sommer 1942 Vernichtungslager

Auschwitz II (Birkenau)	26. Nov. 1941	27. Jan. 1945 (b)		Ab Jan. 1942 Vernichtungslager
Auschwitz III (Monowitz)	31. Mai 1942	27. Jan. 1945 (b)		Arbeitslager Buna-Werk (IG-Farben), Zentrale der Außenkommandos Auschwitz (I)
Herzogenbusch-Vught	5. Jan. 1943	5./6. Sept. 1944	13	Auch Judendurchgangslager; Häftlinge im Sept. 1944 nach Sachsenhausen überstellt
Riga (Lettland)	15. März 1943	ab 6. Aug. 1944 (e)	17	Evakuierung über Stutthof nach Buchenwald und Dachau
Bergen-Belsen	April 1943	15. April 1945 (b)	–	Erst Aufenthaltslager für Juden, ab März 1944 für Arbeitsunfähige aus anderen KL
Dora-Mittelbau	27. Aug. 1943	9. April 1945 (b)	29	Unterirdische Rüstungsproduktion (V 2)
Warschau	15. Aug. 1943	ab 24. Juli 1944 (e)	–	Errichtet zu Aufräumungsarbeiten im ehemaligen Ghetto
Kauen	15. Sept. 1943	ab 14. Juli 1944 (e)	8	Evakuierung über Stutthof nach Dachau
Vaivara (Estland)	15. Sept. 1943	3. Okt. 1944 (e. e.)	10	
Klooga (Estland)	Sept. 1943	19. Sept. 1944 (e. e.)	3	offizielle Bezeichnung »SS-Arbeitslager«
Krakau-Plaszow	11. Jan. 1944	15. Jan. 1945 (b)	4	

Vernichtungslager[4]	*Vernichtungsaktionen*	*Todesopfer* (Mindestzahlen)
Kulmhof/Chelmno	8. Dez. 1941–März 1943, Sommer 1944	152000
Auschwitz-Birkenau	Jan. 1942–Nov. 1944	über 1000000
Belzec	17. März 1942–Frühjahr 1943	über 600000
Sobibor	7. Mai 1942–Herbst 1943	250000
Treblinka	23. Juli 1942–Okt. 1943	700000–900000
Lublin-Majdanek	Sommer 1942–Juli 1944	200000[5], darunter 60000 Juden

[1] Nicht aufgeführt sind die KL, die zwischen 1933 und etwa 1937 unter verschiedener Zuständigkeit (Staat, SA, lokale Instanzen) bestanden, wie z. B. Kemna, Oranienburg, Sachsenhausen, Heuberg, Hohnstein, Fuhlsbüttel. Nicht erwähnt sind außerdem Zwangsarbeitslager für Juden, Arbeitserziehungslager, Polizeihaftlager in den besetzten Gebieten, Ghettos, »Sonderlager«, Strafgefangenenlager (Emsland), Jugendschutzlager u. a. Haftstätten, die nicht als KL galten, obwohl ähnliche Haftbedingungen herrschten. Zum KL-System gehörten aber die mobilen Häftlingseinsätze bei SS-Bau- bzw. Eisenbahnbaueinheiten und zwei kleinere selbständige Lager (Arbeitsdorf bei Fallersleben und Niederhagen in Wewelsburg) von geringer Dauer bzw. Bedeutung.

[2] b = befreit durch alliierte Truppen, e = von der SS evakuiert, v = verlegt nach anderen Lagern, l. e = letztmals erwähnt. Evakuierungsversuche (Todesmärsche) gab es bei allen Lagern.

[3] Dem Hauptlager unterstehende Außen- und Unterkommandos, die teilweise weit entfernt zur Versorgung von SS- oder Rüstungsbetrieben bzw. anderen Einrichtungen mit Arbeitskräften eingerichtet wurden. Die Sollstärke betrug mindestens 500 Häftlinge, die Iststärken lagen zwischen einem Häftling und vielen Tausenden.

[4] Weitere lagermäßig organisierte Vernichtungsaktionen fanden in Jungfernhof (Jumpravmuiza, Lettland) Ende 1941 bis Ende 1942 und in Maly Trostinec (Weißrußland) Herbst 1942 bis Juni 1944 statt. Den Massenmorden in eigens eingerichteten Lagern gingen die Massenerschießungen von Juden, sowjetischen Kriegsgefangenen u. a. durch die mobilen »Einsatzgruppen« der SS voraus oder verliefen parallel dazu (etwa 1 Million Todesopfer).

[5] Die Gesamtzahl der Todesopfer gilt für die Zeit ab Errichtung des KL. In der Vernichtungslager-Phase bis Herbst 1943 Vergasungen, dann vor allem Erschießungen (am 3. Nov. 1943 Ermordung von 18 000 Juden [»Erntedankfest«]).

Judenpogrome in Deutschland 8.–13. Nov. 1938

Nach dem Tod von Legationssekretär Ernst vom Rath organisiert Goebbels sofort ein Massenpogrom (»Reichskristallnacht«, 9./10. Nov.), bei dessen »spontanem« Ablauf die Polizei nicht einschreiten darf. Die Bilanz der Gewalttätigkeiten von NSDAP und SA: 91 Ermordete, zahlreiche Verletzte, Mißhandelte und Vergewaltigte; 191 durch Brandstiftung zerstörte Syngogen; rund 7500 zerstörte (und geplünderte) jüdische Geschäfte; Verwüstung vieler jüdischer Wohnungen und fast aller Friedhöfe. Sachschaden mindestens 25 Mill. RM. 30000 Juden werden in Konzentrationslager-Haft genommen. Am 12. Nov. wird den deutschen Juden eine Sondersteuer über 1,12 Mrd. RM auferlegt. Außerdem beschlagnahmt der Staat die Versicherungsleistungen für die Schäden.

Es folgt eine beispiellose Diskriminierung und *Ausgrenzung* der Juden *aus der Öffentlichkeit* (u.a. Teilnahmeverbot an kulturellen Veranstaltungen am 12. Nov.; Verbot des Besuchs öffentlicher Schulen am 15. Nov., von Hochschulen am 8. Dez.; »Judenbann« am 28. Nov.) sowie ihre *Ausschaltung aus der Wirtschaft* (entschädigungslose Zwangs-»Arisierung« jüdischer Betriebe bzw. Einsetzung »arischer« Treuhänder ab 3. bzw. 14. Dez.). Von 39532 jüdischen Betrieben (1. April) sind nach einem Jahr 14803 »arisiert« und 5976 liquidiert. Am 5. Dez. wird den entlassenen jüdischen Beamten die Pension gekürzt.

Die Folge ist eine verstärkte *Auswanderung* reichsdeutscher Juden (1937: rund 23000; 1938: rund 40000; 1939: fast 80000 jüdische Emigranten).

10. Nov. Rede Hitlers vor Journalisten und Verlegern: Die Presse sei eine »wirksame Waffe« der außenpolitischen Propaganda.

6. Dez. Ribbentrop unterzeichnet in Paris eine gemeinsame deutsch-französische Erklärung: keine offenen Grenzfragen.

8. Dez. Runderlaß Himmlers zur systematischen Erfassung und erkennungsdienstlichen Behandlung aller *Zigeuner* im Reichsgebiet. Die Zigeunerpolizeistelle in München wird bereits am 16. Mai dem Reichskriminalpolizeiamt eingegliedert. Nach Kriegsbeginn werden Sinti und Roma verstärkt *Objekt der NS-Rassenpolitik* (Sterilisierung, KL-Einweisung, Deportation). Die Schätzungen zur

Zahl der im NS-Machtbereich ermordeten Zigeuner belaufen sich auf etwa 220000.
Stapellauf des ersten deutschen Flugzeugträgers »Graf Zeppelin« (Baustop: 30. Jan. 1943).

Verteilung der jüdischen Emigration aus Deutschland
(In der Reihenfolge der wichtigsten Aufenthaltsländer; Schätzzahlen)

1937		1941	
Palästina	39000	USA	100000
USA	26000	Palästina	55000
England	8000	Argentinien	40000
Frankreich	7000	England	32000
Niederlande	7000	Deutsch besetztes Westeuropa und Südfrankreich	25000
Italien	6000	Brasilien	20000
Belgien	5000	Chile	10000

16. Dez. Hitler stiftet »Ehrenkreuz der Deutschen Mutter« (Gold für mehr als sieben Kinder).

1939

7. Jan. Reichsbankpräsident Schacht kritisiert Rüstungsfinanzpolitik und wird am 20. entlassen.

9. Jan. »Neue Reichskanzlei« (Architekt: Albert Speer) eingeweiht. Bauzeit: neun Monate.

6./26. Jan. Deutschland sucht Polen für antisowjetische Politik einzuspannen; Angebot an Polen, dem Antikominternpakt beizutreten.

30. Jan. Vor dem Großdeutschen Reichstag »prophezeit« Hitler die Vernichtung der jüdischen Rasse für den Fall eines künftigen »Weltkrieges«.

6. Febr. Gestapo löst katholischen Jungmännerverband in ganz Deutschland auf.

15. Febr. Anordnung Goebbels: Verleihung von Kunstpreisen bedarf seiner Zustimmung.

14./15. März	Deutscher Einmarsch in die ČSR. Slowakei erklärt unter deutschem Druck ihre Unabhängigkeit und schließt am 18./23. »Schutzvertrag« mit Deutschland (Präsident Prälat Jozef Tiso).
15. März **16. März**	Staatspräsident und Außenminister der ČSR müssen in Berlin Schaffung des **»Reichsprotektorats Böhmen und Mähren«** zustimmen; Neurath wird »Reichsprotektor« (18.), ab 27. Sept. 1941 Heydrich sein Stellvertreter. *Ende* der britischen *Appeasement-Politik*.
21. März	Hitler verlangt von Polen Rückgabe Danzigs und des Korridors.
23. März	Deutscher Einmarsch ins litauische Memelgebiet, Rückgliederung ans Reich.
25. März	Verpflichtung aller Jugendlichen zwischen 10 und 18 Jahren zum Dienst in der HJ.
31. März	Britisch-französische Garantie für Polen, das die deutschen Forderungen ablehnt.
3. April	Weisung Hitlers zur Vorbereitung eines Angriffskrieges gegen Polen.
28. April	Hitler kündigt den Nichtangriffspakt und das Flottenabkommen mit England.
17. Mai	Großbritannien begrenzt weiter die Einwanderung von Juden ins Mandatsgebiet Palästina auf 75000 in den nächsten fünf Jahren.
22. Mai	**Militärbündnis Deutschland–Italien** (»Stahlpakt«).
23. Mai	Hitler erläutert der Generalität seine Angriffspläne gegen Polen.
30. Juni	Reichsregierung läßt Bilder der »Entarteten« in Luzern versteigern.
Sommer	Intellektuelle Oppositionsgruppen um Harro Schulze-Boysen und Arvid Harnack formieren sich zur »Roten Kapelle« (Spionage für die UdSSR und Widerstand im Inneren).
12.–21. Aug.	Britisch-sowjetische Verhandlungen über eine Militärallianz scheitern an der Frage des sowjetischen Durchmarschrechts durch Polen.

23. Aug. Nichtangriffspakt Deutschland–Sowjetunion (**»Hitler-Stalin-Pakt«**) mit Geheimprotokoll über die Aufteilung Osteuropas in Interessensphären. Deutsche Kommunisten im Untergrund und im Exil reagieren ratlos und passiv.

25. Aug. **Britisch-polnischer Bündnisvertrag** unterzeichnet. Italien erklärt sich gegenüber dem verbündeten Deutschland als nicht kriegsbereit. Hitler verschiebt den für den 26. geplanten Angriff auf Polen.

28./29. Aug. Britischer Vermittlungsversuch in der Danzig-Frage; Hitler hält an Kriegsabsicht fest und gibt am 31. Aug. den endgültigen Angriffsbefehl.

Blitzkrieg-Siege und nationalsozialistische Imperialpolitik in Europa (1939–1941)

Am 1. Sept. 1939 beginnt Deutschland den **Zweiten Weltkrieg** ohne Kriegserklärung durch den **Angriff auf Polen** nach fingierten Grenzzwischenfällen (Sender Gleiwitz). Trotz des britisch-polnischen Beistandspakts vom 25. Aug. geht Hitler davon aus, einen großen Mehrfrontenkrieg vermeiden und die Gegner nacheinander in *Blitzfeldzügen* niederwerfen zu können. Dieses Konzept trägt dank hervorragender operativer Pläne (Kesselschlachten), des hohen Motorisierungsgrades und des überlegenen technischen Standards der Wehrmacht bis zum Herbst 1941. Nach der Kapitulation Frankreichs befindet sich Deutschland im Zenit seiner hegemonialen Machtstellung. Sie wird ergänzt durch ein System von Allianzen mit südosteuropäischen Satellitenstaaten und gibt Anlaß für zahlreiche Pläne zur nationalsozialistischen Neuordnung Europas. Die Vorbereitung des Angriffs auf die Sowjetunion, zunächst begründet in dem Ziel, Großbritanniens letzten potentiellen »Festlandsdegen« auszuschalten, gerät rasch zur Planung eines fanatischen ideologischen Krieges gegen den »jüdisch-bolschewistischen Weltfeind«, mit dem zugleich die Utopie eines großräumigen Herrenrasse-Imperiums im Osten verwirklicht werden soll.

Quelle: Hans Adolf Jacobsen, Der Weg zur Teilung der Welt. Politik und Strategie 1939–1945. Koblenz/ Bonn 1977, S. 625.

Obgleich die NS-Führung für einen langen Krieg die erforderlichen Vorkehrungen nicht getroffen hat, ist sie auf einen begrenzten Konflikt militärisch, wirtschaftlich und politisch gut vorbereitet. Im August 1939 wird das Leben in Deutschland auf den Krieg umgestellt, die Bewirtschaftung lebenswichtiger Güter (Lebensmittelkarten) eingeleitet (27. Aug.) und ein Ministerrat für die Reichsverteidigung unter Führung Görings gebildet (30. Aug.). Die Steuerung der zivilen Verwaltung im Wehrkreis obliegt Reichsverteidigungskommissaren (1. Sept.). Weitere Maßnahmen: die Freizügigkeit für Arbeiter und Angestellte wird aufgehoben, das Abhören ausländischer Rundfunksender unter Strafe gestellt, das Strafrecht verschärft.

1939

3. Sept. **Britisch-französische Kriegserklärung** an Deutsches Reich. Geheim-Erlaß des Chefs der Sicherheitspolizei (Heydrich) über »Grundsätze der inneren Staatssicherheit während des Krieges«: Gestapo kann Gegner und Saboteure ohne Gerichtsurteil exekutieren.

4./5. Sept. Scharfe Strafverordnungen gegen Kriegswirtschaftsvergehen und Kriegskriminalität.

21. Sept. Richtlinien Heydrichs für »Einsatzgruppen« im besetzten Polen: u. a. Konzentrierung der Juden in Ghettos.

Sept. Der Plan hoher deutscher Offiziere (Kurt von Hammerstein u. a.), Hitler während eines Besuchs der Westfront festzunehmen, wird nicht ausgeführt.

27. Sept. Vereinigung der Zentralen Ämter der Sicherheitspolizei (Gestapo und Reichskriminalpolizeiamt) mit dem Sicherheitshauptamt des Reichsführers SS zum **Reichssicherheitshauptamt:** Zentrale aller NS-Terror- und Repressionsmaßnahmen, der auch die »Reichszentrale für jüdische Auswanderung« (seit 24. Jan.) untergeordnet wird. Adolf Eichmann, der Auswanderungszentralen in Wien (20. Aug. 1938) und Prag (26. Juli 1939) leitete, übernimmt am 21. Dez. das »Judenreferat« IV B 4.

6. Okt.	Eroberung Polens abgeschlossen. Reichstagsrede Hitlers. Sein »Friedensangebot« an die Westmächte auf der Basis der neuen Realitäten wird am 12. abgelehnt.
8. Okt.	Erlaß Hitlers zur Eingliederung der westpolnischen Gebiete in das Reich als Reichsgaue »Danzig-Westpreußen« (unter Gauleiter und Reichsstatthalter Albert Forster) und »Posen« (ab 29. Jan. 1940 »Wartheland« unter Gauleiter und Reichsstatthalter Greiser) sowie der Regierungsbezirke Kattowitz an Schlesien und Ciechanów (Zichenau) an Ostpreußen.
9. Okt.	Hitler will zum frühestmöglichen Zeitpunkt im Westen offensiv werden; der auf den 12. Nov. festgelegte Angriff wird mehrmals verschoben.
12. Okt.	Erlaß Hitlers zur Errichtung des »Generalgouvernements für die besetzten polnischen Gebiete« (ab 31. Juli 1940 nur noch »Generalgouvernement«); Generalgouverneur wird Hans Frank.
12./17. Okt.	Erste Deportation von Juden aus Österreich und dem »Protektorat Böhmen und Mähren« nach Polen.
14. Okt.	Reichskleiderkarte eingeführt.
Okt.	Verträge mit den (1940 der UdSSR eingegliederten) baltischen Staaten wegen Rücksiedlung Volksdeutscher in das Reichsgebiet. Entsprechende Abkommen mit Italien (21. Okt. und 21. Dez.), der UdSSR (5. Sept. 1940) und Rumänien (22. Okt. 1940).
8. Nov.	Mißglücktes Attentat des Einzeltäters Johann Georg Elser auf Hitler in München.
Dez.	Erste Massendeportation von ca. 87000 Juden und Polen aus dem Wartheland ins »Generalgouvernement«.
1940 11. Febr.	Deutsch-sowjetisches Wirtschaftsabkommen sichert umfangreiche Erdöl-, Edelmetall- und Getreidelieferungen für Deutschland.

Maßnahmen und Pläne zur Eindeutschung der eroberten Ostgebiete

Hitlers schon in »Mein Kampf« fixiertes Ziel eines Herrenrassen-Kolonialimperiums im Osten denaturiert die traditionelle Politik zur Unterstützung der Volksdeutschen in Ost-Mitteleuropa zum bloßen Vehikel. Schon 1938 zeigt dies die Benutzung der Henlein-Partei für die Entfesselung der Sudetenkrise. Umgekehrt werden die Deutschen Südtirols dem Bündnis mit Mussolinis Italien geopfert, ihre Umsiedlung ins Reich schon im Juni 1939 grundsätzlich beschlossen.

Nach der deutsch-sowjetischen Abgrenzung von Interessensphären im Osten und der Besetzung Polens führen die kombinierten Ziele imperialer Raumpolitik und völkisch-rassischer »Flurbereinigung« erstmals zu konkreten großräumigen Maßnahmen. Der westliche Teil Polens (»eingegliederte Ostgebiete«) mit einer Bevölkerung von etwa zehn Mill. Menschen (darunter etwa eine Mill. Deutsche, 0,7 Mill. Juden und 7,8 Mill. Polen) soll im Laufe von zehn Jahren vollständig eingedeutscht, dagegen das unter deutscher Herrschaft verbleibende Restpolen (»Generalgouvernement« ähnlich wie das »Protektorat Böhmen und Mähren« zu einem kolonialen Reichsland und Reservat für fremdländische Arbeitskräfte degradiert werden. Die Aktionen konzentrieren sich auf folgende Ziele: Gewaltsame Ausschaltung der national-polnischen Führungsschicht; Aussiedlung von Polen und Juden und Ansässigmachung volksdeutscher Umsiedler aus dem Baltikum, aus Bessarabien, der Bukowina u. a. Gebieten der sowjetischen Interessensphäre; Erfassung und Einstufung der einheimischen Bevölkerung nach ihrer Abstammung, Zuverlässigkeit und Eindeutschungsfähigkeit mittels der »Deutschen Volksliste« (4. März 1941) in Gruppen verschiedenen Rechts: deutsche Reichsangehörige und Staatsbürger, deutsche Staatsbürger auf Widerruf, Schutzangehörige des Deutschen Reichs.

Bis zum Rußlandkrieg werden in den eingegliederten Ostgebieten rund 370000 Reichsdeutsche und rund 350000 deutsche Umsiedler angesiedelt und gleichzeitig etwa 365000 Polen und 500000 Juden von dort deportiert. Neben etwa 1 Mill. alteingesessener Volksdeutscher (Volkslistengruppe 1 oder 2) erhalten rund 1,7 Mill. als eindeutschungsfähig angesehene Oberschlesier, Kaschuben, Slonzaken u. a. (Volkslistengruppe 3) die deutsche Staatsangehörigkeit. Die große Mehrheit von rund 6 Mill. Polen wird als Schutzangehörige nur bis zur für später geplanten Aussiedlung als Bevölkerung minderen Rechts toleriert.

12./13. Febr. Erste Deportation von Juden aus dem Reichsgebiet (Schneidemühl, Stettin, Stralsund) nach Lublin.

2. März Hitler empfängt Friedenssondierer Unterstaatssekretär Sumner Welles (USA).

Das nationalsozialistische »Euthanasieprogramm«

Die »Vernichtung lebensunwerten Lebens«, schon seit Jahren propagandistisch (z. B. in Schulbüchern) und gesetzlich (Sterilisations- und Ehegesundheitsgesetz vom 14. Juli 1933 bzw. 18. Oktober 1935) vorbereitet, wird im Okt. 1939 von Hitler mit einem rückdatierten Ermächtigungsschreiben (1. Sept. 1939) eingeleitet. Die »Kanzlei des Führers« (Viktor Brack) und einige »führerunmittelbare« Personen, darunter Ärzte, organisieren unter Tarnnamen (z. B. »Reichsarbeitsgemeinschaft Heil- und Pflegeanstalten«) die Ermordung von ca. 70000 Geisteskranken und körperlich Mißgebildeten im Rahmen der »Aktion T 4«. Die Tötungen mit Kohlenmonoxyd erfolgen in Grafeneck / Württemberg, Brandenburg-Havel, Hartheim / Linz, Sonnenstein / Sachsen, Bernburg und Hadamer / Limburg. Trotz strengster Geheimhaltung werden die Morde bekannt. Am 1. Aug. 1940 protestieren die katholischen Bischöfe bei Hitler, am 6. Juli 1941 in einem Hirtenbrief (weitere Proteste, auch evangelischer Kirchenführer, im Dez. 1941). Zwar wird »T 4« am 24. Aug. 1941 eingestellt, dezentral gehen die Morde aber in vielen Anstalten medikamentös oder durch »Hungerkost« weiter. Eine »Aktion Sonderbehandlung 14 f 13« beginnt im Frühjahr 1941: Dabei werden etwa 20000 – keineswegs »unheilbar kranke« – Konzentrationslager-Häftlinge »ausgemustert« und vergast.

17. März Fritz Todt wird Reichsminister für Bewaffnung und Munition. Beginn des Aufbaus einer neuen Rüstungsorganisation im engen Einvernehmen mit der Wirtschaft.

9. April Deutscher Überfall auf Dänemark und Norwegen (ohne Kenntnis einer unmittelbar bevorstehenden britischen Norwegenaktion). Nach der Besetzung Dänemarks (10.) Bildung eines »Kabinetts der nationalen Sammlung« unter Thorwald Stauning († 1942); zunächst wird der deutsche Gesandte, Cecil von Renthe-Fink, ab 5. Nov. 1942 SS-Gruppenführer Werner Best »Reichsbevollmächtigter«.

14. April Aufteilung Österreichs in sieben Gaue. Die Gauleiter übernehmen als Reichsstatthalter die Befugnisse der bisherigen »Österreichischen Landesregierung«: Wien (Odilo Globocnik), Niederdonau (Hugo Jury), Oberdonau (August Eigruber), Tirol

(Franz Hofer), Salzburg (Friedrich Rainer), Steiermark (Siegfried Uiberreither), Kärnten (Franz Kutschera).

24. April Josef Terboven, Gauleiter von Essen, wird »Reichskommissar für die besetzten norwegischen Gebiete«.

10. Mai Beginn der deutschen **Offensive im Westen** unter Verletzung der Neutralität der Niederlande, Belgiens und Luxemburgs.

13. Mai Winston Churchill, seit 10. Mai britischer Premier, erklärt: »Blut, Mühsal, Tränen und Schweiß« sind erforderlich für den Sieg über Deutschland.

18. Mai Wiedereingliederung der im Versailler Vertrag an Belgien abgetretenen Gebiete Eupen, Malmedy und Moresnet ins Reich.

19. Mai Seyß-Inquart wird »Reichskommissar für die besetzten niederländischen Gebiete«.

4. Juni Evakuierung des britischen Expeditionskorps aus Dünkirchen.

18. Juni Hitler und Mussolini *(Kriegseintritt Italiens: 10. Juni)* treffen sich in München zu einer Aussprache über die Waffenstillstandsbedingungen gegenüber Frankreich.

18. Juni Charles de Gaulle (»Nationalkomitee der Freien Franzosen«) ruft im Londoner Exil zur Fortsetzung des Widerstands auf.

22. Juni Deutsch-französischer Waffenstillstand: deutsche Besetzung nördlich und westlich der Linie Genf–Dôle–Tours–Mont de Marsan–spanische Grenze festgelegt. Die kollaborierende französische Regierung unter Marschall Henri Philippe Pétain (seit 17. Juni) errichtet ihren Sitz im unbesetzten Teil in Vichy; faktischer Regierungschef: Pierre Laval (ab 13. Dez. 1940 Admiral François Darlan, ab 18. April 1942 wieder Laval).

26. Juni Unterstellung Belgiens und der französischen Departements Du Nord und Pas de Calais unter den

Militärische Auszeichnungen des Dritten Reiches (Auswahl)

Eisernes Kreuz:
Erneuerung (frühere preußische Stiftungen 1813, 1870, 1914) zur Auszeichnung »besonderer Tapferkeit und hervorragender Verdienste in der Truppenführung« am 1. Sept. 1939: Zweite Klasse (bis Mai 1945 rund 2300000 Verleihungen), Erste Klasse (rund 300000), Ritterkreuz (6973) und Großkreuz (nur an Göring); später weitere Stufen: Ritterkreuz mit Eichenlaub am 3. Juni 1940 (853), Eichenlaub mit Schwertern am 21. Juni 1941 (150), Eichenlaub mit Schwertern und Brillanten am 15. Juli 1941 (27), Goldenes Eichenlaub mit Schwertern und Brillanten am 29. Dez. 1944 (1).

Deutsches Kreuz:
Stiftung am 28. Sept. 1941 für »vielfache außergewöhnliche Tapferkeits- und Führungstaten« (17000) in Gold, in Silber für »vielfache außergewöhnliche Verdienste« (900).

Kampfabzeichen:
Nahkampfspange (25. Nov. 1942), Infanterie-Sturmabzeichen in Silber (20. Dez. 1939), Allgemeines Sturmabzeichen (1. Juni 1940), Panzer-Kampfabzeichen (20. Dez. 1939), U-Boots-Frontspange (15. Mai 1944), Frontflugspangen für Jagdflieger, Bomberbesatzungen (30. Jan. 1941) usw., Kampfabzeichen der Flakartillerie (10. Jan. 1941), Sonderabzeichen für das Niederkämpfen von Panzern durch Einzelkämpfer (9. März 1942).

Verwundetenabzeichen:
in Schwarz (ein- bis zweimalige), Silber (drei- bis viermalige) und Gold (noch häufigere Verwundung), am 1. Sept. 1939 gestiftet.

Abzeichen für Teilnahme an bestimmten Kampfhandlungen:
Spanienkreuz mit Schwertern am 14. April 1939 für Angehörige der »Legion Condor«, Medaille »Winterschlacht im Osten 1941/42« (Ostmedaille) am 26. Mai 1942, ferner (am linken Oberarm zu tragen) Narvikschild (19. Aug. 1940), Cholmschild (1. Juli 1942), Krimschild (25. Juli 1942), Demjanskschild (25. April 1943), Kubanschild (20. Sept. 1943), Warschauschild (10. Dez. 1944). Ein Stalingradschild wurde auf Weisung Hitlers am 26. Okt. 1942 in Auftrag gegeben, dann aber doch nicht gestiftet. Der mit dem Entwurf Beauftragte fiel am 20. Nov. 1942 in Stalingrad.

»Militärbefehlshaber Belgien–Nordfrankreich«, General Alexander von Falkenhausen; »Militärbefehlshaber Frankreich« für das übrige besetzte Gebiet: General Otto von Stülpnagel, ab Febr. 1942 General Karl-Heinrich von Stülpnagel, ab 22. Juli 1944 bis zur Räumung durch die deutschen Truppen am 4. Okt. 1944 General Karl Kitzinger.

26. Juni Rumänien kommt sowjetischem Ultimatum zur Abtretung der Nordbukowina und Bessarabiens nach und bittet um Garantie seiner Grenzen durch Deutschland sowie um Entsendung einer deutschen Heeresmission (2. Juli). »Zweiter Wiener Schiedsspruch« der Achsenmächte schlägt am 30. Aug. einen Teil des rumänischen Siebenbürgen Ungarn zu und garantiert diese Staatsgrenzen.

Juni/Aug. »Madagaskar-Plan«: Die Deutschlandabteilung des Auswärtigen Amts plant, die europäischen Juden auf die französische Insel zu deportieren.

Sommer Die Herrschaft über Nord- und Westeuropa verstärkt deutsches Kriegspotential erheblich durch Zugang zu Beutewaffen, Rohstoffen, Nahrungsmitteln, Arbeitskräften.

16. Juli Vorbereitung einer deutschen Landung auf den Britischen Inseln *(»Unternehmen Seelöwe«)*; am 17. Sept. wird sie »bis auf weiteres« verschoben.

31. Juli Hitler erklärt intern seinen Entschluß, die Sowjetunion anzugreifen *(»Unternehmen Barbarossa«)*. Ziel: Eroberung des ökonomisch bedeutendsten europäischen Teils.

2. Aug. Die Verwaltung im Elsaß, in Lothringen und in Luxemburg (1942 dem Reich einverleibt) geht an Hitler unmittelbar unterstellte Zivilbehörden über. (Elsaß: Robert Wagner, Reichsstatthalter und Gauleiter von Baden; Lothringen: Josef Bürckel, Gauleiter der Saarpfalz, ab 1942 Gau »Westmark«; Luxemburg: Gustav Simon, Gauleiter von Koblenz-Trier, ab 1942 Gau »Moselland«.)

27. Sept. *»Dreimächtepakt«* zwischen Deutschland, Italien und Japan.

12. Okt. Deutsche Militärmission, gefolgt von »Lehrtruppen«, trifft auf Ersuchen von Staatsführer General Ion Antonescu in Rumänien ein.

Herbst	Errichtung zahlreicher jüdischer Ghettos (Warschau, Lublin, Krakau, Lodz u. a.).
22./23. Okt.	Juden aus Baden, Saarpfalz und Elsaß werden ins unbesetzte Frankreich deportiert.
23. Okt.	Begegnung Hitler–Franco; Spanien lehnt Kriegseintritt ab (endgültig am 7. Dez.).
Oktober	Thomas Mann beginnt monatliche Rundfunkansprachen (»Deutsche Hörer!«) über BBC London.
12./13. Nov.	Besuch des sowjetischen Außenministers Wjatscheslaw Molotow in Berlin bleibt ergebnislos.
Nov./Dez.	Hitler läßt einen Angriff auf Griechenland vorbereiten (Unternehmen »Marita«), da infolge italienischer Niederlagen im Krieg gegen Griechenland (seit 28. Okt.) eine alliierte Balkanfront zu entstehen droht. (5. April 1941 Nichtangriffspakt UdSSR–Jugoslawien).
18. Dez.	Hitler-Weisung Nr. 21 (»Fall Barbarossa«): deutsche Wehrmacht soll noch »vor Beendigung des Krieges gegen England« die UdSSR »in einem schnellen Feldzug« niederwerfen.
1941 Febr.	»Afrikakorps« unter General Erwin Rommel gebildet.
17./30. März	Hitler erläutert vor hohen Offizieren die Prinzipien der Kriegführung im Osten: der *Rußlandfeldzug* sei als *»Vernichtungskrieg«* mit barbarischer Härte zu führen.
19. März	SPD-Parteivorstand, SAPD-Leitung, Vorstand des ISK und das Auslandsbüro von Neu Beginnen bilden »Union deutscher sozialistischer Organisationen in Großbritannien«.
26. März	»Institut für Erforschung der Judenfrage« in Frankfurt/Main im Rahmen von Rosenbergs »Hoher Schule« gegründet. Institute für Erbbiologie, Rassenhygiene u. ä. gibt es inzwischen an vielen Universitäten.
6. April	Deutscher Überfall auf Jugoslawien und Griechenland.

10. April	In Agram (Zagreb) »Unabhängiger Staat Kroatien« als deutscher Satellitenstaat proklamiert; Staatschef wird Ante Pavelić, der Führer der faschistischen Ustaschabewegung.
15. April	»Chef der Zivilverwaltung« im jugoslawischen Gebiet der Untersteiermark wird der Reichsstatthalter und Gauleiter der Steiermark, im Gebiet von Oberkrain der stellvertretende Gauleiter von Kärnten.
21. April	Bildung der Bergbau und Kohlenhandel koordinierenden »Reichsvereinigung Kohle« aus Anlaß der Versorgungsengpässe im Winter 1940/41.
22. April	Deutsche Militärverwaltung in Serbien eingerichtet (Regierung Milan Nedić).
1. Mai	Griechische Regierung unter deutscher Besatzung (General Georgios Tsolakoglu).
10. Mai	Der Stellvertreter des Führers fliegt nach England, um mit London vor dem deutschen Rußlandfeldzug eine Übereinkunft zu erzielen. Heß wird interniert; Hitler bezeichnet ihn als geisteskrank und ernennt Martin Bormann zum »Leiter der Parteikanzlei« (12. Mai).
ab 13. Mai	Oberst Draža Mihailović organisiert national-serbische und monarchistische Partisanenarmee der »Tschetniks« (četa = Bande, Schar).
13. Mai	Erlaß Hitlers über die Ausschaltung der Kriegsgerichtsbarkeit in den zu besetzenden sowjetischen Gebieten: Straffreiheit bei gesetzwidrigem Vorgehen gegen Zivilisten; Ahndung von Straftaten Einheimischer gegen die Besatzungsmacht ohne Gerichtsverfahren.
Mai	Reichspressekammer verfügt die Schließung von 550 Zeitungen; weitere Stillegungsaktionen im Frühjahr 1943 und im August 1944.
6. Juni	*»Kommissarbefehl«* des Oberkommandos der Wehrmacht sieht »Liquidierung« politischer Kommissare in der Sowjetunion vor.

Mai/Juni In Nordgriechenland wird das Gebiet von Saloniki bis zur Struma der deutschen Militärverwaltung unterstellt (Ende Mai), das östlich anschließende Gebiet bis Maritza von Bulgarien annektiert (11. Mai). In Südgriechenland stehen der Piräus und Kreta unter deutscher, alles übrige Gebiet unter italienischer Verwaltung. Beim Frontwechsel Italiens am 8. Sept. 1943 wird eine deutsche Militärverwaltung für ganz Griechenland errichtet.

22. Juni **Deutscher Überfall auf die Sowjetunion.** Den drei Heeresgruppen folgen vier Einsatzgruppen der Sicherheitspolizei und des Sicherheitsdienstes der SS (»A«: Baltikum, »B«: Weißruthenien, »C«: Ukraine, »D«: Krim, insgesamt 3000 Mann), deren wichtigste Aufgabe die systematische Tötung von Juden, kommunistischen Funktionären, Zigeunern und anderen »unerwünschten Elementen« ist. 1941/42 fallen den Einsatzgruppen über eine Mill. Menschen zum Opfer.

27. Juni Das ZK der jugoslawischen KP bildet einen »Hauptstab der Partisanenabteilung« unter Josip Broz, genannt »Tito«. Proklamation des Volksaufstandes am 4. Juli.

10. Juli »Stab der zentralen Partisanenbewegung« in Moskau aufgestellt (beim ZK der KPdSU).

14. Juli Hitler glaubt den Rußlandfeldzug bereits gewonnen und ordnet Verlagerung des Rüstungsschwerpunktes von der Heeres- zur Luft- und Marinerüstung an.

17. Juli Rosenberg wird »Reichsminister für die besetzten Ostgebiete«. Einrichtung eines »Reichskommissariats Ostland« unter Hinrich Lohse (Gauleiter von Schleswig-Holstein) mit vier Generalkommissariaten: Weißruthenien, Litauen, Lettland, Estland.

15. Aug. Angliederung des sowjetischen (bis 1939 polnischen) Bezirks Bialystok an Ostpreußen. Ost-Ga-

lizien (bis 1939 polnisch) kommt zum »Generalgouvernement« (12. Aug.).

Von der Elsaß-Politik zum »Generalplan Ost«

Nach dem Frankreich- und dem Jugoslawien-Feldzug, die zur faktischen Eingliederung von Elsaß-Lothringen und der slowenischen Untersteiermark führen, beginnt das »Reichskommissariat zur Festigung deutschen Volkstums« (Himmler) auch hier mit Eindeutschungs- und Umsiedlungsmaßnahmen. Ein Zukunftsplan sieht die Annexion und die Eindeutschung eines »Gaues Burgund« mit den Südtirol-Deutschen als Ansiedlern vor.

Zur massiven Erweiterung der Expansions- und Eindeutschungspläne kommt es im Vorfeld des Feldzugs gegen die Sowjetunion. Jetzt gilt auch das »Generalgouvernement« als künftiges Eindeutschungsgebiet. Der schon im ersten Halbjahr 1941 von Himmler-Dienststellen entwickelte »Generalplan Ost« zielt mit Billigung Hitlers darüber hinaus ab auf die Errichtung deutscher Marken und Stützpunkte im Baltikum, im Gebiet von Leningrad (»Ingermanland«), den Schwarzmeergebieten der Urkraine und auf der Krim (»Gotengau«). Völlig absurd anmutende Planspiele erwägen u. a. die Aussiedlung der gesamten polnischen und teilweise auch der ukrainischen Bevölkerung nach Sibirien und eine zielstrebige Entnationalisierung und kulturelle Niederhaltung der großrussischen Bevölkerung; sie bleiben in Ansätzen stecken und brechen vielfach im Widerstand des Partisanenkriegs zusammen. Beispiel hierfür ist die 1942 zur Errichtung eines deutschen »Siedlungsbollwerks« im Distrikt Lublin begonnene An- und Umsiedlungsaktion.

Die Eindeutschungspolitik geht davon aus, daß sich in den »nordisch« aussehenden Einheimischen und ihren Eltern ein germanischer »Rassekern« verbirgt, der dem Deutschtum zurückgewonnen werden müsse, und macht auch vor der Zerreißung von Familien und der zwangsweisen Verschleppung polnischer »gutrassischer« Kinder nicht halt.

Selbst die umgesiedelten Volksdeutschen werden vielfach Opfer solcher rassisch-völkischer Manipulation: Für Zehntausende, die die Einwanderer-Zentralstellen des Reichssicherheitshauptamts als für eine Ansiedlung nicht genügend qualifiziert betrachten, endet die »Heimkehr ins Reich« in einem jahrelangen Zwangsaufenthalt in Lagern der Volksdeutschen Mittelstelle. Letzte große Umsiedlungsaktionen (z.B. der Schwarzmeer- und der Jugoslawien-Deutschen) erfolgen 1943/44 mit dem Rückzug der deutschen Truppen. Nicht wenige dieser Umsiedler werden von der Roten Armee überrollt und als Kollaborateure ins Innere der Sowjetunion deportiert.

19. Aug. Sowjetisches Gebiet zwischen Dnjestr und Bug mit Odessa (am 16. Okt. eingenommen) wird einer

rumänischen Zivilverwaltung unter Gheorge Alexianu unterstellt.

20. Aug. Einrichtung eines »Reichskommissariats Ukraine« unter Erich Koch, Gauleiter von Ostpreußen, mit sechs Generalkommissariaten: Wolhynien-Podolien, Nikolajew, Schitomir, Kiew, Dnjepropetrowsk, Taurien.

Weiter verschärfte Lebensbedingungen der deutschen Juden

1939	
21. Febr.	Juden müssen Schmuck und Edelmetalle abliefern.
30. Apr.	Juden müssen »arische« Wohnhäuser räumen und werden in »Judenhäuser« eingewiesen.
20. Sept.	Juden müssen Radios abliefern.
1940	
23. Jan.	Juden erhalten keine Reichskleiderkarte.
29. Juli	Juden werden Telefonanschlüsse gekündigt.
1941	
4. März	Juden werden zum Arbeitseinsatz herangezogen.
1. Sept.	**Juden** ab sechs Jahre **müssen gelben Stern tragen** (im »Generalgouvernement« seit 23. Nov. 1939).
18. Sept.	Juden brauchen Erlaubnis für Fahrten mit öffentlichen Verkehrsmitteln.
12. Dez.	Juden dürfen öffentliche Telefone nicht benutzen.
1942	
15. Febr.	Juden dürfen keine Haustiere halten.
17. Febr.	Juden dürfen keine Zeitungen und Zeitschriften halten.
13. März	Juden müssen ihre Wohnungen kennzeichnen.
12. Mai	Juden dürfen keine »arischen« Friseure aufsuchen.
11./22. Juni	Juden erhalten keine Rauch- und Eierkarten.
12. Juni	Juden müssen alle elektrischen und optischen Geräte, Fahrräder und Schreibmaschinen abliefern.
1. Juli	Jüdische Schüler dürfen nicht mehr unterrichtet werden.
30. Juli	Jüdische Gemeinden müssen Kultgegenstände aus Edelmetall abliefern.
19. Sept.	Juden erhalten keine Fleisch- und Milchmarken.
9. Okt.	Juden dürfen in »arischen« Buchhandlungen nicht kaufen.

9. Sept. Griechische Widerstandsorganisation »National-Republikanischer Bund« (EDES) gegründet; Rivalität mit der linken »Nationalen Befreiungsfront« (EAM; seit 27. Sept.).

1. Okt.	Verbot der Auswanderung jüdischer Staatsbürger aus dem Deutschen Reich.
2. Okt. – 5. Dez.	Schlacht vor Moskau. Nach Raumgewinnen der deutschen Wehrmacht bleibt die Operation stekken. Die sowjetische Gegenoffensive (5. Dez.) offenbart das *Scheitern des Blitzfeldzuges* und führt zur Krise im deutschen Ostheer, das auf einen Winterkrieg nicht vorbereitet ist. Die UdSSR verliert bis Jahresende 1941 3,35 Mill. Soldaten als Kriegsgefangene (bis Kriegsende nochmals 2,4 Mill.). *3,3 Mill. sowjetische Soldaten sterben in deutscher Gefangenschaft.* Die Wehrmacht erleidet im Rußlandfeldzug ihre größten Verluste.

Kriegswende und totalitäre Radikalität bis zum Zusammenbruch (1941–1945)

Der nun absehbare lange Zermürbungskrieg im Osten und der Kriegseintritt der USA zerstören praktisch schon die Aussicht auf einen deutschen »Endsieg«. Bis zur Katastrophe von Stalingrad versteht es die NS-Führung gleichwohl, durch militärische Teilerfolge sowie eine weitere Steigerung der Rüstungsproduktion und Wehrmachtsrekrutierung (bei kaum verminderter Versorgung der Bevölkerung) die allgemeine Zuversicht und Einsatzbereitschaft aufrechtzuerhalten. Mit den dann folgenden Rückschlägen an allen Fronten, die – angesichts des überlegenen Kräftepotentials der alliierten Gegner – auch die Ausrufung des »totalen Krieges« und eine nochmalige Steigerung der Rüstungsproduktion nicht wettmachen können, setzt die nicht mehr aufhaltbare Legitimationskrise des Regimes ein. Die Brutalität des Weltanschauungskrieges im Osten und die Notwendigkeit, dem um sich greifenden Defätismus mit verstärktem Terror zu begegnen, verändern gravierend auch die innere Verfassung des Regimes. Sicherheitspolizeiliche Sondervollmachten, partielle Territorialherrschaften (Reichskommissare in den besetzten Gebieten u. a.) und führerunmittelbare Sonderbeauftragte prägen mehr und mehr das Bild. Verbissen ins Detail der militärischen Führung, kümmert sich Hitler vom Führerhauptquartier aus kaum noch um die Staatsorganisation und -verwaltung.

1941

14. Okt. Befehl zur Deportation von Juden aus dem Reichsgebiet (u. a. Berlin) in die Ghettos Kowno, Lodz, Minsk und Riga (Transporte bis Jan. 1942).

21. Okt. Erste deutsche Massenexekution in Jugoslawien als Repressalie gegen Partisanentätigkeit: in Kragujevac werden 2300, in Kraljevo 2100 Menschen erschossen.

25. Nov. Den zur Deportation bestimmten deutschen Juden wird die Staatsangehörigkeit entzogen, ihr Vermögen beschlagnahmt.

7. Dez. »Nacht- und Nebelerlaß« für die besetzten nord- und westeuropäischen Länder (außer Dänemark): Straftäter gegen Deutsche sind heimlich in KL zu bringen, soweit Todesurteil durch Wehrmachtgericht nicht sicher zu erwarten ist.

11. Dez. **Hitler erklärt den USA** nach dem japanischen Überfall auf die US-Flotte in Pearl Harbor (7. Dez.) **den Krieg**, ohne Japan hierzu vertraglich verpflichtet zu sein.

16. Dez. *Hitler* verbietet jeden operativen Rückzug, entläßt Walther von Brauchitsch (19. Dez.) und *übernimmt selbst den Oberbefehl über das Heer*.

Dez. Beginn der Tötung von Juden im Vernichtungslager Kulmhof/Chelmno durch den Einsatz von Gaswagen.

Dez./Jan. Umstellungen in der Kriegswirtschaft: Erlaß zur Vereinfachung und Leistungssteigerung der Rüstungsproduktion (3. Dez.) fordert Rationalisierung der Fertigungsmethoden; der Rüstungsschwerpunkt wird auf Heereswaffen zurückverlagert (10. Jan.); die Verwaltung soll Kräfte für Wehrmacht und Rüstungsindustrie freigeben (25. Jan.).

1942 ab Jan. Führung (»Kretsen«) des norwegischen Widerstandes unter Paal Berg informiert, der von der Londoner Exilregierung Nygaardsvold (seit 5. Mai 1940) als Chef der »Heimatfront« anerkannt wird.

20. Jan. *Wannsee-Konferenz* in Berlin: Parteifunktionäre und Ministerialbeamte koordinieren unter Heydrichs Leitung Maßnahmen zur »Endlösung der Judenfrage«.

1. Febr. Bildung einer »Norwegischen National-Regierung« unter Vidkun Quisling, die de facto Reichskommissar Terboven unterworfen bleibt.

8. Febr. Hitlers Architekt Albert Speer wird anstelle des tödlich verunglückten Fritz Todt Reichsminister für Bewaffnung und Munition. Speer baut Rüstungslenkung aus, gelangt zu wesentlicher Leistungssteigerung, kann aber relatives Zurückfallen der deutschen Rüstungsproduktion gegenüber der Feindkoalition nicht verhindern.

Febr. Zerschlagung der umfangreichen kommunistisch-nationalrevolutionären Widerstandsorganisation um Robert Uhrig und Beppo Römer in Berlin; 45 Todesurteile.

14. Febr. Zusammenfassung der nationalpolnischen Untergrundstreitkräfte zur Heimatarmee (Armia Krajowa), die der Londoner Exilregierung von Władysław Sikorski (seit 30. Sept. 1939) untersteht. Daneben existiert eine geheime Volksarmee (Armia Ludowa) der Kommunisten.

2. März Landesbischof Wurm wendet sich in einer Denkschrift an Hitler gegen den »Kulturkampf« der NSDAP.

17. März Beginn der von SS- und Polizeiführer im Distrikt Lublin, Odilo Globocnik, organisierten »Aktion Reinhard(t)«: Erste Massentötungen im Vernichtungslager Belzec (Juden aus Ghettos Südpolens); bis Herbst 1943 dann auch in Sobibor und Treblinka.

21. März Verordnung Hitlers spricht der Rüstungswirt-

schaft unbedingten Vorrang beim Arbeitskräfteeinsatz und bei der Verteilung von Rohstoffen und Erzeugnissen zu. Bewirtschaftung wird auf eine neue Grundlage gestellt. Gauleiter Fritz Sauckel erhält als Generalbevollmächtigter für den Arbeitseinsatz weitgehende Vollmachten, um Fremdarbeiter aus den besetzten Gebieten auch zwangsweise nach Deutschland bringen zu können.
Ende 1944 sind 7,5 Mill. Fremdarbeiter im Reich.

22. März Hirtenwort der katholischen Bischöfe wider den »Kampf gegen Christentum und Kirche«.

Ende März Erste Judentransporte aus Westeuropa und dem Reichsgebiet nach Auschwitz.

22. April Auf Initiative Speers Schaffung der »Zentralen Planung« als überministerieller Koordinations- und Lenkungsinstanz zur Verteilung von Rohstoffen und Energie.

26. April *Hitler* erhält vom Reichstag die Vollmacht, sich bei Ahndung von »Pflichtverletzungen« als *»Oberster Gerichtsherr«* über das »formale Recht« hinwegzusetzen.

Frühjahr Zerschlagung der von Neu Beginnen (Waldemar von Knoeringen) initiierten Widerstandsorganisation »Revolutionäre Sozialisten« in Bayern und Österreich.

17. Mai Mutterschutzgesetz.

27. Mai Stellvertretender »Reichsprotektor« Heydrich wird in Prag durch das Attentat zweier tschechischer Fallschirmspringer (von den Exilstreitkräften ausgebildet) tödlich verletzt.

Juni Beginn der *Massen*vergasungen von Juden in Auschwitz/Birkenau; Deportationen aus dem Reichsgebiet in das »Altersghetto« Theresienstadt.

10. Juni Unter dem Verdacht, einen Heydrichattentäter beherbergt zu haben, wird das Dorf Lidice von deutscher Polizei niedergebrannt. Alle 192 Männer sowie sieben Frauen werden erschossen, die übrigen

Frauen ins KL Ravensbrück gebracht, die Kinder verschleppt.

28. Juni Beginn der deutschen Sommeroffensive im Raum östlich von Kursk und Charkow (UdSSR).

30. Juni Deutsch-italienische Streitkräfte unter Rommel erreichen El-Alamein. Mit der britischen Gegenoffensive (23. Okt.) und der Landung einer amerikanisch-britischen Invasionsarmee in Marokko und Algerien (7./8. Nov.) beginnt der deutsch-italienische Rückzug aus Nordafrika (am 13. Mai 1943 Kapitulation in Tunesien).

12. Juli Sowjetgeneral Andrej Wlassow wird gefangengenommen. Sein Angebot, aus Kriegsgefangenen und Überläufern prodeutsche Armee aufzustellen, lehnt Hitler zunächst ab.

Juli/Aug. Vorstoß der Wehrmacht gegen Stalingrad und Kaukasusgebiet.

20. Aug. Roland *Freisler* wird *Vorsitzender des Volksgerichtshofs* (VGH), sein Vorgänger, Otto Georg Thierack, neuer Reichsjustizminister. Die Justiz, nach dem Tod des konservativen Gürtner (29. Jan. 1941) mit Franz Schlegelberger an der Spitze, wird damit völlig der Parteiwillkür ausgeliefert. Am 1. Okt. erstellt Thierack zur Lenkung der Rechtsprechung einen ersten »Richterbrief«. Zahl der VGH-Angeklagten (1937–1944): 14319; Zahl der Todesurteile (1934–1944): 5214. Insgesamt fällen Justiz und Wehrmachtsjustiz mindestens 27000 Todesurteile; neuere Schätzungen allein für die Wehrmachtsgerichtsbarkeit: 50000.

24. Sept. Franz Halder, Generalstabschef des Heeres, wird durch General Kurt Zeitzler ersetzt.

5. Okt. Befehl Himmlers zur Deportation aller Juden aus Konzentrationslagern im Reich nach Auschwitz.

Herbst Gestapo rollt die »Rote Kapelle« auf, etwa 100 Hinrichtungen.

Nov. Kommunistische Widerstandsorganisation in

	Hamburg (Franz Jacob u. a.) zerschlagen.
11. Nov.	Deutsche Besetzung des bisher unbesetzten Teils Frankreichs (außer Kriegshafen Toulon).
22. Nov.	**6. deutsche Armee** (ca. 250000 Mann) im Raum **Stalingrad eingeschlossen**.
26. Nov.	»Antifaschistischer Rat für die Nationale Befreiung Jugoslawiens« (AVNOJ) bildet in Titos Hauptquartier in Bihać eine provisorische Volksvertretung.
27. Nov.	Deutscher Handstreich gegen den Hafen Toulon (französische Flotte versenkt sich selbst).
27. Dez.	Gründung des »Smolensker Komitees« unter dem Sowjetgeneral Wlassow.
	Die deutschen Emigranten Hans Bethe und Edward Teller leiten Atombombenbau in den USA.
1943 13. Jan.	Geheimer *Führererlaß* über umfassenden Einsatz von Männern und Frauen für Aufgaben der *Reichsverteidigung*. Das für die angestrebte vollständige Mobilisierung der Menschenreserven (Ausgleich der Verluste an der Ostfront!) verantwortliche Dreiergremium Hans-Heinrich Lammers, Wilhelm Keitel, Martin Bormann kann die hochgesteckten Erwartungen nicht erfüllen.
14.–26. Jan.	US-Präsident Franklin D. Roosevelt und der britische Premier Churchill verkünden auf ihrer Konferenz in Casablanca die Formel von der *»bedingungslosen Kapitulation«*, zu der Deutschland, Italien und Japan gezwungen werden sollen.
Jan.	Die belgische Exilregierung Pierlot faßt die »Légion Belge« und andere Widerstandsgruppen in der »Armée Secrète« zusammen (Stärke im Sommer 1943: 34000 Mann).
31. Jan./ 2. Febr.	*Kapitulation der 6. Armee in Stalingrad*. Die Rote Armee erobert Rostow, Charkow und Kursk zurück. Der Wehrmacht gelingt es erst Anfang März, die Front zu stabilisieren.
Jan./Febr.	Versuch der KPD, von Moskau aus eine neue In-

landsleitung aufzubauen, scheitert.

Jan./Febr. Schüler (Jungen und Mädchen) und Frauen werden als »Luftwaffenhelfer« dienstverpflichtet.

1. Febr. In den Niederlanden darf Anton Mussert, Führer der »Nationaal Socialistische Beweging« (NSB), eine Art beratendes Kabinett unter Reichskommissar Seyß-Inquart bilden.

Unterhaltungskino als Kriegsablenkung

Meist harmlos-amüsante Unterhaltungsfilme mit Publikumslieblingen wie Heidemarie Hatheyer, Zarah Leander, Marika Rökk, Ilse Werner, Paula Wessely, Hans Albers, Willy Birgel, Willi Fritsch, Emil Jannings, Heinrich George, Theo Lingen, Hans Moser, Heinz Rühmann lenken die Bevölkerung von Kriegsalltag und Parteipropaganda ab (Auswahl):

1939 »Bel Ami«, Regie: Willi Forst
1940 »Der Postmeister«, Regie: Gustav Ucicky
»Wunschkonzert«, Regie: Eduard von Borsody
»Operette«, Regie: Willi Forst
1941 »Quax, der Bruchpilot«, Regie: Kurt Hoffmann
1942 »Wiener Blut«, Regie: Willi Forst
1943 »Die Abenteuer des Barons Münchhausen«, Buch: Erich Kästner
1944 »Die Feuerzangenbowle«, Regie: Helmut Weiss
»Große Freiheit Nr. 7« Regie: Helmut Käutner

18. Febr. **Goebbels verkündet** im Sportpalast den **»totalen Krieg«**: Höhepunkt einer großangelegten Propagandaaktion, die den Stalingrad-Schock zur Mobilisierung der letzten Kräfte nutzen soll. Besonders wird die Angst vor dem Bolschewismus geschürt.

Nach Flugblattaktionen seit Frühjahr 1942 Zerschlagung der »Weißen Rose« in München, einer studentischen Widerstandsgruppe aus katholisch-bündischer Tradition. Fast alle Beteiligten (Hans und Sophie Scholl, Willi Graf, Alexander Schmorell, Kurt Huber u. a.) werden hingerichtet.

27. Febr. Sprengstoffanschlag norwegischer Widerstandskämpfer und englischer Agenten auf das Norsk Hydro-Werk bei Rjukan, wo schweres Wasser zur Atomenergiegewinnung erzeugt wird.

Juden aus Berliner Rüstungsfirmen werden nach Theresienstadt und Auschwitz deportiert.

März Liquidierung der jüdischen Ghettos im besetzten Osten (Krakau, Lwow, Częstochowa, Bialystok, Minsk, Wilna, Riga). Überlebende werden in Vernichtungslager verschleppt.

März Judendeportationen aus den Niederlanden ins Vernichtungslager Sobibor.

April Beginn medizinischer Experimente an Häftlingen in Auschwitz.

Verhaftung von General Hans Oster, Dietrich Bonhoeffer, Hans von Dohnanyi, Josef Müller u. a. Mitgliedern des Widerstandskreises in der militärischen Abwehr.

13. April Bei Katyn (nahe Smolensk) werden Massengräber von 4143 polnischen Offizieren entdeckt, die im Frühjahr 1940 von der sowjetischen Geheimpolizei ermordert worden sind. Daraufhin propagandistische Offensive Goebbels' gegen die UdSSR.

19. April *Aufstand im Warschauer Ghetto*: Nach der Verschleppung von 300000 Bewohnern ins Vernichtungslager Treblinka leisten die verbliebenen ca. 60000 Juden bei der endgültigen Räumung bewaffneten Widerstand, der von SS- und Polizeiverbänden unter SS-Brigadeführer Jürgen Stroop bis 16. Mai niedergeworfen wird.

25./26. April Katholischer »Münchner Laienbrief« verurteilt die Vernichtung des deutschen Judentums.

29. April–1. Mai Generalstreik in den Niederlanden wegen Hitlers Befehl, die im Mai 1940 entlassenen 300000 Kriegsgefangenen zum Arbeitseinsatz im Reich wieder zu internieren.

30. April Den Juden wird die deutsche Staatsbürgerschaft entzogen.

Frühjahr KPD-geführte Freie Deutsche Bewegungen in Lateinamerika und Großbritannien, später in der Schweiz und Frankreich, sollen »Einheitsprogramm aller deutschen Antifaschisten« vorbereiten (Zielrichtung: liberale und konservative Emigranten).

Die Schlacht im Atlantik

Während im Landkrieg mit Stalingrad (Ende 1942) die Wende erreicht ist, tritt sie im Seekrieg erst im April/Mai 1943 ein. Zwischen Aug. 1942 und Mai 1943 sind durchschnittlich 102 U-Boote in See. Gruppenoperationen deutscher U-Boote gegen alliierte Geleitzüge führen dort zu hohen Verlusten. Durch die Verbesserung der alliierten Abwehr steigt das Risiko für die U-Boote. Am 24. Mai 1943 bricht Großadmiral Karl Dönitz, seit 31. Jan. als Nachfolger Erich Raeders Oberbefehlshaber der Marine, die Atlantik-Schlacht ab.

27. Mai Zusammenschluß der verschiedenen französischen Widerstandsgruppen im »Conseil National de la Résistance« in Paris unter Jean Moulin.

26. Juni Das Speer-Ministerium übernimmt die Kontrolle über die Marinerüstung und lenkt nun mit Ausnahme der Luftwaffenrüstung die gesamte Rüstungsproduktion.

1. Juli Die deutschen Juden verlieren Rechtsschutz durch die Justiz und unterstehen nur noch der Polizei.

5.–13. Juli Deutsche Operation »Zitadelle« zur Begradigung des Kursker Frontbogens scheitert. Die strategische Initiative an der Ostfront geht damit endgültig auf die Sowjetunion über, die nun die deutsche Südfront aufrollt und am 6. Nov. Kiew nimmt.

12./13. Juli *Nationalkomitee »Freies Deutschland«* in Krasnogorsk bei Moskau mit Vertretern der Exil-KPD (Erich Weinert, Walter Ulbricht) und deutschen Kriegsgefangenen gegründet. Seit 11./12. Sept. gibt es zusätzlich einen speziellen Bund Deutscher Offiziere (Vorsitz: General Walther von Seydlitz) mit 4000 Mitgliedern im Frühjahr 1945, darunter Generalfeldmarschall Friedrich Paulus.

Sommer Plan »Walküre«: Wehrmachtsoffiziere bereiten Hitlerattentat vor.

17. Aug. Ausnahmezustand über Norwegen verhängt. Die 1940 aus Kriegsgefangenschaft entlassenen norwegischen Offiziere werden erneut interniert und nach Deutschland gebracht.

19. Aug. Hirtenbrief des katholischen Episkopats wendet sich gegen die Tötung unschuldigen Lebens.

24. Aug. Reichsführer SS *Himmler* wird anstelle Fricks zusätzlich auch *Reichsinnenminister*.

29. Aug. Ausnahmezustand über Dänemark, Wehrmachtsbefehlshaber General Hermann von Hanneken übernimmt vollziehende Gewalt. Dänisches Heer wird interniert. Bildung eines geheimen »Freiheitsrats«.

2. Sept. Hitler-Erlaß zur Konzentration der Kriegswirtschaft: Reichswirtschaftsministerium scheidet aus deren Lenkung zugunsten des Speer-Ministeriums aus, das ein Planungsamt einrichtet; Speer ist jetzt »Reichsminister für Rüstung und Kriegsproduktion«.

8. Sept. Mit Bekanntwerden des Waffenstillstandes zwischen der Regierung Pietro Badoglio und den Alliierten besetzen deutsche Truppen Norditalien und Rom (10. Sept.). Die italienischen Besatzungsstreitkräfte in Südostfrankreich, Jugoslawien, Griechenland und Albanien werden entwaffnet, interniert und teilweise nach Deutschland verbracht; Waffen und Munition fallen in großen Mengen an die Widerstandsbewegungen.

9. Sept. »Nationales Befreiungskomitee« (CLN) unter Ivanoe Bonomi gegen die deutsche Besatzung in Rom gebildet.

15. Sept. Mussolini, von deutschen Fallschirmjägern aus der Internierung auf dem Gran Sasso (Abruzzen) befreit, gründet am 26. Sept. die »Faschistische Republik« mit Sitz in Salò. Unter dem »Bevollmächtigten General der Deutschen Wehrmacht in Italien« (General Rudolf Toussaint, ab 26. Juli 1944

Krise der Luftwaffe und alliierter Bombenkrieg

Die Überlegenheit der deutschen Luftwaffe, die den Polen-, West- und Balkanfeldzug wesentlich prägt, kann in der zweiten Phase des Krieges nicht behauptet werden. Die großen Verluste der *Luftschlacht um England* (13. Aug. 1940 – Mai 1941) und die erhöhten Anforderungen (Kämpfe in Nordafrika und Rußland) beanspruchen die Luftwaffe aufs äußerste. Da die Alliierten den technischen Vorsprung der Deutschen einholen und mit der Entwicklung der Radartechnik ihre Abwehr verbessern, bahnt sich 1941 eine Krise an, als deren Symptom der Selbstmord des Chefs des Technischen Amtes des Luftfahrtministeriums, Generaloberst Ernst Udet, anzusehen ist (17. Nov. 1941).

Nachdem die deutsche Luftwaffe seit Sept. 1940 dazu übergegangen ist, englische Städte in großem Stil anzugreifen, beginnt die englische Luftwaffe im März 1942 mit der *Gegenoffensive* und *überzieht deutsche Städte mit Flächenbombardements* (seit Sommer 1942 von amerikanischen Flugzeugen unterstützt). Nach Angriffen auf Lübeck (28./29. März) und Rostock (24.–27. April) erfolgt am 30./31. Mai der erste 1000-Bomber-Angriff auf Köln (474 Tote). Seit Januar 1943 tritt eine »Arbeitsteilung« in der Luftoffensive ein: Tagesangriffe werden durch die United States Army Air Forces geflogen und Nachtangriffe durch das britische Bomber Command. Nachdem zunächst vornehmlich die westdeutschen Städte und das Ruhrgebiet Opfer dieser Angriffe gewesen sind, dehnt sich ihr Bereich immer weiter nach Osten aus (Hamburg, Berlin, Wien, Peenemünde; seit Sept. 1943, nach dem Frontwechsel Italiens, auch Angriff auf Süddeutschland von Italien aus). Neuen Höhepunkten steuert der Luftkrieg mit den Angriffen auf Hamburg zu (Operation »Gomorrha«, 24.–30. Juli 1943: 30000 Tote; 277000 Wohngebäude zerstört, 24 Krankenhäuser, 277 Schulen, 58 Kirchen). Am 18. Nov. beginnt eine Serie von fünf Großangriffen auf Berlin, wo bis zum 3. Dez. 2700 Zivilisten getötet und 250000 Menschen obdachlos werden.

Mit dem Beginn der Luftoffensive gegen das rumänische Erdölgebiet von Ploesti (5. April 1944) und die Hydrierwerke in Deutschland (12. Mai) gewinnt der Luftkrieg strategische Bedeutung: Die deutsche Treibstofferzeugung wird entscheidend getroffen, Angriffe auf Eisenbahnen (Rangierbahnhöfe) und Straßen lähmen die Verkehrsverbindungen. Zugleich geht der militärisch bedeutungslose Bombenkrieg gegen die Zivilbevölkerung weiter.

SS-Obergruppenführer und General der Waffen-SS Karl Wolff) wird de facto eine deutsche Militärverwaltung eingerichtet.

22. Sept. Der deutsche Generalkommissar von Weißruthe-

nien, Gauleiter Wilhelm Kube, wird in Minsk durch einen Sprengstoffanschlag getötet.

24. Sept. Die italienischen Provinzen Bozen, Trient, Belluno werden als »Operationszone Alpenvorland« dem Gauleiter Tirols, die Provinzen Triest, Görz, Udine, Pola, Fiume als »Operationszone Adriatisches Küstenland« dem Gauleiter Kärntens, die (ehemals jugoslawische) Provinz Laibach als »Alpenland« dem Gauleiter der Steiermark unterstellt.

27.–30. Sept. Aufstand der Resistenza in Neapel (»quattro giornate«) vor dem Einmarsch der Alliierten.

1./2. Okt. Nächtliche Verhaftungsaktion gegen die ca. 8000 dänischen Juden schlägt weitgehend fehl: Vorgewarnte Bevölkerung kann sie verstecken und nach Schweden bringen.

10. Okt. Bürgerkrieg im besetzten Griechenland: kommunistische Widerstandsorganisation ELAS (35000 Mann) gegen national-republikanischen EDES (8000 Mann). Alliierte Militärmission erreicht am 29. Febr. 1944 einen Waffenstillstand.

16./17. Okt. Bekenntnissynode der Evangelischen Kirche der Altpreußischen Union verurteilt die Tötung von Menschen aus Alters-, Krankheits- und Rassegründen.

28. Nov.–1. Dez. *Alliierte Kriegskonferenz in Teheran:* Roosevelt, Stalin und Churchill sind trotz unterschiedlicher Pläne grundsätzlich über eine Aufteilung Deutschlands einig. Sowjetisch-polnische Grenze wird auf die Curzon-Linie festgelegt; Sowjetunion erhält dafür das nördliche Ostpreußen mit Königsberg. Termin der Invasion im Westen: Mai 1944.

29. Nov. »Slowakischer Nationalrat« (SNR) einschließlich der illegalen kommunistischen Partei (KSS) zur Vorbereitung eines Volksaufstandes gebildet.

Dez. Massenexekution in Kalávrita als Repressalie gegen die Aktionen griechischer Partisanen: 696

Männer werden von Deutschen erschossen, 24 Dörfer und drei Klöster niedergebrannt.

22. Dez. Hitler befiehlt die Bildung eines NS-Führungsstabes beim OKW. Bis Ende 1944 werden zur Stärkung des Einflusses der Partei und zur ideologischen Indoktrination insgesamt rund 47500 »Nationalsozialistische Führungs-Offiziere« (NSFO) eingesetzt; Offiziere für »wehrgeistige Führung« gab es bereits seit 15. Juli 1942.

1944

14. Jan. Eine sowjetische Großoffensive drängt die deutsche Heeresgruppe Nord von Leningrad bis zum Peipus-See zurück.

Jan./Febr. Nach der Verhaftung von Helmuth von Moltke und Peter Yorck von Wartenburg zerschlägt die Gestapo den *Kreisauer Kreis*, das neben dem konservativ-deutschnationalen Kreis um Carl Goerdeler und Generaloberst Ludwig Beck zentrale Forum der Bemühungen von Offizieren und Weimarer Politikern, Hitler zu entmachten und den Krieg zu beenden. Maßgebliche »Kreisauer« sind mit Julius Leber, Carlo Mierendorff, Theodor Haubach und Adolf Reichwein auch ehemals führende Sozialdemokraten.

Febr. Endgültige Ausschaltung Canaris' und des Widerstandskreises der Abwehr.

1. Febr. Französischer militärischer Widerstand zu »Forces Françaises de l'Intérieur« (FFI) vereinigt.

1. März Italienischer Widerstand organisiert mehrtägige Streiks in Großstädten des Nordens.

4. März Im Süden werden die deutschen Armeen aus der Ukraine hinausgedrängt.

19. März Deutsche Besetzung Ungarns (Fall »Margarethe I«; Döme Sztójay, bisher Gesandter in Berlin, wird neuer Ministerpräsident (23.).

März Gründung des Council for a Democratic Germany in New York (Paul Tillich, Reinhold Niebuhr). Unter gleichberechtigter Beteiligung von Kommunisten, Linkssozialisten, Sozialdemokraten und Liberalen entsteht der Entwurf eines gemeinsamen Programms für ein demokratisches Gesamtdeutschland als Alternative zur Planung der Alliierten, scheitert aber mit der Zustimmung der KPD zu den Ergebnissen der alliierten Konferenzen von Jalta und Teheran.

April–Juni Massendeportationen griechischer und ungarischer Juden nach Auschwitz. Von 400000 ungarischen Juden werden in acht Wochen 250000 vergast.

25. Mai Tito entkommt deutschem Luftlandeüberfall auf sein Hauptquartier bei Drvar/Bosnien.

6. Juni Beginn der **alliierten Invasion an der Atlantikküste** in der Normandie. Nun verstärkte Tätigkeit der französischen Résistance zur Unterbrechung deutscher Nachrichten- und Verkehrsverbindungen; im Massif Central regelrechte Aufstände.

10. Juni Zur Vergeltung brennen Einheiten der SS-Panzerdivision »Das Reich« das Dorf Oradour-sur-Glane nieder. Über 600 Bewohner, auch Frauen und Kinder, werden getötet.

20. Juni Sowjetische Partisanen legen in ihrer größten Aktion mit 10000 Sprengungen das Eisenbahnnetz hinter der deutschen Heeresgruppe Mitte lahm.

22. Juni Am Jahrestag des deutschen Angriffs Beginn der *sowjetischen Großoffensive* gegen die *Heeresgruppe Mitte*. Größere Katastrophe als Stalingrad.

30. Juni Dänischer Freiheitsrat organisiert mehrtägigen Generalstreik und erreicht die Aufhebung der von der deutschen Besatzung verhängten Ausgangssperre in Kopenhagen.

13. Juli Ziviler »Reichskommissar für die besetzten Gebiete von Belgien und Nordfrankreich« Josef Grohé, Gauleiter von Köln–Aachen, löst die Militärverwaltung ab.

Juli Zerschlagung der kommunistischen Widerstandsorganisation in Berlin, Leipzig und Thüringen, deren Führer eine neue illegale Reichsleitung der KPD bildeten, die allerdings unabhängig von der Moskauer Führung operierte und deutlich andere Vorstellungen entwickelte; Todesurteile des Volksgerichtshofs. Daneben rollt Gestapo in großen Verhaftungswellen Widerstandszentren in der Wehrmacht, im Staatsapparat und in den Kirchen auf. Um einer weiteren Schwächung der Opposition zuvorzukommen, plant Oberst i. G. Claus Graf Schenk von Stauffenberg das Attentat auf Hitler für den 20. Juli.

24. Juli Vernichtungslager Majdanek wird von der sowjetischen Armee befreit.

25. Juli Führer-Erlaß: *Goebbels wird Reichsbevollmächtigter für den totalen Kriegseinsatz* und veranlaßt Mobilisierung der letzten Reserven. Himmler wird als Nachfolger des in den 20. Juli verwickelten Generaloberst Friedrich Fromm Oberbefehlshaber des Ersatzheeres.

30. Juli »Terror- und Sabotage-Erlaß« Hitlers: In den besetzten Gebieten sind Widerstandskämpfer nicht mehr der Wehrmachtsgerichtsbarkeit auszuliefern, sondern an Ort und Stelle niederzumachen oder der Sicherheitspolizei zu übergeben.

31. Juli Durchbruch der Amerikaner bei Avranches, danach rasche Eroberung Frankreichs.

1. Aug. Aufstand der polnischen Heimatarmee (AK) in Warschau unter General »Bór«-Komorowski. Als die Rote Armee am 3. Aug. durch deutschen Gegenstoß aufgehalten wird und keine rechtzeitige Entlastungsoffensive unternimmt, müssen sich die Aufständischen am 2. Okt. den SS- und Polizeiverbänden ergeben. Westalliierte verstimmt über Stalins Weigerung, Versorgungsflugzeuge zur Unterstützung des Warschauer Aufstands auf sowjetischen Flughäfen landen zu lassen.

Der 20. Juli 1944

Die von Stauffenberg im Führerhauptquartier (Wolfsschanze bei Rastenburg/Ostpreußen) zur Explosion gebrachte Bombe verletzt Hitler nur leicht. Die von den Verschwörern für unmittelbar nach dem Attentat geplante Besetzung der wichtigen Befehlsstellen in Berlin durch Verbände des Ersatzheeres zur Sicherung der Regierungsübernahme mißlingt, da viele Kommandeure angesichts der unklaren Lage zögern und der Kommandeur des Wachregiments in Berlin, Major Ernst Remer, sich aufgrund des Eingreifens von Goebbels gegen die Widerstandsbewegung entscheidet. Die militärischen Dienststellen in der Bendlerstraße werden von hitlertreuen Truppen besetzt, Stauffenberg sowie General Friedrich Olbricht, Oberst Albrecht Mertz von Quirnheim und Oberleutnant Werner von Haeften noch am gleichen Abend standrechtlich erschossen. Auch der als Staatschef vorgesehene Generaloberst Beck wird nach einem Selbstmordversuch erschossen. Keitel verhindert das Übergreifen der Aufstandsbewegung auf die Generalkommandos und die besetzten Gebiete; lediglich in Paris (General Karl Heinrich von Stülpnagel) und in Wien kommt es vorübergehend zu der geplanten Ausschaltung der SS- und SD-Dienststellen. Durch eine persönliche Rundfunkansprache macht Hitler dem Gerücht, er sei getötet worden, ein Ende. Um Mitternacht ist der Aufstand endgültig gescheitert.

Himmler übernimmt den Oberbefehl über das Ersatzheer und läßt alle Verdächtigen und ihre Angehörigen festsetzen. Eine riesige Sonderkommission der Gestapo deckt rasch die Breite und Vielfalt der Opposition auf. Die Verfolgungswelle erreicht ein solches Ausmaß, daß die weitere Kriegsführung gefährdet erscheint; viele Offiziere (u.a. Erwin von Witzleben), Beamte und Diplomaten (Ulrich von Hassell, Friedrich Werner Graf von der Schulenburg, Adam von Trott zu Solz u.a.), Weimarer Politiker (Goerdeler, Wilhelm Leuschner, Leber u.a.) sowie Alfred Delp SJ werden vom Volksgerichtshof unter Freisler in Schnellverfahren abgeurteilt und mit äußerster Brutalität hingerichtet. Andere, wie Generalfeldmarschall Rommel und Generalmajor Hans Henning von Tresckow, werden zum Selbstmord gezwungen oder, wie Abwehrchef Canaris, General Oster und Dietrich Bonhoeffer, noch in den letzten Kriegstagen von SS-Sonderkommandos in Konzentrationslagern und Gefängnissen liquidiert. Die Zahl der im Zusammenhang mit dem 20. Juli Verhafteten wird auf 7000 geschätzt, allein aufgrund ziviler Urteile (neben den etwa 200 Kriegsgerichtsurteilen) werden Tausende von Menschen hingerichtet. Keiner der Hauptbeteiligten und kaum einer der Mitwisser überleben.

Nun beschleunigt sich der seit Herbst 1943 erkennbare Prozeß ideologischer Radikalisierung. Neben der Wehrmacht soll auch die Wirtschaft im nationalsozialistischen Sinne revolutioniert werden, doch das nahe Kriegsende vereitelt dieses Vorhaben.

19. Aug.	Aufstand der Résistance in Paris; Stadtkommandant General Dietrich von Choltitz lehnt Hitlers Zerstörungsbefehl ab und schließt mit der Résistance einen Waffenstillstand.
23. Aug.	Deutsche Truppen in Rumänien können Sturz und Ablösung Antonescus als Regierungschef durch Constantin Sănătescu nicht verhindern.
25. Aug.	*Amerikanische und französische Truppen* (unter de Gaulle) rücken *in Paris* ein.
29. Aug.	Aufruf des »Slowakischen Nationalrats« zum Volksaufstand, dem sich Teile der Armee anschließen. Die Aufständischen liefern den Deutschen bei Neusohl (Banská Bystrica) und Sillein (Žilina) ausgedehnte Kämpfe. Nach Scheitern der sowjetischen Offensive am Dukla-Paß am 29. Okt. Zusammenbruch, Fortsetzung als Partisanenkrieg.
29. Aug.	König Peter II. erkennt Marschall Tito als alleinigen Oberbefehlshaber des militärischen Widerstands in Jugoslawien an.
August	Nach Rumäniens Frontwechsel (25. Aug.) deutscher Rückzug aus Griechenland, dann Jugoslawien. Dort fällt im Mai 1945 das Gros der Truppen in Titos Kriegsgefangenschaft.
3. Sept.	Prinz Bernhard der Niederlande übernimmt Oberbefehl über »Binnenlandse Strijdkrachten«, Zusammenschluß der Widerstandsgruppen »Orde Dienst« (nationale Rechte), »Knokploegen« (Katholiken und Calvinisten), »Rad van Verzet« (nichtkommunistische Linke).
4. Sept.	Belgische Untergrundarmee und kommunistisch beeinflußte »Front de l'Indépendance« besetzen den Hafen Antwerpens bis zum Eintreffen der Alliierten.
	Erschießung von fast 100 russischen Kriegsgefangenen und Fremdarbeitern im KL Dachau, die der süddeutschen Widerstandsorganisation

»Brüderliche Zusammenarbeit der Kriegsgefangenen« (seit Anfang 1943) angehörten.

ab 8. Sept. V 2-Raketen gegen London und Antwerpen, deren Wirkung die NS-Propaganda jedoch übertreibt. Anders als bei V 1 (seit 12. Juni) keine Abwehrmöglichkeit.

16. Sept. In Dänemark wird als Antwort auf einen Streik die Polizei interniert, Offiziere werden ins Reich verschleppt.

ab 17. Sept. Zur Unterstützung der alliierten Luftlandeoperation bei Arnheim streiken die niederländischen Eisenbahner bis zur Befreiung. Das deutsche Lebensmittelembargo trifft die großen Städte: Der »Hungerwinter« 1944/45 kostet über 10000 Holländern das Leben.

19. Sept. Sowjetisch-finnischer Waffenstillstand; deutsche Truppen müssen Finnland räumen.

25. Sept. Ohne genügende Ausbildung und Ausrüstung werden alle waffenfähigen Männer zwischen 16 und 60 Jahren zum *»Deutschen Volkssturm«* einberufen, nachdem die deutschen Vorkriegsgrenzen jetzt im Osten und Westen vom Gegner erreicht sind.

7. Okt. Aufstand des Todeskommandos in Auschwitz/Birkenau; dabei wird ein Krematorium gesprengt.

16. Okt. Ungarns Reichsverweser von Horthy wird durch Handstreich eines SS-Kommandos gezwungen, den Waffenstillstand mit der Sowjetunion zu widerrufen und zugunsten des Führers der Pfeilkreuzler, Férencz Szálasi, abzudanken.

21. Okt. **Aachen** wird als erste Großstadt von den Amerikanern **besetzt**.

Herbst Sabotageakte und oppositionelle Aktionen rebellierender Jugendgruppen (z. B. »Edelweißpiraten« im Rheinland). Zahlreiche Hinrichtungen.

1. Nov. Himmler befiehlt, Vergasungen in Auschwitz zu beenden und Spuren zu verwischen.

14. Nov. »Komitee zur Befreiung der Völker Rußlands« (KONR) auf deutscher Seite in Prag gegründet; bis Jan. 1945 Aufstellung zweier Divisionen aus sowjetischen Kriegsgefangenen, Zivilarbeitern, Kosaken, Georgiern u. a. unter General Wlassow.

16. Dez. Hitler beginnt die *Ardennenoffensive*, die nach Überraschungserfolg scheitert.

1945
12. Jan. Beginn der sowjetischen Großoffensive gegen die deutsche Ostfront.

Verluste der deutschen Wehrmacht

Kriegsjahr	*Tote*	*Vermißte/Kriegsgefangene*
1939/1940	88353	5420
1940/1941	160171	14228
1941/1942	485000	65844
1942/1943	464524	389967
1943/1944	573238	974249
bis 30. 11. 1944	139713	264346
Summe:	1911300	1714054

Einschließlich der aus der Wehrmacht Entlassenen
Summe aller Ausfälle bis 30. 11. 1944: 4774148

Nach: Der große Ploetz. Freiburg/Würzburg 1986, S. 912

27. Jan. Auschwitz wird von sowjetischen Truppen befreit. Ungefähr 5000 nicht »evakuierte» kranke Lagerinsassen werden noch vorgefunden.

30. Jan. Letzte Rundfunkrede Hitlers.
Der Durchhaltefilm »Kolberg« wird in der Atlantik-Festung La Rochelle und in Berlin uraufgeführt.

4.–11. Febr. *Alliierte Kriegskonferenz in Jalta/Krim:* Stalin, Roosevelt und Churchill vereinbaren in der Deutschlandfrage die Hinzuziehung Frankreichs als vierter Besatzungsmacht mit eigener Zone (zu Lasten der britischen und amerikanischen).

15. Febr. Standgerichte sollen in feindbedrohten Reichsteilen Kampfwillen sichern. Den Vorsitz hat ein

Evakuierung und Flucht der deutschen Bevölkerung aus dem Osten

Zur ersten Welle von Evakuierungen und zum Teil überstürzten Fluchtbewegungen kommt es im Herbst 1944, als die Rote Armee im Süden nach Rumänien, Jugoslawien, Ungarn und im Norden nach Ostpreußen eindringt. Von ca. 1,5 Millionen Volksdeutschen, die nach den vorangegangenen Umsiedlungen dort leben, gelangen nur etwa 400000 (aus den nördlichen Teilen Jugoslawiens, Nordsiebenbürgens und Ungarn) auf Reichsgebiet. In Ostpreußen, wo die Rote Armee im Okt. 1944 das Memelgebiet überrennt, flieht panikartig fast ein Drittel der Bevölkerung, darunter zahlreiche Evakuierte aus luftkriegsgefährdeten Gebieten.

Die Massenkatastrophe beginnt dann mit der sowjetischen Großoffensive, bei der die Rote Armee binnen weniger Wochen Ostpreußen abschneidet und in Oberschlesien, Ostbrandenburg und Pommern bis an die Oder vordringt. Von Vergeltungsgefühlen bestimmt, die bis zum Waffenstillstand von der Führung toleriert werden, verüben sowjetische Soldaten Gewalttaten gegen die deutsche Zivilbevölkerung, was die NS-Propaganda entsprechend ausschlachtet. Die große Mehrheit der Deutschen entschließt sich auch unter diesem Eindruck zur Flucht. Infolge der offiziellen Durchhalte-Propaganda werden Vorkehrungen zur Evakuierung aber vielfach zu spät getroffen. Die Flucht während des kalten Winters wird so zu einem verlustreichen Chaos. Hunderte von Flüchtlingstrecks, die von Ostpreußen aus über das gefrorene Frische Haff zu entkommen suchen, brechen ein, andere werden von Sowjettruppen überrollt oder abgeschnitten. Die Kriegsmarine vollbringt eine große technische Leistung: Aus den Häfen der Danziger Bucht und Ostpommerns schafft sie von Ende Jan. bis Ende April 1945 rund 900000 Flüchtlinge nach Westen. Auch hierbei kommt es aber zu erheblichen Verlusten (Torpedierung der »Wilhelm Gustloff« u. a.). Knapp zwei Drittel der etwa zehn Millionen zählenden deutschen Bevölkerung der Gebiete östlich der Oder und Neiße gelangen bis Kriegsende in weiter westliche Reichsgebiete. Die genaue Zahl der großen Verluste ist bis heute ungeklärt. Die zurückbleibenden Reichs- und Volksdeutschen werden zum Teil Opfer langjähriger Deportationen in die Sowjetunion (bzw. nach Jugoslawien und Polen), von Strafaktionen, Ausschreitungen und Internierungsmaßnahmen. Die Überlebenden werden später großenteils ausgewiesen.

Ein Sonderkapitel bildet das Schicksal der rund 3,3 Millionen Sudetendeutschen: Da Böhmen und Mähren erst unmittelbar vor der Kapitulation oder danach von der Roten Armee besetzt werden und tschechische Aufständische noch vor Kriegsende die lokale Gewalt übernehmen, können nur kleine Teile der deutschen Bevölkerung entkommen. Auf die große Mehrheit schlägt vor der späteren Vertreibung auch hier das Pendel der Gewalt zurück.

Strafrichter, Beisitzer sind ein Parteifunktionär und ein Offizier der Wehrmacht, Waffen-SS oder Polizei. Einziges Strafmaß: Todesstrafe.

7. März US-Truppen gelangen über die unzerstörte Rheinbrücke bei Remagen.

19. März Hitlers »Nero-Befehl« verlangt, alle für den Feind nutzbaren Industrie- und Versorgungsanlagen beim Zurückgehen zu zerstören; Speer und andere vereiteln dies.

2. April Bekanntmachung der Existenz einer – tatsächlich kaum gegebenen – nationalsozialistischen Partisanenorganisation »Werwolf«, die harte Abwehrmaßnahmen der Alliierten bewirkt.

11. April In Buchenwald übernehmen nach der Flucht der Wachmannschaften bewaffnete Häftlinge das KL und übergeben es den anrückenden US-Truppen. Ähnliches geschieht in anderen Lagern.

13. April Die Rote Armee erobert Wien und beginnt am 16. den *Großangriff auf Berlin*.

15. April Britische Truppen befreien das KL Bergen-Belsen; ca. 14000 Häftlinge sterben noch danach an Unterernährung. Am 7. Mai befreit die Rote Armee Theresienstadt.

24. April Erfolgreicher Aufstand der Resistenza in Mailand.

April/Mai Vor allem in Süddeutschland (»Freiheitsaktion Bayern«) wenden sich zahlreiche lokale und regionale Widerstandsaktionen gegen sinnlose Verteidigungsmaßnahmen und Zerstörungen, die teilweise (so Ende April in Penzberg/Obb.) von SS- und den wenigen »Werwolf«-Einheiten in Blut erstickt werden.

25. April Zusammentreffen amerikanischer und sowjetischer Truppen bei Torgau an der Elbe.

28. April Auf der Flucht in die Schweiz wird Mussolini am Comer See von italienischen Partisanen verhaftet und zusammen mit seiner Geliebten Clara Petacci erschossen.

29. April Kapitulation der deutschen Streitkräfte in Italien.

30. April **Selbstmord Hitlers** im Bunker der Reichskanzlei in Berlin. Selbstmord Goebbels' am 1. Mai; Nachfolger Hitlers als Staatsoberhaupt wird Großadmiral Karl Dönitz.

KPD-»Gruppe Ulbricht« kehrt aus dem Moskauer Exil zurück und übernimmt Verwaltungsaufgaben im Besatzungsgebiet der Roten Armee.

2. Mai Die Rote Armee erreicht Berlin.

5. Mai Aufstand der tschechischen Widerstandsbewegung in Prag unter der Führung des im April aus Widerstandsgruppen aller Richtungen gegründeten »Tschechischen Nationalrats« (ČNR). Mit SS-Einheiten bis zur allgemeinen Kapitulation erbitterte Kämpfe; schwere Ausschreitungen gegen deutsche Zivilisten.

7./9. Mai **Kapitulation der deutschen Wehrmacht** im US-Hauptquartier in Reims; Wiederholung der Zeremonie im sowjetischen Hauptquartier in Berlin.

23. Mai Die Alliierten lösen die von Dönitz ernannte letzte, geschäftsführende Reichsregierung (Graf Schwerin von Krosigk) auf, die bis dahin in Flensburg-Mürwik mit einer alliierten Kontrollkommission kooperierte.

5. Juni *Berliner Deklaration* der vier alliierten Militärbefehlshaber: Übernahme der obersten Regierungsgewalt in Deutschland.

Anhang

Literatur

Die nachstehende konzentrierte Auswahl aus einer international kaum noch zu übersehenden Fülle von Veröffentlichungen legt den Schwerpunkt auf *Darstellungen* in deutscher Sprache. Memoiren und Akteneditionen wurden nicht berücksichtigt, Dokumentationen, Zeitschriftenliteratur und Biographien nur in Ausnahmefällen. Laufende Orientierung bietet die vom Institut für Zeitgeschichte seit 1953 herausgegebene *Bibliographie zur Zeitgeschichte*.

Allgemein

Anatomie des SS-Staates. 2 Bände. Freiburg 1965 (München ^{4}1984).

Hannah *Arendt*, Elemente und Ursprünge totaler Herrschaft. Antisemitismus, Imperialismus, Totalitarismus. Frankfurt 1955.

Karl Dietrich *Bracher*, Wolfgang *Sauer*, Gerhard *Schulz*, Die nationalsozialistische Machtergreifung. Studien zur Errichtung des totalitären Herrschaftssystems in Deutschland 1933/34. Köln, Opladen 1960.

Karl Dietrich *Bracher*, Die deutsche Diktatur. Entstehung. Struktur. Folgen des Nationalsozialismus. Köln, Berlin 1969 (Frankfurt ^{6}1980).

Karl Dietrich *Bracher*, Manfred *Funke*, Hans-Adolf *Jacobsen* (Hrsg.), Nationalsozialistische Diktatur 1933–1945. Eine Bilanz. Düsseldorf, Bonn 1983.

Martin *Broszat*, Der Staat Hitlers. Grundlegung und Entwicklung seiner inneren Verfassung. München ^{11}1986.

Martin *Broszat* u. a. (Hrsg.), Bayern in der NS-Zeit. 6 Bände. München, Wien 1977–1983.

Martin *Broszat* u. a. (Hrsg.), Deutschlands Weg in die Diktatur. Internationale Konferenz zur nationalsozialistischen Machtübernahme im Reichstagsgebäude zu Berlin. Berlin 1983.

Martin *Broszat*, Horst *Möller* (Hrsg.), Das Dritte Reich. Herrschaftsstruktur und Geschichte. München 1983 (^{2}1986).

Allan *Bullock*, Hitler. Eine Studie über Tyrannei. Düsseldorf 1953 (Kronberg 1977).

Karl Dietrich *Erdmann*, Deutschland unter der Herrschaft des Nationalsozialismus 1933–1939. München 1980 (^{7}1989).

Joachim C. *Fest*, Hitler. Eine Biographie. Frankfurt 1973 (1987).

Ernst *Fraenkel*, Der Doppelstaat. Frankfurt 1974 (1984).
Norbert *Frei*, Der Führerstaat. Nationalsozialistische Herrschaft 1933 bis 1945. München 1987 (^{2}1989).
Hermann *Graml*, Europa zwischen den Kriegen. München 1969 (^{5}1982).
Lothar *Gruchmann*, Justiz im Dritten Reich. 1933–1940. Anpassung und Unterwerfung in der Ära Gürtner. München 1988.
Richard *Grunberger*, Das zwölfjährige Reich. Eine Sozialgeschichte des nationalsozialistischen Deutschland. Wien 1971.
Sebastian *Haffner*, Anmerkungen zu Hitler. München 1978 (Frankfurt ^{7}1988).
Helmut *Heiber*, Joseph Goebbels. Berlin 1962 (München ^{3}1988).
Klaus *Hildebrand*, Das Dritte Reich. München, Wien 1979 (^{3}1987).
Eberhard *Jäckel*, Hitlers Weltanschauung. Entwurf einer Herrschaft. Tübingen 1969 (Stuttgart ^{3}1986).
Ian *Kershaw*, Der NS-Staat. Geschichtsinterpretationen und Kontroversen im Überblick. Reinbek 1988.
Alfred *Kube*, Pour le mèrite und Hakenkreuz. Hermann Göring im Dritten Reich. München 1986 (^{2}1987).
Timothy W. *Mason*, Arbeiterklasse und Volksgemeinschaft. Dokumente und Materialien zur deutschen Arbeiterpolitik 1936–1939. Opladen 1975.
Klaus *Malettke* (Hrsg.), Der Nationalsozialismus an der Macht. Aspekte nationalsozialistischer Politik und Herrschaft. Göttingen 1984.
Hans *Mommsen*, Beamtentum im Dritten Reich. Stuttgart 1966.
Hans *Mommsen*, Susanne *Willems* (Hrsg.), Herrschaftsalltag im Dritten Reich. Studien und Texte. Düsseldorf 1988.
Franz *Neumann*, Behemoth. Struktur und Praxis des Nationalsozialismus 1933–1944. Köln 1977 (Frankfurt 1984).
Lutz *Niethammer* (Hrsg.), »Die Jahre weiß man nicht, wo man die heute hinsetzen soll.« Faschismuserfahrungen im Ruhrgebiet. Berlin, Bonn 1983.
Ernst *Nolte*, Der Faschismus in seiner Epoche. Die Action française. Der italienische Faschismus. Der Nationalsozialismus. München 1963 (^{2}1986).
Detlef *Peukert*, Jürgen *Reulecke* (Hrsg.), Die Reihen fast geschlossen. Beiträge zur Geschichte des Alltags unter dem Nationalsozialismus. Wuppertal 1981.
Carola *Sachse* u. a., Angst, Belohnung, Zucht und Ordnung. Herrschaftsmechanismen im Nationalsozialismus. Opladen 1982.
David *Schoenbaum*, Die braune Revolution. Eine Sozialgeschichte des Dritten Reiches. Köln, Berlin 1969 (München 1980).
Klaus *Scholder*, Die Kirchen und das Dritte Reich. Band 1: Vorgeschichte und Zeit der Illusionen 1918–1934, Frankfurt usw. 1977 (1986). Band 2: Das Jahr der Ernüchterung 1934. Barmen und Rom. Berlin 1985 (1988).
Josef Peter *Stern*, Hitler. Der Führer und das Volk. München 1978.
Hans-Ulrich *Thamer*, Verführung und Gewalt. Deutschland 1933–1945. Berlin 1986.
Wolfgang *Wippermann*, Faschismustheorien. Zum Stand der gegenwärtigen Diskussion. Darmstadt 1976 (^{2}1980).

Das Scheitern der Weimarer Republik und der Aufstieg der NSDAP

Karl Dietrich *Bracher*, Die Auflösung der Weimarer Republik. Eine Studie zum Problem des Machtverfalls in der Demokratie. Villingen 1955 (Düsseldorf 1984).

Martin *Broszat*, Die Machtergreifung. Der Aufstieg der NSDAP und die Zerstörung der Weimarer Republik. München 1984 (^{2}1987).

Wolfgang *Horn*, Führerideologie und Parteiorganisation in der NSDAP (1919–1924). Düsseldorf 1972.

Udo *Kissenkoetter*, Gregor Straßer und die NSDAP. Stuttgart 1978.

Peter *Manstein*, Die Mitglieder und Wähler der NSDAP 1919–1933. Untersuchungen zu ihrer schichtmäßigen Zusammensetzung. Frankfurt 1988.

Wolfgang *Schäfer*, NSDAP. Entwicklung und Struktur der Staatspartei des Dritten Reiches. Hannover 1956.

Gerhard *Schulz*, Aufstieg des Nationalsozialismus. Krise und Revolution in Deutschland. Frankfurt 1975.

Albrecht *Tyrell*, Vom »Trommler« zum »Führer«. Der Wandel von Hitlers Selbstverständnis zwischen 1919 und 1924 und die Entwicklung der NSDAP. München 1975.

Albrecht *Tyrell*, Der Aufstieg der NSDAP zur Macht. In: Karl Dietrich Bracher, Manfred Funke, Hans-Adolf Jacobsen (Hrsg.), Die Weimarer Republik 1918–1933. Politik, Wirtschaft, Gesellschaft. Düsseldorf 1987, S. 467–483.

Thilo *Vogelsang*, Reichswehr, Staat und NSDAP. Beiträge zur deutschen Geschichte 1930–1932. München 1962.

Übernahme und Sicherung der Macht 1933/34

William Sheridan *Allan*, »Das haben wir nicht gewollt!«. Die nationalsozialistische Machtergreifung in einer Kleinstadt 1930–1935. Gütersloh 1966.

Shlomo *Aronson*, Reinhard Heidrich und die Frühgeschichte von Gestapo und SD. Stuttgart 1971.

Heinz *Höhne*, Die Machtergreifung. Deutschlands Weg in die Diktatur. Reinbek 1983.

Gotthart *Jasper*, Die gescheiterte Zähmung. Wege zur Machtergreifung Hitlers. 1930–1934. Frankfurt 1986.

Erich *Matthias*, Rudolf *Morsey* (Hrsg.), Das Ende der Parteien 1933. Düsseldorf 1960 (1984).

Wolfgang *Michalka* (Hrsg.), Die nationalsozialistische Machtergreifung. Paderborn, München 1984.

Heinrich August *Winkler*, Der Weg in die Katastrophe. Arbeiter und Arbeiterbewegung in der Weimarer Republik 1930 bis 1933. Berlin, Bonn 1987.

Konsolidierung und Konsens 1934–1939

Gerd *Albrecht*, Nationalsozialistische Filmpolitik. Eine soziologische Untersuchung über die Spielfilme des Dritten Reichs. Stuttgart 1969.

Gisela *Bock*, Zwangssterilisation im Nationalsozialismus. Studien zur Rassenpolitik und Frauenpolitik. Opladen 1986.

Hildegard *Brenner*, Die Kunstpolitik des Nationalsozialismus. Reinbek 1963.

Horst *Denkler*, Karl *Prümm* (Hrsg.), Die deutsche Literatur im Dritten Reich. Themen – Traditionen – Wirkungen. Stuttgart 1976.

Norbert *Frei*, Johannes *Schmitz*, Journalismus im Dritten Reich. München 1989.

Ian *Kershaw*, Der Hitler-Mythos. Volksmeinung und Propaganda im Dritten Reich. Stuttgart 1980.

Andreas *Kranig*, Lockung und Zwang. Zur Arbeitsverfassung im Dritten Reich. Stuttgart 1983.

Dorothee *Klinksiek*, Die Frau im NS-Staat. Stuttgart 1982.

Reinhard *Merker*, Die bildenden Künste im Nationalsozialismus. Kulturideologie, Kulturpolitik, Kulturproduktion. Köln 1983.

Dieter *Petzina*, Autarkiepolitik im Dritten Reich. Der nationalsozialistische Vierjahresplan. Stuttgart 1968.

Detlev *Peukert*, Volksgenossen und Gemeinschaftsfremde. Anpassung, Ausmerze und Aufbegehren unter dem Nationalsozialismus. Köln 1982.

Fred K. *Prieberg*, Musik im NS-Staat. Frankfurt 1982.

Klaus *Vondung*, Magie und Manipulation. Ideologischer Kult und politische Religion des Nationalsozialismus. München 1979.

Studien zur Geschichte der Konzentrationslager. Stuttgart 1970.

Deutschland im Krieg 1939–1945

Das *Deutsche Reich* und der Zweite Weltkrieg. Hrsg. vom Militärgeschichtlichen Forschungsamt. 5 Bände. Stuttgart 1979–1988.

Dietrich *Eichholtz*, Geschichte der deutschen Kriegswirtschaft 1939–1945. Band 1: 1939–1941. Band 2: 1941–1943. Berlin 1969, 1985.

Lothar *Gruchmann*, Der Zweite Weltkrieg. Kriegführung und Politik. München 1967 (^{8}1985).

Ulrich *Herbert*, Fremdarbeiter. Politik und Praxis des »Ausländer-Einsatzes« in der Kriegswirtschaft des Dritten Reiches. Bonn 1985.

Ludolf *Herbst*, Der totale Krieg und die Ordnung der Wirtschaft. Die Kriegswirtschaft im Spannungsfeld von Politik, Ideologie und Propaganda 1939–1945. Stuttgart 1982.

Ernst *Klee*, »Euthanasie« im NS-Staat. Die »Vernichtung lebensunwerten Lebens«. Frankfurt 1983.

Jürgen *Kuczynski*, Die Geschichte der Lage der Arbeiter unter dem Kapitalismus. Band 6. Berlin 1964.

Alan S. *Milward*, Der Zweite Weltkrieg. Krieg, Wirtschaft und Gesellschaft 1939–1945. München 1977.
Richard J. *Overy*, »Blitzkriegswirtschaft«? Finanzpolitik, Lebensstandard und Arbeitseinsatz in Deutschland 1939–1942. In: Vierteljahrshefte für Zeitgeschichte 36 (1988), S. 379–435.
Marie-Luise *Recker*, Nationalsozialistische Sozialpolitik im Zweiten Weltkrieg. München 1985.
Marlies *Steinert*, Hitlers Krieg und die Deutschen. Stimmung und Haltung der deutschen Bevölkerung im Zweiten Weltkrieg. Düsseldorf, Wien 1970.
Georg *Thomas*, Geschichte der deutschen Wehr- und Rüstungswirtschaft. Boppard 1966.

Hitler, die Partei und die Institutionen des Führerstaates

Joachim C. *Fest*, Das Gesicht des Dritten Reiches. Profile einer totalitären Herrschaft. München 1963 (^{8}1988).
Manfred *Funke*, Starker oder schwacher Diktator? Hitlers Herrschaft und die Deutschen. Düsseldorf 1989.
Enno *Georg*, Die wirtschaftlichen Unternehmungen der SS. Stuttgart 1963.
Gerhard *Hirschfeld*, Lothar *Kettenacker* (Hrsg.), Der »Führerstaat«. Mythos und Realität. Studien zur Struktur und Politik des Dritten Reiches. Stuttgart 1981.
Heinz *Höhne*, Der Orden unter dem Totenkopf. Geschichte der SS. Gütersloh 1967.
Peter *Hüttenberger*, Die Gauleiter. Studie zum Wandel des Machtgefüges in der NSDAP. Stuttgart 1969.
Peter *Longerich*, Die braunen Bataillone. Geschichte der SA. München 1989.
Dieter *Rebentisch*, Karl *Teppe* (Hrsg.), Verwaltung contra Menschenführung im Staat Hitlers. Studien zum politisch-administrativen System. Göttingen 1986.

Das weltanschauliche und gesellschaftliche Kräftefeld

Reinhard *Bollmus*, Das Amt Rosenberg und seine Gegner. Studien zum Machtkampf im nationalsozialistischen Herrschaftssystem. Stuttgart 1970.
Rolf *Eilers*, Die nationalsozialistische Schulpolitik. Eine Studie zur Funktion der Erziehung im totalitären Staat. Köln, Opladen 1963.
Helmut *Heiber*, Walter Frank und sein Reichsinstitut für Geschichte des neuen Deutschlands. München 1966.
Manfred *Heinemann* (Hrsg.), Erziehung und Schulung im Dritten Reich. 2 Bände. Stuttgart 1980.
Michael H. *Kater*, Das »Ahnenerbe« der SS 1935–1945. Ein Beitrag zur Kulturpolitik des Dritten Reiches. München 1984.

Helmut *Klein*, Dietrich *Urbach*, Volksbildung in Deutschland 1933 bis 1945. Braunschweig 1976.

Ralf *Schnell* (Hrsg.), Kunst und Kultur im deutschen Faschismus. Stuttgart 1978.

Hans Dieter *Schäfer*, Das gespaltene Bewußtsein. Deutsche Kultur und Lebenswirklichkeit 1933–1945. München, Wien 1981 (Frankfurt 1984).

Gegner, Widerstand, Emigration

Martin *Broszat*, Hartmut *Mehringer* (Hrsg.), Bayern in der NS-Zeit. Band 5: Die Parteien KPD, SPD, BVP in Verfolgung und Widerstand. München, Wien 1983.

Ulrich *Cartarius* (Hrsg.), Opposition gegen Hitler. Berlin 1984.

Horst *Duhnke*, Die KPD von 1933 bis 1945. Köln 1972.

Jan *Foitzik*, Zwischen den Fronten. Zur Politik, Organisation und Funktion linker politischer Kleinorganisationen im Widerstand 1933 bis 1939/40 unter besonderer Berücksichtigung des Exils. Bonn 1986.

Hermann *Graml* (Hrsg.), Widerstand im Dritten Reich. Probleme, Ereignisse, Gestalten. Frankfurt 1984.

Peter *Hoffmann*, Widerstand – Staatsstreich – Attentat. Der Kampf der Opposition gegen Hitler. München [3]1979.

Richard *Löwenthal*, Patrik von Zur *Mühlen* (Hrsg.), Widerstand und Verweigerung in Deutschland 1933 bis 1945. Berlin, Bonn 1982.

Lieselotte *Maass*, Handbuch der deutschen Exilpresse 1933–1945. 3 Bände. München 1976, 1978, 1981.

Horst *Möller*, Exodus der Kultur. Schriftsteller, Wissenschaftler und Künstler in der Emigration nach 1933. München 1984.

Conrad *Pütter*, Rundfunk gegen das »Dritte Reich«. Deutschsprachige Rundfunkaktivitäten im Exil 1933–1945. Ein Handbuch. München 1986.

Werner *Röder*, Herbert A. *Strauss* (Hrsg.), Biographisches Handbuch der deutschsprachigen Emigration nach 1933. 3 Bände. München usw. 1980, 1983.

Jürgen *Schmädeke*, Peter *Steinbach* (Hrsg.), Der Widerstand gegen den Nationalsozialismus. Die deutsche Gesellschaft und der Widerstand gegen Hitler. München, Zürich 1985.

Friedrich *Stadler* (Hrsg.), Vertriebene Vernunft. Wien, München 1988.

Hans-Albert *Walter*, Deutsche Exilliteratur 1933–1950. Bisher 3 Bände. Stuttgart 1978, 1984, 1988.

Die Juden im NS-Staat

Uwe Dietrich *Adam*, Judenpolitik im Dritten Reich. Düsseldorf 1972.

Avraham *Barkei*, Vom Boykott zur »Entjudung«. Der wirtschaftliche Existenzkampf der Juden im Dritten Reich 1933–1943. Frankfurt 1987.

Wolfgang *Benz* (Hrsg.), Die Juden in Deutschland. 1933–1945. Leben unter nationalsozialistischer Herrschaft. München 1988.

Christopher R. *Browning*, Fateful months. Essays on the emergence of the final solution. New York 1985.

Martin *Gilbert*, The Holocaust. The Jewish Tragedy. London 1986.

Hermann *Graml*, Reichskristallnacht. Antisemitismus und Judenverfolgung im Dritten Reich. München 1988 (^{2}1989).

Raul *Hilberg*, Die Vernichtung der europäischen Juden. Die Gesamtgeschichte des Holocaust. Berlin 1982.

Eberhard *Jäckel*/Jürgen *Rower* (Hrsg.), Der Mord an den Juden im Zweiten Weltkrieg. Entschlußbildung und Verwirklichung. Stuttgart 1985.

Eugen *Kogon* u. a. (Hrsg.), Nationalsozialistische Massentötungen durch Giftgas. Eine Dokumentation. Frankfurt 1983 (1986).

Werner E. *Mosse* (Hrsg.), Entscheidungsjahr 1932. Zur Judenfrage in der Endphase der Weimarer Republik. Tübingen 1965 (^{2}1966).

Joseph *Walk* (Hrsg.), Das Sonderrecht für die Juden im NS-Staat. Eine Sammlung der gesetzlichen Maßnahmen und Richtlinien – Inhalt und Bedeutung. Heidelberg 1981.

Großmachtpolitik und Weltmachtstreben

Wolfgang *Benz*, Hermann *Graml* (Hrsg.), Sommer 1939. Die Großmächte und der Europäische Krieg. Stuttgart 1979.

Manfred *Funke* (Hrsg.), Hitler, Deutschland und die Mächte. Materialien zur Außenpolitik des Dritten Reiches. Düsseldorf 1978.

Klaus *Hildebrand*, Vom Reich zum Weltreich. Hitler, NSDAP und die koloniale Frage 1919–1945. München 1969.

Klaus *Hildebrand*, Deutsche Außenpolitik 1933–1945. Kalkül oder Dogma? Stuttgart usw. 1971 (^{4}1980).

Andreas *Hillgruber*, Hitlers Strategie. Politik und Kriegführung 1940–1941. Frankfurt 1965 (München ^{2}1982).

Hans-Adolf *Jacobsen*, Nationalsozialistische Außenpolitik 1933–1938. Frankfurt 1968.

Bernd *Martin*, Friedensinitiativen und Machtpolitik im Zweiten Weltkrieg 1939–1942. Düsseldorf 1974 (^{2}1976).

Wolfgang *Michalka* (Hrsg.), Nationalsozialistische Außenpolitik. Darmstadt 1978.

Christian *Streit*, Keine Kameraden. Die Wehrmacht und die sowjetischen Kriegsgefangenen 1941–1945. München 1978.

Gerhard L. *Weinberg*, The Foreign Policy of Hitler's Germany. Band 1: 1933/36. Band 2: 1937/39. London 1970, 1980.

Bernd-Jürgen *Wendt*, Großdeutschland. Außenpolitik und Kriegsvorbereitung des Hitler-Regimes. München 1987 (²1989).

NS-Besatzungspolitik und Résistance in Europa

Detlef *Brandes*, Die Tschechen unter deutschem Protektorat. 2 Bände. München, Wien 1969, 1975.

Martin *Broszat*, Nationalsozialistische Polenpolitik 1939–1945. Stuttgart 1961.

Alexander *Dallin*, Deutsche Herrschaft in Rußland 1941–1945. Eine Studie über Besatzungspolitik. Düsseldorf 1958.

Michael *Foot*, Resistance. European resistance to nazism 1940–1945. New York, Düsseldorf 1977.

Lothar *Gruchmann*, Nationalsozialistische Großraumordnung. Die Konstruktion einer »deutschen Monroe-Doktrin«. Stuttgart 1962.

Jørgen *Haestrup*, Europe ablaze. An analysis of the history of the European resistance movements 1939–45. Odense 1978.

Gerhard *Hirschfeld*, Fremdherrschaft und Kollaboration. Die Niederlande unter deutscher Besatzung 1940–1945. Stuttgart 1984.

Helmut *Krausnick*, Hans-Heinrich *Wilhelm*, Die Truppe des Weltanschauungskrieges. Die Einsatzgruppen der Sicherheitspolizei und des SD 1938–1942. Stuttgart 1981.

Hans-Dietrich *Loock*, Quisling, Rosenberg und Terboven. Zur Vorgeschichte und Geschichte der nationalsozialistischen Revolution in Norwegen. Stuttgart 1970.

Henri *Noguéres*, Histoire de la résistance en France de 1940 á 1945. 5 Bände. Paris 1967–1981.

La *Résistance européenne* 1939–1945/European Resistance Movements 1939–1945. 2 Bände. Paris usw. 1960, 1964.

Norman *Rich*, Hitler's war aims. 2 Bände. London, New York 1973, 1974.

Werner *Rings*, Leben mit dem Feind. Anpassung und Widerstand in Hitlers Europa 1939–1945. München 1979.

Ger van *Roon* (Hrsg.), Europäischer Widerstand im Vergleich. Die Internationalen Konferenzen Amsterdam. Berlin 1985.

Fernand *Salentiny*, Die Geschichte des europäischen Widerstands gegen Hitler. Der »Krieg im Schatten«. Puchheim 1985.

Michael L. *Smith*, Occupation, collaboration and resistance. Nazism and Western Europe 1939–1945. Hull 1984.

Arnold *Toynbee*, Veronica M. *Toynbee*, Hitler's Europe. London, New York, Toronto 1954.

Giorgio *Vaccarino*, Storia della resistenza in Europa 1938–1945. I paesi dell'Europa centrale, Germania, Austria, Cecoslovacchia, Polonia. Milano 1981.

Die Kapitulation und ihre Folgen

Wolfgang *Benz*, Potsdam 1945. Besatzungsherrschaft und Neuaufbau im Vier-Zonen-Deutschland. München 1986.

Martin *Broszat*, Klaus-Dietmar *Henke*, Hans *Woller* (Hrsg.), Von Stalingrad zur Währungsreform. Zur Sozialgeschichte des Umbruchs in Deutschland. München 1988.

Theodor *Eschenburg*, Jahre der Besatzung 1945–1949. Stuttgart, Wiesbaden 1983.

Josef *Foschepoth* (Hrsg.), Kalter Krieg und Deutsche Frage. Deutschland im Widerstreit der Mächte 1945–1952. Göttingen, Zürich 1985.

Hermann *Graml*, Die Alliierten und die deutsche Teilung. Konflikte und Entscheidungen 1941–1948. Frankfurt 1985.

Reimer *Hansen*, Das Ende des Dritten Reiches. Die deutsche Kapitulation 1945. Stuttgart 1966.

Ludolf *Herbst* (Hrsg.), Westdeutschland 1945–1955. Unterwerfung, Kontrolle, Integration. München 1986.

Walter *Lipgens*, Europa-Föderationspläne der Widerstandsbewegungen 1940–1945. München 1968.

Hans-Peter *Schwarz*, Vom Reich zur Bundesrepublik. Deutschland im Widerstreit der außenpolitischen Konzeptionen in den Jahren der Besatzungsherrschaft 1945–1949. Stuttgart 1980.

Dietrich *Staritz*, Die Gründung der DDR. Von der sowjetischen Besatzungsherrschaft zum sozialistischen Staat. München 1984.

Marlis G. *Steinert*, Die 23 Tage der Regierung Dönitz. Düsseldorf, Wien 1967.

Alfred *Vagts*, Unconditional Surrender – vor und nach 1943. In: Vierteljahrshefte für Zeitgeschichte 7 (1959), S. 280–309.

Register

F

H

I

J

L

M

O

S

»Niemand war dabei und keiner hat's gewußt«

Die deutsche Öffentlichkeit und die Judenverfolgung 1933–45
Herausgegeben von Jörg Wollenberg.
271 Seiten. Serie Piper 1066

Vor fünfzig Jahren trat mit der »Reichskristallnacht« die Judenverfolgung in ihre mörderische Phase – Anlaß genug, heute das gesamte System der Verfolgung, Beraubung und Ermordung der Juden in Deutschland zu diskutieren.
Schwerpunkt des Bandes, der auf einem Symposion des Bildungszentrums Nürnberg im November 1988 fußt, ist die Frage nach dem Verhalten der deutschen Öffentlichkeit: Wieviel wußte der »Mann auf der Straße«, wieviel hätte er wissen können, welche Möglichkeiten zum Widerstand hätte es gegeben?
Beiträge zu diesem Buch schrieben u. a. Axel Eggebrecht, Jörg Friedrich, Hermann Glaser, Walter Grab, Arno Hamburger, Robert M. W. Kempner, Ulrich Klug, Maria Gräfin Maltzahn, Manfred Messerschmidt, Ernst Piper und Ernst Waltemathe.
